U0881560

汉译人类学名著丛书

萨摩亚人的成年

——为西方文明所作的原始人类的青年心理研究

〔美〕玛格丽特·米德 著

周晓虹 李姚军 刘婧 译

商务印书馆
创于1897 The Commercial Press

COMING OF AGE IN SAMOA

A Psychological Study of Primitive Youth for Western Civilisation by Margaret Mead

Copyright © 1928,1955,1961 by Margaret Mead

Words for a New Century copyright © 2001 by Mary Bateson

Introduction to the Perennial Classics Edition copyright © 2001 by Mary Pipher, Ph. D.

Simplified Chinese Translation copyright © 2008 by The Commercial Press

Published by arrangement with HarperCollins Publishers, USA

ALL RIGHTS RESERVED

根据美国哈珀-柯林斯出版有限公司 2001 年版译出

汉译人类学名著丛书

总　　序

学术并非都是绷着脸讲大道理，研究也不限于泡图书馆。有这样一种学术研究，研究者对一个地方、一群人感兴趣，怀着浪漫的想象跑到那里生活，在与人亲密接触的过程中获得他们生活的故事，最后又回到自己原先的日常生活，开始有条有理地叙述那里的所见所闻——很遗憾，人类学的这种研究路径在中国还是很冷清。

“屹立于世界民族之林”的现代民族国家都要培育一个号称“社会科学”（广义的社会科学包括人文学科）的专业群体。这个群体在不同的国家和不同的历史时期无论被期望扮演多少不同的角色，都有一个本分，就是把呈现“社会事实”作为职业的基础。社会科学的分工比较细密或者说比较发达的许多国家在过去近一个世纪的时间里发展出一种扎进社区里搜寻社会事实，然后用叙述体加以呈现的精致方法和文体，这就是“民族志”（ethnography）。

“民族志”的基本含义是指对异民族的社会、文化现象的记述，希罗多德对埃及人家庭生活的描述，旅行者、探险家的游记，那些最早与“土著”打交道的商人和布道的传教士以及殖民时代“帝国官员”们关于土著人的报告，都被归入“民族志”这个广义的文体。这些大杂烩的内容可以被归入一个文体，主要基于两大因素：一是它们在风格上的异域情调（exotic）或新异感，二是它们表征着一个有着内在一致的精神（或民族精神）的群体（族群）。

具有专业素养的人类学家逐渐积累了记述异民族文化的技巧，把庞杂而散漫的民族志发展为以专门的方法论为依托的学术研究成果的载体，这就是以马林诺夫斯基为代表的“科学的民族志”。人类学把民族志发展到“科学”的水平，把这种文体与经过人类学专门训练的学人所从事的规范的田野作业捆绑在一起，成为其知识论和可靠资料的基础，因为一切都基于“我”在现场目睹(I witness)，“我”对事实的叙述都基于对社会或文化的整体考虑。

民族志是社会文化人类学家所磨砺出来的学术利器，后来也被民族学界、社会学界、民俗学界广泛采用，并且与从业规模比较大的其他社会科学学科结合，发展出宗教人类学、政治人类学、法律人类学、经济人类学、历史人类学、教育人类学……

人类学的民族志及其所依托的田野作业作为一种组合成为学术规范，后来为多个学科所沿用，民族志既是社会科学的经验研究的一种文体，也是一种方法，即一种所谓的定性研究或者“质的研究”。这些学科本来就擅长定性研究，它们引入民族志的定性研究，使它们能够以整体的(holistic)观念去看待对象，并把对象在经验材料的层次整体性地呈现在文章里。民族志是在人类学对于前工业社会(或曰非西方社会、原始社会、传统社会、简单社会)的调查研究中精致起来的，但是多学科的运用使民族志早就成为也能够有效地对西方社会、现代社会进行调查研究的方法和文体。

作为现代社会科学的一个主要的奠基人，涂尔干强调对社会事实的把握是学术的基础。社会科学的使命首先是呈现社会事实，然后以此为据建立理解社会的角度，建立进入“社会”范畴的思想方式，并在这个过程之中不断磨砺有效呈现社会事实并对其加以解释的方法。

民族志依据社会整体观所支持的知识论来观察并呈现社会事实，对整个社会科学、对现代国家和现代世界具有独特的知识贡献。中国古训所讲的“实事求是”通常是文人学士以个人经历叙事明理。“事”所从出的范围是很狭窄的。现代国家需要知道尽可能广泛的社会事实，并且是超越个人随意性的事实。民族志是顺应现代社会的这种知识需要而获得发展机会的。

通过专门训练的学者群体呈现社会各方的“事”，使之作为公共知识，作为公共舆论的根据，这为各种行动者提供了共同感知、共同想象的社会知识。现代社会的人际互动是在极大地超越个人直观经验的时间和空间范围展开的，由专业群体在深入调查后提供广泛的社会事实就成为现代社会良性化运作的一个条件。现代世界不可能都由民族志提供社会事实，但是民族志提供的“事”具有怎样的数量、质量和代表性，对于一个社会具有怎样的“实事求是”的能力会产生至关重要的影响。

社会需要叙事，需要叙事建立起码的对社会事实的共识。在现代国家的公共领域，有事实就出议题，有议题就能够产生共同思想。看到思想的表达，才见到人之成为人；在共同思想中才见到社会。新闻在呈现事实，但是新闻事实在厚度和纵深上远远不够，现代世界还需要社会科学对事实的呈现，尤其是民族志以厚重的方式对事实的呈现，因为民族志擅长在事实里呈现并理解整个社会与文化。这是那些经济比较发达、公共事务管理比较高明的国家的社会科学界比较注重民族志知识生产的事实所给予我们的启示。

在中国现代学术的建构中，民族志的缺失造成了社会科学的知识生产的许多缺陷。学术群体没有一个基本队伍担当起民族志事业，不能提供所关注的社会的基本事实，那么，在每个人脑子里的“社会事实”太不一样并且相互不可知、不可衔接的状态下，学术群体不易形成共同话题，不易形成相互关联而又保持差别和张力的观点，不易磨炼整体的思想智慧和分析技术。没有民族志，没有民族志的思想方法在整个社会科学中的扩散，关于社会的学术就难以“说事儿”，难以把“事儿”说得有意思，难以把琐碎的现象勾连起来成为社会图像，难以在社会过程中理解人与文化。

因为民族志不发达，中国的社会科学在总体上不擅长以参与观察为依据的叙事表述。在一个较长的历史时期，中国社会在运作中所需要的对事实的叙述是由文学和艺术及其混合体的广场文艺来代劳的。收租院的故事，《创业史》、《艳阳天》，诉苦会、批斗会，都是提供社会叙事的形式。在这些历史时期，如果知识界能够同时也提供社会科学的民族志叙事，中国社会对自己面临的问题的判断和选择会很不一样。专家作为第三方叙事对于作为大共同体的现代国家在内部维持明智的交往行为是不可缺少的。

民族志在呈现社会事实之外，还是一种发现或建构民族文化的文体。民族志学者以长期生活在一个社区的方式开展调查研究，他在社会中、在现实中、在百姓中、在常人生活中观察文化如何被表现出来。他通过对社会的把握而呈现一种文化，或者说他借助对于一种文化的认识而呈现一个社会。如果民族志写作持续地进行，一个民族、一个社会在文化上的丰富性就有较大的机会被呈现出来，一度被僵化、刻板化、污名化的文化就有较大的机会尽早获得准确、全面、公正的表述，生在其中的人民就有较大的机会由此发现自己的多样性，并容易使自己在生活中主动拥有较多的选择，从而使整个社会拥有各种更多的机会。

中国社会科学界无法回避民族志发育不良的问题。在中国有现代学科之前，西方已经占了现代学术的先机。中国社会科学界不重视民族志，西洋和东洋的学术界却出版了大量关于中国的民族志，描绘了他们眼中的中国社会的图像。这些图像是具有专业素养的学人所绘制的，我们不得不承认它们基于社会事实。然而，我们一方面难以认同它们是关于我们社会的完整图像，另一方面我们又没有生产出足够弥补或者替换它们的社会图像。要超越这个局面中我们杂糅着不服与无奈的心理，就必须发展起自己够水准的民族志，书写出自己所见证的社会图像供大家选择或偏爱、参考或参照。

这个译丛偏重选择作为人类学基石的经典民族志以及与民族志问题密切相联的一些人类学著作，是要以此为借鉴在中国社会科学界推动民族志研究，尽快让我们拥有足够多在学术上够水准、在观念上能表达中国学者的见识和主张的民族志。

我们对原著的选择主要基于民族志著作在写法上的原创性和学科史上的代表性，再就是考虑民族志文本的精致程度。概括地说，这个“汉译人类学名著丛书”的入选者或是民族志水准的标志性文本，或是反思民族志并促进民族志发展的人类学代表作。民族志最初的范本是由马林诺夫斯基、米德等人在实地调查大洋上的岛民之后创建的。我们选了米德的代表作。马林诺夫斯基的《西太平洋的航海者》是最重要的开创之作，好在它已经有了中文本。

我们今天向中国社会科学界推荐的民族志，当然不限于大洋上的岛民，不限于非洲部落，也不应该限于人类学。我们纳入了社会学家写美国工厂的民族志。我们原来也列入了保罗·威利斯(Paul Willis)描写英国工人家庭的孩子在中学毕业后成为工人之现象的民族志著作《学做工》，后来因为没有获得版权而留下遗憾。我们利用这个覆盖面要传达的是，中国社会科学的实地调查研究要走向全球社会，既要进入调查成本相对比较低的发展中国家，也要深入西洋东洋的主要发达国家，再高的成本，对于我们终究能够得到的收益来说都是值得的。

这个译丛着眼于选择有益于磨砺我们找“事”、说“事”的本事的大作，因为我们认为这种本事的不足是中国社会科学健康发展的软肋。关于民族志，关于人类学，可译可读的书很多；好在有很多中文出版社，好在同行中还有多位热心人。组织此类图书的翻译，既不是从我们开始，也不会止于我们的努力。大家互相拾遗补缺吧。

高丙中

2006年2月4日立春

重读米德的意义（代译序）

范　可

玛格丽特·米德似乎已经离开我们很远了，然而，关于她的一切至今仍有人津津乐道。有关她的各种传记不断面世，她的作品在世界范围内依然是一版再版。《萨摩亚人的成年》（下称《成年》），这部米德学术声誉的奠基之作，被译为数十种语言，畅销势头在世界上的许多国家至今不衰。虽然米德的学术成就在今天的美国人类学界几乎不再有人提及，但是，不容否认的是，人类学之所以能在世界上广为人们认可，可以说是同米德的名字分不开的。米德可能是世界上最广为人知的人类学家，至少到至今为止，无出其右者。在某种意义上，米德在美国甚至成为成功女性的象征；她和露丝·本尼迪克特（Ruth Benedict），可能是仅有的两位头像登上美国邮票的人类学家，而本尼迪克特本身也是位使人类学著述走入民间的学者，她们两人的著作不仅为学界中人所熟悉，更重要的是，还被堪称“广大”的民众所知晓。可以毫不夸张地说，正因为有她们俩，人类学的一些基本知识才得以真正地走出象牙塔，进入了民众和地方的知识世界。除了她们二位，我们很难想到还有哪位人类学家，其学术著作生前身后都处于畅销书排行榜，并发行有袖珍版供人随身携带以便随处阅读。请注意，她们的书都是严肃的学术著作，绝不是那种或哗众取宠或甜得让人发腻的文字。正是在这样的意义上，我们很难想象，当下某些写手因特定机遇而激起畅销热浪的书，在半个世纪或近百年之后，还能使人不忍释卷！

米德所写的民族志在上世纪80年代在大陆就有了中文译本。我在南京大学社会学系的同事周晓虹教授是主要译者。他当年译的《成年》一书成了不少人初涉人类学殿堂的入门书。在过去的两年多来，应北京大学高丙中教授和商务印书馆之邀，晓虹兄和他的同事拨冗修订了原先的译本，几经润色之后,这部译作终得以再度付梓。作为人类学领域里的一部经典,随着岁月的流逝,《成年》或已失去它曾有过的学术意义与价值。它之所以还在流传,可能是因为它那有别于一般社会科学和行为科学写作的行文风格;也可能是因为它为读者提供了一种独特的视角——通过这一视角,人们得以审视自己的社会与文化。当然,《成年》对文化他者的叙述与描写力透纸背,强调的是文化之“异”,这或许也满足了不少读者猎奇的心理。但是,无论今天我们怎样去评价《成年》,也无论这本书存在着什么缺失与不足,我们都不能离开米德当年进行研究的社会和历史语境来进行讨论。唯有此,我们才能领略一部学术经典在学说史上的位置,以及在整体学科发展谱系上的意义。所以,尽管《成年》已然淡出人类学话语,但是它依然是学说史上的一朵奇葩。至少,迄今为止,这本书仍然被公推为心理人类学这一领域的奠基之作。

对美国人类学史有所了解的读者都知道,米德当年进入田野从事有关异文化青少年研究的初衷,乃在于试图通过对“他者”的研究来解释发生在自己所属文化中的一些社会现象。换言之,米德的这一作品典型地体现了美国人类学之父博厄斯(Franz Boas)的思想精髓——通过理解“他者”来审视自我。博厄斯这一思想的内核乃在于对种族主义的极端厌恶。身为德国裔犹太人的博厄斯对犹太人在欧洲一些国家的境遇深有体会,因此对种族主义至为敏感、深恶痛绝。他一生致力于通过对人类不同文化的解释与理解来反抗种族主义的学术事业。鉴于当年的科学认识,博厄斯和他的学生们并不像今天绝大部分的社会科学家所坚信的那样,所有的人同属一个物种(species),其下不存在着生物学意义上的种族(race)之分。博厄斯和他的学生们相信,可以在遗传或生物学意义上区分人类种族,但他们否认种族之间有优劣之别,并强调社会和文化在刻画种族多样性上的主导性作用。因此,在对人类的考察上,人类学家应区分“先天”(nature)与“后天”(nurture)、“传统”与“遗传”在人类演化过程中的不同意义(参见 Kroeber 1963)。以博厄斯为代表的整整一代美国人类学家充分强调“后天”因素在型塑人之所以为“人”的重要意义。在这一点上,他们相当接近儒家“有教无类”的传统理念。儒家的这一理念隐含着这样一种哲理:人在本质上都是相同的,因此可以为不同的文化所“化”(参见费孝通 1997)。而早年美国人类学的“濡化”(enculturation)概念所蕴涵的也是同样的道理。无论人的种族、肤色如何,他在哪个文化里成长,自然在文化上就成为他或她所浸润其间的文化之一员。

概而言之,博厄斯和他的学生强调,绝不能因为人类表现出不同的肤色和文化就认为人类“种族”有优劣之分。在他们看来,文化之所以体现出多样性乃是因为特殊的环境和历史条件所使然。人类学领域存在着多种多样的文化理解方式,当下许多人对文化的定义已经与博厄斯那一代学者们的理解大异其趣。但是,我们必须看到这么一个事实,即在理解文化多样性的意义上,博厄斯及其学生的立论和主张依然是我们就相关问题作进一步思考的主要出发点。

米德生于 1901 年 12 月 16 日,她和她的父母家人都是虔诚的基督教圣公会成员。米德的父亲爱德华·米德(Edward S. Mead)生前任教于著名的宾夕法尼亚大学沃顿商学院。这位教人如何投资理财的教授商场上乏善可陈,在投资上屡屡败北,濒临破产。米德原先一直在为就读有名而昂贵的卫斯理学院(Wellesley College)作准备,但父亲突然建议她别上大学。原来,老米德因为生意上的失败,在经济上捉襟见肘,为了省几个钱,竟然动了牺牲女儿学业的念头。生性倔犟的米德没有低头,而且还得到了具有女权思想的母亲的支持。不知是母亲的干预的作用,还是被米德上大学的迫切意愿所感动,总之,老米德最终被动摇了。他同意米德上大学,并为她联系了他的母校——德堡大学(DePauw University)。

一年的德堡生活看来并不是很愉快。1920 年,米德转到了纽约的巴纳德学院(Bernard College),并在那里取得学士学位。之后,米德迅即进入哥伦比亚大学心理学系,仅用一年时间便获得了心理学硕士学位。进入哥大是米德人生的重要转折点。在那里,她认识了本尼迪克特和后来的导师博厄斯。米德把自己爱上人类学归功于本尼迪克特。据说她们两人首次在地铁里结识,但真正认识并成为关系亲密的朋友是在米德选修博厄斯所开的一门课之后。本尼迪克特是那门课的教学助理。由于课上女生很少,本尼迪克特很自然地与米德亲近起来。她们时常在一起共进午餐,参观各种博物馆。本尼迪克特本人是一位小有成就的诗人,米德也喜诗文,间或也涂涂写写,两人不时共享和交换彼此的诗作。共同的爱好使米德在学术志趣上也向本尼迪克特靠拢。于是,在获得心理学硕士学位的次年——1925 年,米德选择到萨摩亚从事田野研究,当时,她还不满 24 周岁!

米德要到南太平洋岛屿从事田野研究的消息震惊了博厄斯。博厄斯原先想安排米德到美国西南部的印第安人社区作实地研究,因为他考虑当地人的原生文化正在迅速消失,所以需要有人类学家到那里去。另外,博厄斯也为他的女弟子的人身安全着想,希望她们能在具有安全保障的地方从事研究。在他看来,美国西南部是个安全之地。

博厄斯没能说服米德,只好同意她到南太平洋群岛,但米德的人身安全仍然是个前提。米德于是被要求到美属萨摩亚。那个地方属于美国的势力范围,同美国的联系自然较紧密,时常有美国商船往返,当地政府也受到美国海军的制约。[①] 米德没有谢绝这一善意。

米德的选题是在决定了研究地点之后才开始的。师生之间没有因为选择何种研究课题产生分歧。米德原来的兴趣是文化变迁,这是当时美国人类学在印第安人研究方面的主要课题。但是,博厄斯建议她对当地的青少年进行研究。孩子青春期的反叛性格一直使父母不安,但在西方社会,人们总将此归咎于某种自然的东西。换言之,当时,在西方父母的眼里,青春期反叛是一种生理的骚动所致。弗洛伊德心理学也作如是想。然而,博厄斯相信,这种现象应当归因于文化。为此,米德的假设是,如果青春期的叛逆表现是天然的,那就应当存在于所有社会。那么,她将在不同文化的社会中发现同样的现象。所以,这一课题所涉及的正是“先天”还是“后天”的本质性问题。

显然,米德的发现支持了博厄斯和她原先的设想。1928 年,《成年》一书出版。根据她在三个村庄对 68 位萨摩亚少女的研究,青少年的叛逆性格并不存在于她所研究的文化中。她认为,生活在一个相对和谐和同质的文化里,萨摩亚的青春期少女在个人选择和社会期待两者之间不存在着紧张与冲突。在过渡到成年的过程中,她们往往得到来自社会的许多关注。社

---

① 有关米德的生平,参见包曼-克如姆的论述(包曼-克如姆 2006)。

会文化也为此有一些特别的设计，目的就是让她们平稳顺利地过渡。在米德的笔下，当地的女孩子在过渡到成年妇女的过程中，显得轻松而自然，完全没有如美国青春期女子所承受的紧张和压力，因此不至于产生对家庭、对社会的逆反情绪和行为。

《成年》一书的出版使不少人明白，青春期是个人身心发育的重要阶段。但在过去，人们却对此缺乏足够和正确的认识。在这一阶段中，年轻人往往自认为已然成年，但社会仍然坚持将她们视为非成年人，对他们正常的心理和生理需求没给予足够的关心和正确的引导。社会所认可的"成年人"其实是一种约定俗成的类别，它所形成的社会认同是通过把"非成年人"排除在外而体现出来的。这样的类别和认同不啻是将人生从未成年到成年之间的过渡去掉。换言之，如果按照《成年》一书的逻辑推究，在西方的传统里，社会文化并没有在真正的意义上认可个体存在着一个从未成年到成年的过渡阶段。在这样的背景下，青春期的旺盛精力反倒可能引发更多的社会文化约束。这是年轻人易于同父辈和社会发生冲突的主因。

米德的结论是有道理的。但是，我们应当看到，年轻人的充沛精力和性成熟过程中所特有的骚动是每个人都能感受和体验到的事实。从这样的认知出发，社会文化的力量实际上是第二层级的原因。米德显然看到了这一点，因为只有承认第一点，才有可能进一步考虑和观察不同的文化是如何对待青少年、帮助他们成为社会所认可的人。米德讨论的问题实际上很简单，而且也有过于理想化之嫌。然而，在那个时代，人类学刚具雏形，能有这样的胆识和洞见已经很不容易。

许多人可能会对《成年》是否值得再版有所疑问。诚然，这本书可能已不再列在国外人类学研究生的阅读书目上，但这并不等于它已经完全失去了价值。人类学研究的是人、社会和文化。这些，一直在历史的长河里持续不断地变化着，人类学的研究热点也因此随着时光的流逝不断改变。同时，人类学者的视角、观照以及研究方法也在不断发展。不仅世界在变，所研究的对象和研究者本身也都在变；米德当年所看到的可能已不复存在，但不等于说她所写的东西就失去了意义，她给我们留下的至少是那个社会的一段时空片段，这一片段的存在，使我们得以对她所研究的社会有了某种程度的深入了解。此外,对于有志于社会科学的学子而言,米德所记下来的这一片段还有助于加强他们的问题意识。米德通过提出和验证她的假设(hypothesis),挑战甚至推翻了一个人们从未怀疑过的预设(assumption)。而且,她并不是通过程式化的论证来支持她的假设,甚至她的假设也不是程式化地提出,而是通过一种带有文学色彩的白描和叙事来把它烘托出来。

米德辞世后,她的研究和方法遭到任教于澳大利亚的新西兰人类学家弗里曼(Derek Freeman,1916—2001)的攻讦。他认为《成年》一书没能真实地反映萨摩亚文化,米德完全没有注意到萨摩亚文化中暴力的一面;米德也没能娴熟地掌握当地的语言;米德在当地居住的时间也不够长。这些,都使米德对萨摩亚文化产生许多误解。弗里曼还指出,米德在田野工作中的两位主要报告人实际上欺骗了米德。正因为如此,才导致了米德的文化决定论——完全忽视了演化和其他生物学因素对人类行为构成的影响,等等(Freeman 1983)。但是,这位曾在米德生前不断与之进行讨论和索要资料的学者,显然没有得到大多数学者的同情,反倒遭到了许多批评和指责。许多人从学术道德上挑战弗里曼,他们责问他为什么没有在米德生前出版这本书而让米德有个回应的机会?还有学者问道,米德把她一生所有的资料都留了下来,它们包括了最原始的田野记录,请问有哪一位人类学家敢像她这样做呢?而且,弗里曼并不是在米德所研究的村子里进行他的田野工作,等等。

的确,《成年》一书存在着一些不尽如人意和值得商榷之处,但它所呈现的资料之真实性是不容置疑的。尽管弗里曼没能得到大多数学者的支持,但他的攻击和批评确也导致了米德的读者数量锐减(参见:包曼-克如姆 2006)。然而,弗里曼和米德之争却也为学术的进一步发展起了推动作用,有关"先天"与"后天"的争执至今仍然是人类学的一个重要课题。

今天,我们重读米德并不在于从中能获取什么新的知识与洞见,也不在于从中获得破题的机缘,为开拓新的研究领域和课题作准备。除了米德的理论及其在学说史上的意义之外,我们阅读米德恐怕还得更多地考虑到如何像米德那样来发现我们自己感兴趣的、可供研究的问题。马林诺夫斯基说过,虽然作研究不应当理论先行,但问题永远是为有理论储备的人而准备的(Marlinowski 1922:3)。那么,理论储备从何而来呢?首先当然是大量地阅读。《成年》的再版为莘莘学子提供了一个增加自身储备的机会。我想,《成年》必然能为年轻学子提供养分,帮助他们在学术上向"成年"过渡。另外,米德的文风也应当对我们有所启迪。米德和本尼迪克特,以及许多著名的人类学家都不会把东西写得让人不知所云。他们往往开门见山平铺直叙,却又娓娓道来,把枯燥的研究写得令人兴趣盎然。这种写作风格是我们所应当学习的。那种把简单的东西写得叫人费解甚至读不懂的文风不应是社会人文科学研究者所应效法的。米德的行文可以为我们提供一种范例,它会使很多人感到惊讶:原来社会人文科学和行为科学的研究也能这么写!

参考文献

包曼-克如姆(Marry Bowman-Kruhm),2006,《世界,是我们的田野——人类学家玛格丽特·米德的发现之旅》(Margaret Mead: A Biography),杨德睿、陈秀琪(译),台北:圆神出版社。

费孝通,1997,"反思、对话、文化自觉"刊于《北京大学学报》第三期,第15—22页。

Freeman, Derek. 1983. *Margaret Mead and Samoa: The Making and Unmaking of an Anthropological Myth*. Cambridge, Mass.: Harvard University Press, 1983.

Kroeber, A. L. 1963[1923]. *Anthropology: Biology & Race*. New York: Harcourt, Brace-World, INC.

Malinowski, Bronislaw. 1922. *Argonauts of the Western Pacific: An Account of Native Enterprise and Adventure in the Archipelagoes of Melanesian New Guinea*. London: Routledge & Sons.

谨以此书献给塔乌岛的姑娘们

目　录

致　　谢

我非常感激国家研究委员会生物科学基金会的慷慨解囊，正是它们提供的资金才使得这次调查能够得以完成。我必须感谢我的父亲，因为这次往返萨摩亚岛的旅费是他送给我的一份礼物。谢谢弗朗兹·博厄斯教授赋予我灵感，并为我的迷惑指明了方向，他为我准备从事这样一项调查提供了很好的训练，并对我的研究结果进行了有益的批评。 ix

我非常感谢 B. P. 主教博物院（Bishop Museum）的主任赫伯特·E. 格雷格里博士，以及该博物院的 E. C. S. 汉迪博士和斯塔拉·琼斯小姐，他们提供的合作使得我在太平洋上的研究得以顺利进行。

因为我的工作获得了美国海军斯蒂特将军的认可，以及司令官欧文·明克的友善支持，我得到了萨摩亚医疗界权威的配合，他们的帮助使我的调查变得更为简单和迅捷。我必须向护士长埃伦·M. 霍奇森小姐、全体护士、萨摩亚裔护士，特别是我最先接触的并向我讲授萨摩亚语的 G. F. 佩珀表达我的谢意。感谢药剂主任爱德华·R. 霍尔特先生及其夫人好客、慷慨和充满同情心的帮助。在我寄宿于霍尔特先生家的四个月里，他们向我提供了一种绝对中立的基础。基于此，我才能够研究这个村庄里的所有个人，同时远离当地的纷争并保持清晰的界限。

这次调查的成功有赖于数百位萨摩亚人的配合与兴趣，但我们不可能 x
在这里一一述及。我要特别感谢维托吉（Vaitogi）的片区酋长乌夫提和他所在户的所有成员，感谢议事酋长罗洛使我对萨摩亚人所特有的和谐的社会关系模式有所了解。我也必须感谢以下这些尊贵的朋友：马努阿总督塔夫勒；片区酋长图依奥勒色加、米萨、索托阿、阿索奥和勒维；酋长波梅勒、努阿、提阿利构、摩阿、茂阿鲁普和阿斯；以及议事酋长拉普维和姆奥；萨摩亚牧师索罗摩纳和伊阿柯波；萨摩亚教师苏阿、纳波仑和艾提；索托阿的妻子托阿加、菲提乌塔村的陶泊法阿普阿；弗弗阿、劳拉、利瓦拉和费罗费艾纳，以及马努阿所有村庄的酋长和每一位朋友以及他们的子女。他们的仁慈、好客和彬彬有礼使我在那里的旅居生活无比快乐;他们表现出的配合和兴趣使我有可能在调查中获得平和的心境和不浅的收益。事实上,为了不伤害那些不愿公开自己姓名的萨摩亚人的情感,在全书中我没有提及任何一个真实的姓名。

最后,我还要感谢 R. F. 本尼迪克特博士、L. S. 科雷斯曼博士、M. E. 艾克尔伯格小姐以及 M. L. 洛布女士,正是他们的批评和帮助促成了这部书稿的顺利出版。

玛格丽特·米德

纽约

美国自然历史博物馆

1928 年 3 月

新世纪献言

玛丽·凯瑟琳·贝特森

当我的母亲玛格丽特·米德准备为她的第一本著作《萨摩亚人的成年》寻 xi
找出版商的时候，她与威廉·莫罗——一家新出版公司的老板不期而遇。莫罗对她后来的事业给予了关键性的建议，在她看来这一建议“对美国人的意义远远超过了这本书”。这开启了她后来终生追随的人生历程，即不仅赋予描绘异国情调的人类学以独特的魅力，而且也为西方文明开辟了自我认识的来源。《萨摩亚人的成年》的最后一章为未来展示了这样一个主题：“为选择而教育”。

甚至在第二次世界大战之前，在仍然使用现在看来相当过时的术语谈论“原始人”甚至“野蛮人”之时，她就相信美国人不仅仅应该了解太平洋群岛上的民族，并且应该向他们学习。几乎在每一次田野旅行之后，她都会回到出版自己大多数著作的威廉·莫罗公司——现在是哈珀-柯林斯公司，为美国的年轻一代提供新的意义。在她出生后的一个世纪里，这些新的意义一再被提出，现在又因新千年的到来而再度提出，人们仍在讨论个体在社会环境中是如何成熟的，人类共同体又是如何适应变迁的。

米德的许多田野旅行都关注儿童研究。多少个世纪以来，作家们都在告诫父母们该如何培养他们的孩子；但是，对于儿童发展的系统性观察从那时起才刚刚起步，而她正是最初的跨文化研究者之一。她是一位主张妇女
享有充分和平等的社会参与权利，并将这种主张和对儿童的持久兴趣、对满 xii
足他们的需求的关注结合起来的女权主义者。米德坚信，弃儿童于不顾的文明“不能算是一种优秀的文明”。[1]

---

① Mead, Margaret. *Blackberry Winter: My Earlier Years*. New York: William Morrow and Company, 1972, p. 206.

在完成萨摩亚的青少年研究之后，她又在马努斯(Manus)对童年早期的孩子进行了研究[《新几内亚人的成长》(1930 年)]，接着在巴厘岛着眼于婴儿和步履蹒跚的孩子；无论她走到哪里，她的研究都包括了妇女和儿童，而这在无形之中对早期的研究人员产生了非常深远的影响。她的工作持续影响着父母、老师以及政策制定者对待孩子们的方式。作为一个例子，我自己也非常感激她将从其他文化中观察到的复杂而敏感的儿童养育模式运用于我的童年生活之中。与此类似，她的研究兴趣从作为母亲的妇女转向性别[《三个原始部落的性别与气质》(1935 年)和《男性与女性》(1949 年)]，也使我早早获得了某种解放。

除了对性别角色选择和儿童养育方面的日渐成熟的理解以外，由她的田野研究产生的另一个主题也发生了转变。战后，米德交给她的长期出版商的第一份田野报告《古老社会的新生活》(*New Lives for Old*)，描述了她 1953 年重返新几内亚的马努斯人之中的故事。这本著作并没有述及传统文化是怎样被变迁侵蚀和摧毁的，但它讨论了一个社会选择变迁的可能性，并为它们的未来指明了方向。米德常常被标定为一位“文化决定论者”(我们也常常受到将每一位思想家还原为一个单一标签的困扰)。这一术语确实反映了她的观点，那就是在不同社会中人们所期望的行为和性格的差异(比如，萨摩亚人和马努斯人的差异)，主要是在童年期习得的，是由传递每一个孩子的生物学潜能的代代相传的文化模式塑造的，而不是源于遗传因素。由于文化是一个能够被重塑的人类制品，不是命中注定的，因此，米德并不是一个单纯的决定论者，她对社会政策的看法始终包含着这样一个信念，即坚信人类具有学习的能力。1950 年代以后，米德的思考主题总是变迁，变迁是怎样发
xiii 生的、人类共同体如何在世代相传中保持相互的联系，以及他们仍然在作的选择等等。从这样的意义上说，她的著作是一种关于人类自由的人类学。

最后，米德应莫罗之邀撰写了讲述自己早年生活的传记——《黑莓的冬天》(*Blackberry Winter*)，她坚信，正是她那非常开明而且睿智无比的父母给予她的教育使她能够“走在时代的前列”，以致她的经历能够影响其后出生的几代人。虽然她在生命的最后几年中不再写作，但她出版了一系列信件，其中有写给朋友的、家人的，以及在 50 年的田野研究中朝夕相处的同事

的，这使得这位与林林总总陌生文化邂逅相遇的人离我们自己的遐想更为接近。虽然哈珀和罗出版公司（Harper & Row）已经出版过《田野飞鸿》（*Letters from the Field*），但是公司碰巧发生了一次变化，使得将这本书再度列入这套哈珀-柯林斯丛书成为可能。米德也常常为其他出版商撰稿，但是她的这套将自己早年的渴望和后来的个人与职业生涯联系在一起的特殊丛书可能也应该对美国人有些意义。正是这种渴望促使她为《红书》（*Redbook*）撰稿，并且频繁地出现在电视上，乐观而迫切地谈论我们作出正确选择的能力。和许多知识分子不同的是，她相信普通读者的智力，一如她相信诸多民主团体的基本良知一样。凭借着对公众的尊敬和爱戴，米德最终成了一个家喻户晓的名字。

玛格丽特·米德的作品有很多个版本，就像所有的开拓性科学著作所必须经历的那样，她的观察和解释也都遭遇了反复的批评和修订。尽管偶尔也会受到机会主义者的攻击，但她的同事们却始终认为米德那富有远见卓识的创新工作价值连城。不过，在这套丛书出版的准备过程中，我们也意识到在那种从当代美国人的视角来看书中所讨论的问题的民族志之外寻求解释的重要性，因为我们关注的不过是如何教育我们的孩子、怎样为所有社会成员提供充分的参与权，以及如何计划未来。时代在变，但比较总能够启迪心灵，也总能够预示某种选择的可能性。1920 年代，萨摩亚少女为那个 xiv
时候依旧生活在维多利亚时代的阴影之下的美国少女提供了富于启发的对比；今天，她们又为处在性和性别的早期压力之下的少女们提供了同样富于启发的对比。青春期前的马努斯男孩使我们能够去检验该强调身体技能，还是强调童年期的想象力——整整半个世纪以来关于如何能够使我们的孩子在上述两方面都获得发展的争论就是围绕着这一问题展开的。在米德的成长过程中就已经受到挑战的性别角色，在战后随着家庭生活的复苏又再度回归，并且一度曾获得张扬——但是，就性别而言，必须牢记的最重要的事实是，它是通过文化建构的，而人类能够以各种不同的方式摆弄性的生物学。如此，我们去读这些不但包含了遥远的他乡而且包含了不同的美国历史时期的回响的著作，是为了学会人类如何通过不同的方式来为未来作出更好的选择。

常备书经典版序言

玛丽·比弗博士

xv 《萨摩亚人的成年》是70年前由一位24岁的女性写成的关于生活在一个遥远地方的十多岁少女的小册子。它一直伴随着我们，向我们传递了许许多多有关20世纪的重大争论的信息，并且激发了更多的争辩和讨论。当《萨摩亚人的成年》一书出版的时候，我的母亲还只是科罗拉多州牧场上一个少不更事的女孩。1930年代，她在大学里读到了这本书。而我则是1960年代在大学里读到了它。现在，有了这个新的版本，我的女儿甚至我的孙女儿都可能会去读它。

我怀着深深的敬意重读了这本书。像米德一样，我一直对文化如何影响着人们的精神健康怀着浓厚的兴趣。我也愉快地学习过心理学和人类学的交叉学科——那个曾被称作"文化与人格"的领域。像米德一样，我坚信优秀的文化会使人们变得更好，我一直感到为文化的积极变迁而努力工作是我们的责任，也是我们的愉悦所在。在我的讲演中，我经常会引用米德美妙的句子，"我们永不怀疑，那屈指可数的思想深刻而意志坚定的人能够改变这个世界。"

当然，我也和她一样，对十多岁的少女们很感兴趣。在《萨摩亚人的成年》一书中，米德指出了1920年代美国女孩所面临的一些压力。1990年代，在《苏醒的奥菲利亚》(*Reviving Ophelia*)一书中，我做了非常相似的工作。米德对20世纪早期妇女在婚前必须保持童贞所受的压力进行了抨击。她认为，在萨摩亚，年轻妇女是能够自由地选择自己的伴侣并能够自愿地尝
xvi 试性生活的。具有讽刺意味的是，就在这个世纪行将结束之际，我也对社会始终从性的方面来界定年轻妇女而带给她们的压力进行了抨击。无论美国女孩们想要什么或需要什么，当她们进入中学时，就身不由己地开始了性活

动。米德和我的信念一样，在一个理想的文化中，性的决定应该是一种有意识选择的结果。

米德的著作，连同她对南太平洋上一个小岛生活的生动描绘和对美国十多岁的青少年文化的批判，曾经是当时的畅销书。此后，米德再也没有走出公众的视野。弗兰克林·德拉诺·罗斯福曾经这样评论过他不知疲倦地投身正义运动的妻子，“上帝，请赐予艾莉诺疲劳吧！”同样的评价也可以用于米德，她曾经对一位办公室人员说，“我精疲力竭了——为我安排一场讲演吧。”米德写了30本书，在大众和专业杂志上发表的文章超过一千篇，同时她还是美国自然历史博物馆人种学馆的馆长。一度，她还赢得了“世界祖母”的称号。

凭着一双适用的鞋子和一根步行手杖，米德的讲演足迹遍布世界各地。我也四处旅行，并且发表过许许多多的讲演，如果我提及（而且也确实常常提及）玛格丽特·米德，人们都会告诉我，“我听过她的讲演，她来过我们这个小城。”但是，无论米德怎样出名或具有怎样的文化意义——事实上也可能正是因为如此，她在自己执掌教席直至去世的哥伦比亚大学，却一直只是一位副教授。

当我还是加州伯克利大学一名修读文化人类学的学生的时候，我就读过米德的著作。1960年代，每一个大学生都为她的著作深深痴迷。她的写作和教学点爆了人们对人类学的兴趣。她的理想主义和对社会行为的兴趣启动了我们的革命性的敏锐。她对变迁意义的痴迷已经深深影响了鲍伯·迪伦的歌曲“这个时代一直在变”所代表的那个岁月。

米德是一个地地道道的“花儿”嬉皮士（flower child），她热衷于和平、公正、性自由以及冒险。她不知疲倦地为促进社会变迁而工作，在世界各地的讲演中，米德都强调我们能够并且应该建立起这样一种更美好的文化，它能够培育出更为幸福、更少侵犯性、情感上更为坚定的人。在她的定义中，一种理想的文化应该是那种能够为每一个人的才能找到用武之地的文化。xvii
在此之前，从来没有人提出过这样完美的有关理想文化的定义。

当我第一次读到《萨摩亚人的成年》的时候，我被米德对姑娘们和女性生活的关注以及对日常家庭生活的兴趣深深地打动了。她对姑娘们的谈话和游戏非常好奇，对她们如何理解自己的生活也兴趣盎然。那时，我肯定还不是一个女权主义者，从来没有认真地思考过女性的问题。但是，当我读了这本献给塔乌岛的姑娘们的著作后，我发现自己为有人相信姑娘们是有趣的和重要的而感到高兴和骄傲。

从《萨摩亚人的成年》的阅读中，我汲取了许多毕生受用的思想——诸如两性差异并不是铁板一块的；性别特征是文化塑造的；青春期不必充满压力，而青春期姑娘们的生活是值得尊敬和关注的。2000 年，当我再一次拜读这本著作的时候，距米德写作它已有四分之三个世纪，距我自己的第一次阅读也已有 35 年了，给我留下的最强烈的印象仍是米德敏锐的观察力，她对那个小岛上的居民的深切关怀，对自己工作的狂热。当然，她对那些姑娘们的关注也同样给我留下了深刻的印象。

令米德感到骄傲的是她没有成为一个枯燥而贫瘠的学院派学者。在 1961 年的《序言》中，米德写道，“我能够强调的是，这是第一部没有借助使外行不解、使同行迷惑的所谓学术手段的帮助而写成的有关人类学田野研究的著作。”她为那些需要她的普通人写作，并且用一种简洁而引人瞩目的非学术语言表达自己的看法。事实上，当她写作的时候，米德将读者想象为自己的祖母，一位充满智慧的学校教师。她力图使自己的写作能够对读者有所帮助。

米德欣赏坚定的观点。对萨摩亚人，她没有表现出丝毫的居高临下和种族中心主义之感。她有一张和一位萨摩亚妇女挽手拍摄的照片，光着脚，蓬乱的卷发，洋溢着开朗和愉悦的脸庞，足以表现出她是多么地热爱自己的“研究对象”。

米德的萨摩亚研究充分利用了许多不同学科的知识。她具有心理学的背景，同时也非常注重家庭动力学研究。那些外表上显而易见的生物学特
xviii 征，诸如天资聪明和性情柔和，在她对发展的概念化中起到了相当重要的作用。但是，米德也为人类发展所具有的可塑性而争辩。文化在萨摩亚姑娘的生活中扮演了举足轻重的角色，而令米德最感兴趣的是她所说的“天赋与文化模式之间的交互影响”。

《萨摩亚人的成年》影响了先天与后天(nature vs. nurture)这个自 20

世纪之初延续至今的争论。这个争论已经有了许多现代形式，诸如晚近有关性别和生物学在精神健康中的作用等方面的争论。当下，生物决定论者非常强大，而且变得越来越强。但是这一潮流可能再度逆转。如果米德还在世，她一定乐意站在这个争论的风口浪尖。她有一整套丰富而复杂的有关塑造人类的多重因素的看法，今天，我们这些社会活动家能够充分利用她的充满智慧和同情心的那些论断。

米德在《萨摩亚人的成年》一书中，关于孤立和紧张对于核心家庭所具有的破坏性影响的看法，左右了我们的第一代家庭治疗学家。那些性自由的早期倡导者，诸如哈维洛克·埃里斯和伯特兰·拉塞尔，对这本书都爱不释手。当然，米德关于性试验的观点在1960年代的性解放时期非常流行。她有关青春期的理论已经渗透到我们的文化之中。人们因这一著作撰写了成百上千的著述，对其评价褒贬不一。米德成了女权主义者的至爱亲朋和诅咒对象，成了社会工程学拥戴者们的旗手，成了她研究的土著人民强有力的辩护者，即使这些人有时也会激烈地批判她的著述。

今天我们为什么还要读米德的书呢？米德所描写的萨摩亚已经不复存在。甚至连米德这样的社会变迁专家也不能预测，在我们这个世纪里，那些社会将以何种速度消亡。但是，米德前往萨摩亚并不仅仅只是为了研究萨摩亚人，她是希望由此来理解所有人类种族。她利用自己在萨摩亚的工作验证了一系列重大的问题：文化是如何塑造个人的？生物学在人类行为方面究竟扮演了怎样的角色？再也没有比这更有趣的问题了。

在这样一个专门化的时代，米德是一架不同声音的混成器，是将一个个 xix
分散开来的小点连接起来的节点。她大胆、胸怀开阔，并且生逢其时。她希望自己的作品能够改变这个世界。她的思想切中时弊，并且引起了共鸣。她对青少年们所遇到的问题的分析丝毫也不落伍。从根本上说，米德相信，美国的青少年们所遇到的问题是选择过多、压力过重，而对生和死这样的现实世界的现象又接触过少。她确信应该教孩子们如何去思考，而不是思考什么；她确信重要的是告诉孩子们具备作出选择的决心。她的结论是，青春期不必是一个充满压力和紧张的时代，成长的过程应该比我们在美国遭遇的一切更自由、更轻松，而这样的结论在一个新世纪开始的时候依然会成为争论的焦点。

那些过了几十年后才事后聪明的老于世故的科学家们可能会指责米德的工作。毕竟，她是一位当哈丁总统坐在办公室里的时候就只身远航到萨摩亚的人类学家。但是，她所验证并且激发了其他人验证的那些问题是我们面临的最大问题。她所设想的充满了宽容、公正、快乐、个人自由和全民愉悦笑容的美好社会，正是我们所曾有的最美好的设想。她坚信我们能够改变人类，尽管在动荡的20世纪之后要再做到这一点确实十分艰难，但这一信念仍然在激发我们大多数人更加努力地工作。

就其意义而言，《萨摩亚人的成年》是一部完全能够和乔治亚·艾琪芙(Georgia O'Keeffe)的油画、艾莉诺·罗斯福的政治激进主义、玛丽·奥利弗的诗歌、林樱(Maya Ying Lin)的越战纪念碑，以及安妮·弗兰克的日记相媲美的作品。这本关于青春期少女的小书在一个特殊的时空中抓住了一个永恒的瞬间，并因此成为我们最重要的文化产物之一。20世纪的美国再也不可能拥有一个比米德更为优秀的祖母了。

1928年序言

弗朗兹·博厄斯

有关原始民族的近代描述向我们展现了原始文化的生动画面，这些原始文化可以根据人类生活的不同方面加以分门别类。我们对原始人的创造发明、家庭经济、家庭和政治组织，以及宗教信仰和生产实践都进行了研究。通过这些资料的比较研究，通过这些告诉我们原始民族如何成长、发展的生动见闻，我们将努力重建，也能够重建每一特殊文化的历史。有些人类学家甚至希望，这种比较研究能够向我们昭示文化发展的某些趋势。相同的发展过程数度重演，以致我们最终将能发现有关文化发展过程的重要规则。 xxi

对一般读者来说，这些研究是饶有趣味的，因为它所描绘的风情奇妙怪诞，也因为人们对外族文化抱以特殊的心态——外族文化总是以极强的光焰映衬着我们自己的成就和行为。

但是，关于人类活动的系统描述对帮助我们洞悉个人的心态收益不大。原始人的思想和行为只是作为经过严格确定的文化形态的表达而出现的。我们对他们的理性思维、与同胞的友谊和冲突都所知甚少。他们个体生活的个性侧面总是泯灭于对群体的文化生活的系统描述之中。这种描述是经过标准化的，像是一部法律大全，告诉我们应该做什么，不该做什么；像是制定确定的艺术风格的规则，而不是艺术家能够纵情地表达他的美学观念的方法；又像是一系列发明的罗列，而不是个人克服眼前的技术困难达到目标的成功之途。

然而，人格对文化的反应方式应该引起我们进一步的注意。这将使对外族文化的研究成为一个富有成效的、收益丰盛的研究领域。我们往往习惯于把构成我们文化组成部分的全部行为和那些我们自动遵循的标准当成是通见于全人类的。它们深深地植根于我们的行为之中。我们是在这种行 xxii

为模式中被塑造的，以致我们必然会认为这种行为模式是普遍有效的。

礼貌、谦虚、文雅、遵守特定的道德标准是普遍的现象，但构成礼貌、谦虚、文雅和道德标准的并不是普遍的内容。了解到在许多方面标准都有所不同是富有启发性的。而了解个体将如何对这些标准作出反应则更为重要。

在我们的文化中，个体受着种种困惑的侵扰，我们习惯于把这些困惑归咎于基本的人性品质。当我们论及儿童期和青春期的困扰时，往往把这两个时期看成是每个人都必须经历的、无法回避的调适阶段。整个精神分析方法基本奠基于这种假设之上。

人类学家对于这些观点的正确性有所怀疑。但是，迄今为止，极少有人历尽艰辛将自己完全认同于原始人，以获得对这些问题的敏悟。所以，我感到应该感谢米德小姐，她通过彻底地认同于萨摩亚的年轻人，向我们生动而明晰地描述了那些生活在和我们迥然相异的文化中的年轻人所经历的欢乐和痛苦。她那得之不易的调查结果，证实了人类学家长期持有的猜测：以往我们归诸人类本性的东西，绝大多数不过是我们对于生活于其中的文明施加给自己的种种限制的一种反应。

1973 年版序言

这本书是我 23 岁的时候第一次田野旅行的记录，迄今为止已近 50 年了。自 1926 年我驶离帕果-帕果港回到西方世界并写下我所了解的一切，到 1971 年 11 月我在电视摄像机的灯光下步出飞机，这个世界已经发生了翻天覆地的变化。那些站在代沟一端的将要读到这本书的年轻人以自己的方式打发时光；我曾研究过的那些小姑娘则已经成了体态丰腴的老奶奶，但如萨摩亚的年长妇女所做的那样，还在跳着步履轻盈的舞蹈。现在，在全美各地的大学里就读的萨摩亚年轻人发现这部关于他们的祖先是如何生活的描写时会略略感到尴尬，就像我们年轻时候找到了母亲曾经穿过的衣服一样。至于我，原本是一个常常写信回家以便让我的祖母能够了解萨摩亚人生活中之快乐的孝顺的孙女，现在也成了一个在翩翩起舞的孙辈们中哈哈欢笑的老祖母啦。 xxiii

自此书 1928 年的首次出版以来，这是我第四次为这本书的再版撰写序言。每一次再版都清楚地标明了日期，1939 年、1949 年、1953 年和 1961 年。在每一版的序言里，我都谈了这本书酝酿了多长时间，以及这本书再版时读者世界有了哪些变化。但是，在现在这个世界里我发现，读者很少留意书的出版日期，有些人甚至将这部描述那个已经逝去的生活方式的著作，当成一部描述更为喧嚣复杂的今日萨摩亚生活的著作来阅读，这自然不会考虑到两者间的不同。还有一些人读到了我对美国人成长方式的责难——这 xxiv 种成长方式拒绝有关生、爱或死的所有第一手知识，受到无法让青春期的孩子们按照自己的节律去成长的社会的侵扰，并使人囚禁在一个无法逃逸却又没有任何安全感的狭小脆弱的核心家庭中——并认为我确实在为今日社会写作，而我们又确实几乎没有改变年轻人的养育方式。现在似乎比以往任何时候都有必要尽我之所能明确指出和大声疾呼，这是有关 1926—1928 年间的萨摩亚和美国的故事。当你阅读的时候，请记住这一点。不要期望发现美属萨摩亚马努阿岛上的人的生活还和我描写的一样，而给自己与萨摩亚人带来困惑。记住，我现在描写的正是你们的祖父母或者曾祖父母，当时他们年轻，或无忧无虑地生活在萨摩亚，或受到了来自美国对青少年期望的困扰。

一些年轻的批评家甚至问过我，什么时候我将修订这本书？当我回答不能修订这本书时，他们流露出不相信和愤怒的神情。它必须原封不动，就像所有的人类学著作一样原封不动，因为它非常准确地记录了我在萨摩亚所看到的一切，记录了我能够表达出的我所见到的一切；就 1920 年代中期我们对人类行为的了解状态来说，它是真实的；它也真实地反映了我们对世界未来的希望和恐惧。我可以再写新的序言，就像我现在正在做的一样。我可以强调，在胶片、磁带和其他记录人类行为的复杂方法可以为田野工作者所采用之前，当时我们的所知是如何的匮乏。我能够强调的是，这是第一部没有借助使外行不解、使同行迷惑的所谓学术手段的帮助而写成的有关人类学田野研究的著作。那时我似乎认为——现在仍然这样认为——如果我们对其他民族的生活方式的研究对我们这个工业化社会中的人有什么意义的话，就应该为此记录下来，而不必因为专家们而拘泥于那些技术术语。因为这是一本与青少年有关的著作，我曾试着去使用一种最善于和那些最有可能与青少年打交道的人——老师、父母以及不久将要成为父母的人——沟通的语言。我并没有将它作为一本畅销书来写，但我却怀抱这样的期望：它对于那些有可能充分利用它的主题的人具有启迪作用；青少年们
xxv 将不必再生活在这个由西方社会制造的充满压力与约束的时代之中；成长可以变得更自由、更轻松和更简单；而我们也能够多多少少地推崇我在萨摩亚发现的那种简单明了的生活——不那么紧张、不那么个人主义，也不那么被生活所深深卷入。

当我撰写这本书时，以下这个独特的文化概念对于知识世界来说是全新的。我们的每一个思想、每一个行动都不是种族和本能的产物，而导源于一个人在其中接受养育的社会，这一看法在当时是新颖而陌生的。在前面几篇序言里，我已经强调我为什么会做这些和写这些，似乎文化在今天已经变得更好理解了一样。但是，种族主义在一些科学家中的复兴，以及一些心理学家对粗鄙的操作性行为主义的膜拜，使我迷惑当代世界是否比 1928 年

更好地理解了文化的意义——个体的天赋和文化类型间的交互作用，生物学所带来的限制以及人类的想象力能够超越这些限制的方式。因此，对这种强调我不会有什么歉意。虽然在 1949 年这种强调可能有些不太适宜，但在公元 1972 年，唉，它仍然非常必要了，因为此时我们听说，行为要么归咎于种族、要么归咎于肤色、要么归咎于性，了解到心理学家梦想用条件反射来取代文化传承，就像 1920 年代的那些最粗俗的行为主义者和那些被告知我们的地球正处在巨大的危险之中、我们必须挽狂澜于既倒的绝望信徒们的所作所为一样，复陷于更加精致和复杂的无稽之谈——可以将此概括为 1916 年肖托夸教育帐篷集会(Chautauqua Tents)中那些流动讲演的用词，一种歇斯底里的喧嚣：“你不能改变人性。”我撰写这本书的目的在于，希望能够进一步了解年轻人的性格、能力和健康在何种程度上取决于他们所学的知识，取决于他们生于斯、长于斯的那个社会的安排。如果我们将改变我们的社会制度来及时地预防可能发生的灾难的话，这些就仍然是我们必须了解的东西。1928 年，我们面对的灾难是一场逼近的战争；1949 年的灾难是一场可能发生的全球范围内的核战；今天，存在的则是威胁到我们生存的环境、技术和人口危机。有关那些遥远的小岛上的那一小群人是怎样生活 xxvi
的描写，至今仍有甚至更具紧迫而现实的意义。

但是对于原书仍然有两个问题需要说明。其一是我期望在萨摩亚人的生活中发生的变化会比现在更大。我所担忧的是，那些由作为个人的萨摩亚人所体现出的优雅、热情和欢乐，因为不像希腊和埃及那样虽然文明消失了但仍然给我们留下了艺术、文学和建筑，会在我们意识到欧美文化将在全球扩散前就烟消云散或完全改变。其二，我当时完全没有想到将萨摩亚的年轻人置于潜在读者的行列中，因此没有想到要同萨摩亚人交流，如同与西方世界的读者进行交流那样。这两个失算密切相关。虽然就萨摩亚语而言，1928 年时的萨摩亚人算是有文化的，但是能够读懂英语的人非常少，而且说英语的人懂得萨摩亚语的同样很少。为了保护那些为我提供信息的人以及那些我研究的大小姑娘们，我小心翼翼地改变了她们的名字，有时甚至为一个人取了两个名字或给了一个人两个身份，以便人们无法根据我对她们的谈论来嘲弄她们。这些保护措施贯通全书，以致后来的田野工作者困难重重、无法破译它们，因此甚至攻击我弄虚作假。基于下述两个原因，我没有将萨摩亚的年轻人包括在潜在读者的行列中：其一，那些我所谈论的人，虽然用萨摩亚文写信，但却不读书；其二，因为我讨论的是他们的生活，他们自己过的生活。我用不着告诉他们什么生活是马努阿村民喜欢的生活；马努阿年轻人知道这点。而且，那时我是写给当时的社会而不是50年后的社会看的。再者，那时我不知道，也不可能知道，萨摩亚文化事实上多么顽强，我曾经以为必然消失、欲图记录下来的那份优雅在50年后依旧存在。我不可能想到，47年后会有20,000名以上的萨摩亚裔美国人生活在
xxvii 美利坚合众国；我也不可能想到，一位萨摩亚裔美国人被一种新型的教育电视选中做首次实验；我同样不可能想到，在图图伊拉(Tutuila)会有了一所社区学院；而我更不可能想到，在我到达的时候欢迎的鲜花会扑面而来，那要比1928年时的花环更加美丽，而当我告别的时候人们则献上了缀满贝壳的花环——因为飞机上禁止带植物——当飞机降落后，我找了一个塑料袋将它们装回去。在这些年间，我看到过很多来到美国的萨摩亚人；看到过他们如何在不失萨摩亚特色的情况下，乐此不疲地换穿各式各样的美国服装、学说美式英语、像美国人那样举手投足。但是，我必须重返萨摩亚，重返一个充满希望、积极乐观和热情洋溢的萨摩亚，重返一个视我的回访为节日的萨摩亚——他们为此举行了现在的萨摩亚人几乎没有见过的那些仪式，以解决他们遇到的特有难题——即如何安排约翰·海登(John Haydon)和"马科利塔"(Makelita)[①]的主次关系：前者是他们一向忠于的总督，后者则是我这个在许多年后重返萨摩亚、为了参加新博物馆的落成典礼和马努阿的第一座电站开幕式的老朋友。

在第二次世界大战后迥然不同的氛围里，这个世界上有几千个最近还处在前文明时代的、风情奇异的族群开始寻找并保持着自己的民族认同，萨摩亚人正处在一个令人自豪的位置上。这个位置是如此令人自豪和愉悦，以致萨摩亚人挤满了他们自己的那些小岛屿，而先前的西方化的威胁正

① 马科利塔是马努阿群岛的最后一位王后，而玛格丽特·米德的萨摩亚名字也叫马科利塔。——译者

被现在的人口过密所取代。如果现在有如此众多的萨摩亚人在这里繁衍下去，那很可能不会为未来者留下任何生存的空间。但不管怎么说，今天的萨摩亚人带着显而易见的欢乐在生活中尽情地起舞。

无法避免的是，读到这本书的萨摩亚年轻人会多多少少感到他们没有被包含其中，因为这里描写的是两代以前的年轻人，而不是他们，尽管我很乐意今天再写一本这样的书。但是，对那些拥有在康奈尔或夏威夷大学的入门课程的阅读书目中发现自己祖先是如何生活的奇妙经历的大学生们，我只能说，无论是他们的祖母还是我，都无法猜到今天的我们身处何方。

附表仍然保持了它的客观性，扮演着它在一本技术性著作中应有的角色。对于那些有学术背景的读者来说，可以找一本由火奴鲁鲁的主教博物馆出版的新版的《马努阿的社会组织》(1969 年)看看，这本书是根据现代民
族志理论修改的。但是在这本书里，所有的人都如他们在我、他们的朋友、 xxviii
他们的亲戚、与他们生活在一起相亲相爱的人眼中那样，栩栩如生。我真切地希望，他们的孙辈将会发现这一切都真实可信。

玛格丽特·米德

纽约

美国自然历史博物馆

1972 年 6 月 26 日

第一章　导论

近百年来，父母和教师已不再将孩子们的儿童期和青春期视为理所当 3
然的了。他们已经试着努力使教育适合孩子们的需要，不再硬性规定孩子们去接受刻板的教育模式。这一新的趋势导源于两方面的压力，一方面归咎于心理科学的发展，另一方面则归咎于青年在成长过程中所遭遇的困难和不良顺应。心理学认为，通过了解孩子们的成长方式、他们所经历的基本阶段，以及成人世界对两个月的婴儿或两岁的孩子所可能寄予的一般期望，我们能够获得青春期的大部分知识。而那些大声呵斥的教会人士、喟然长叹的保守的社学哲学家们，以及各种青少年机构和社会团体，都竭力呼吁：必须采取某些措施以应付这一科学上谓之为“青春期”的特殊阶段。年轻的一代完全偏离了以往的标准和理想，摆脱了有关的家庭标准或群体的宗教价值观的约束，此情此景使小心翼翼的反对派们惊恐万状。激进的鼓动家们则趁势在孤立无助的年轻人中摇唇鼓舌，而我们中间的那些最缺乏思想的人却因此困惑不安。

美国文明，因为它是由许多民族的移民创造的，包含了各种相互对立的 4
行为准则，有着数百个宗教派别，经济状况动荡不定，所以，美国青年骚动不安的状况比生活于古老、平和的欧洲文明中的青年更为明显。美国的现状向心理学家、教育学家、社会哲学家提出了严峻的挑战，要求他们对成长中的年轻一代的困窘能够作出令人满意的解释。今天，大战后的德国，年轻一代在成长中所遭遇的顺应不良比美国更为严重，大批有关青春期的理论书籍潮水般地充斥着各家书店；与此相应，美国的心理学家也处心积虑试图对年轻一代的焦躁不安作出解释。这种努力的结果是写出了诸如斯坦利·霍尔关于“青春期”的一些论著。霍尔将年轻人的冲突和危机的原因归咎于他们所经过的这一特殊阶段。他将青春期描述为理想主义萌生、对权威的反叛与日俱增的时期，在这一时期年轻人所遭遇的困难和内心的冲突是根本无法避免的。

一位认真细致的儿童心理学家只相信能够证明他的结论的实验，而对上述理论不屑一顾。他说，“我们缺乏资料，对儿童一生中的头几个月所知甚少。我们仅仅勉强获知孩子生下来多久眼睛才能够追逐光线。而对于一个已经发展了的人格（我们对此一无所知）会对宗教信仰作出怎样反应一类的问题，我们怎么能够作出肯定的回答呢？”但是，在科学方面这种消极的谨慎从未得以盛行。如果实证科学家不能够作出明确的答复，社会哲学家、传道士和教师就会努力作出自己简洁的回答。他们观察我们社会中青少年的行为，记录下那些随处可见的、明显的骚动不宁的症状，并将这些症状宣布为该阶段的特征。人们警告母亲们，她们的“正处豆蔻年华的女儿”将遇见特殊的难题。理论家们说，这是一个令人困惑的时期。在男孩子和姑娘们身上发生的生理变化将伴随着特定的心理反应。其他事情你无法回避，这也同样无法回避。因为你女儿的身体从纤纤少女变为成熟的妇女，她的精神也不可避免地会出现暴风骤雨般的变化。这些理论家们一再打量着我们
5 文明中的青少年，以世所罕见的自信重复道：“是的，暴风骤雨般的。”

这种观点尽管为严谨的实证科学家们所不屑，但却到处流行，影响着我们的教育方针，使父母们茫然无措。正如孩子刚长第一颗牙时，做父母的必须强打精神密切注意婴儿的啼哭。现在她必须先稳住自己，以自己可能并不喜欢的沉着和耐心去对付这“尴尬的年代”在孩子身上出现的骚动现象。如果孩子们没有什么可责备的地方，那么除了让当教师的尽量忍耐以外别无他策。理论家们继续观察着美国青少年的行为，每年都会为其假设提供新的佐证，而学校和青少年机构的记录中也生动地记载、描述了年轻人所遇到的困窘。

但是，与此同时，人们正开拓着另一条研究人的发展的道路，这就是人类学家的方法，人类学家研究在最为广阔的社会环境中生活的人类。人类学家根据原始人类的习惯研究他们继续发展着的体质，并因此而逐渐认识到每一个人所由以出生、成长的社会环境在他的个人生活中发挥着巨大的作用。以往我们习惯上认为属于我们人性中固定成分的行为的诸多层面，现在一个接一个地被发现只是人类文明的一种可能的结果。一国居民所有

的行为,另一国居民可能并不具有,而这是和种族的差异无关的。人类学家了解到,即使像爱慕、恐惧和愤怒这类人类的基本情绪,也不能归咎于种族遗传或所谓共同的人性,它们在不同的社会条件下具有不同的表现形式。

人类学家就是这样从对其他文明中的成人行为的观察出发,获得了许多和行为主义者对幼儿行为的描述相似的结论。对于这些幼儿来说,他们的具有充分可塑性的人性尚未受到人类文明的塑造。

怀着对人类本性的关切这样一种态度,人类学家密切关注着有关青春
期问题的最新见解。他得知,诸如对权威的反叛、哲学上的困惑、理想主义
的萌生,以及内心的冲突和斗争等,在他看来都有赖于社会环境的各种态 6
度,被人们归咎为生理发展的某一阶段的产物。凭着对文化决定论的了解,
对人类可塑性的洞悉,他们不能不对上述观点表示怀疑。这些困窘究竟普
遍见于整个人类的青少年,还是仅见于美国的青少年?

对于一个怀疑原有的假说、希望提出新的假说的生物学家来说,这是一个能够大显身手的生物实验室。在这里,在他能够严格控制的条件下,这位生物学家可以从他所养育的植物或动物成长的第一天起,在整个生命过程中,调节动、植物所接受的光线、空气和养料。保持全部条件,变动某一因素,即可准确地测量该因素的作用与影响。控制实验的方法,是科学的理想方法,通过这一方法,我们能够给予所有的假设以严格的客观检验。

然而,婴儿心理学的研究者只能够部分地再现这种理想的实验条件。他无法控制孩子出生前的环境。孩子出生以后他才能对其予以客观的测量。但是,他能够控制孩子生长的早期环境,控制孩子呱呱坠地之后的最初几日,确定哪些声音、光线、气味和滋味对孩子有所影响。不过,对于研究青春期的人来说则没有这么简单的工作条件。我们所希望测量的并不限于文明对一个处在发育期的年轻人所施以的影响。为了最为严谨地测量这点,我们应该设置各种文明的不同类型,并将众多的处于青春期的孩子置于这些各不相同的环境之中。我们应该将希望研究的各种效力的影响予以条分缕析。如果我们希望研究家庭形态的影响,我们就应该创设一系列的文明,这些文明除了在家庭组织上有所不同,在其他方面也都十分相似。如果我们发现了我们的青少年在行为上有所不同的话,我们就能够有把握地说,是

家庭形态的不同引起了行为上的差异。比如，独生子女比那些生活在人口较多的家庭中的非独生子女在青春期更为困惑，如此，我们可以在一系列不同的可能情境中进行我们的研究。比如，过早或过晚地对性有所了解，过早
7 或过晚地获取性经验，对早熟发展施以压力，对早熟发展予以阻遏，实行性别隔离或从孩提时代起就实行男女同校教育，在两性间实行劳动分工或对两性委以相同的任务，强迫实行宗教选择或者听任年轻人自由选择宗教信仰。我们可以改变某一因素，同时使其他因素保持相对恒定，然后分析我们文化的哪一层面（如果存在的话）造成了处在青春期的青少年们所遭遇的困窘。

令人遗憾的是，当我们的研究面临人性问题和某一社会秩序的全部结构时，就无法再去选择上述理想的实验方法。希罗多德曾经设想建立一个试验村，将婴儿与世隔绝，观察记录其结果，这一方法是不可行的。从我们的文明中选择一批能够满足不同要求的儿童予以研究的方法也不足取。这种方法设想选择五百名生活于小家庭中的青少年，再选择五百名生活于大家庭中的青少年，然后观察生活于哪种家庭的青少年在青春期的调适过程中经历的困难最为严重。但是，我们无法获知影响着这些孩子成长的还有哪些因素，我们不知道哪些因素影响着他们对性知识的了解，而他们的居住环境又会对他们青春期的发展有何影响。

那么，哪种方法更适合我们接受呢？我们希望创设一种符合人性的实验，但是我们不是缺乏创造进行这次实验条件的能力，就是无法在我们的文明中找到这些条件的控制取样。如此，唯一可取的方法只有人类学家的方法，即深入和我们的文明迥然相异的另一文明中去，在世界的其他地方对生活于其他文化条件下的人类予以研究。为了进行这类研究，人类学家选择了十分简单、原始的民族。他们的社会远没有达到我们社会的复杂程度。在选择爱斯基摩、澳大利亚、南太平洋诸岛、普韦布洛印第安等地的原始民族为研究对象时，人类学家始终受着这样一种信念的支配，即对一个初级文明的研究更易获得成功。

在欧洲那样的复杂程度较高的文明中或东方那样的发展程度较高的文明中，研究者必须花上数年的努力方能够理解在那里发挥作用的各种社会

力量。单单研究法国的家庭就将涉及法国的历史、法律、天主教徒和新教徒
对待性和个人关系的态度等一系列初步研究。而一个没有文字记载的原始 8
民族呈现的问题完全没有这般复杂。因此，一个受过训练的研究者能够在数月之内大致掌握某个原始社会的基本结构。

我们同样也不能够选择一个简单的欧洲农业社区或生活在美国南部山区中的与世隔绝的白人群体。因为这些人群的生活方式尽管十分简单，但却基本上秉承了和欧洲与美国文明的复杂地区共同的历史传统。相反，我们应该去选择那些有着数千年历史，但发展道路却和我们大相径庭的原始群体。他们的语言不属于印-欧语系。他们的宗教观念性质和我们完全不同。他们的社会组织不仅十分简单而且和我们的组织形式迥然相异。这些对比十分鲜明，足以使那些习惯于我们自己的生活方式的人瞠目结舌、茅塞顿开。这些对比又十分浅见，因而能使我们迅速把握。从这里出发，我们就有可能深刻地了解某一文明对生活于其中的个体所施以的影响。

正是这样，为了调查这一特殊的问题，我没有去德国或俄国，而是选择了萨摩亚，一个离赤道大约 13 个纬度、由棕色皮肤的玻利尼西亚人栖居的南太平洋岛屿。因为我是一名女性，可望能和姑娘们而不是小伙子们结成亲密的关系。又因为女人类学家屈指可数，使我们对原始人的姑娘们的了解远不如对小伙子们的了解，所以我将研究的重点放到了萨摩亚岛上的年轻姑娘身上。

但是，进行这种重点研究时，我所做的一切却完全不同于如果我去研究居住在印第安纳州科科莫(Kokomo)地区的年轻姑娘时所做的一切。在那种研究中，我们可以径直地找到问题的症结：我不必把许多时间花费在印第安纳州的语言上，不必关注餐桌的式样或研究对象的睡眠习惯，也不必详尽无遗地了解他们是如何学会自己穿衣或使用电话的，同样不必询问在科科
莫“良心”这一概念的意思是什么。所有这一切都是美国生活的基本内容， 9
我作为调查者熟悉这一切，你们作为读者也同样熟悉这一切。

但是，对于现在这个以原始民族的年轻姑娘为对象的研究来说，事情却完全不是这样了。她们的语言对我来说是非常陌生的。在这种语言里，名词能够轻易地成为动词，动词也能简便地成为名词。她们所有的生活习惯

都和我们不同。她们习惯于盘着腿席地而坐。要让她们坐在椅子上反倒使她们拘束难受。她们用手从编织成的餐盘中抓食物吃，晚上就睡在地上。她们的房屋是用木柱子围成的，用棕榈叶扎成圆锥状的屋顶，并用被水浸蚀过的珊瑚碎片铺地。她们的全部物质环境都和我们不同。村子的四周，椰子树、面包果树和芒果树迎风摇曳。她们从未见过马，除了猪、狗、耗子之外，不了解其他动物。她们的食物包括芋头、面包果、香蕉、鱼、野鸽子、半熟的猪肉以及地上的野果。正如我们有必要了解这里的物质环境，我们也有必要了解她们的社会环境，这决定了她们对孩子、性和人格的态度。这种社会环境为美国姑娘的社会环境提供了鲜明的对照。

我对萨摩亚社会的姑娘较为关注。我的大部分时间是和她们一起度过的。我尽一切可能对年轻姑娘生活的户进行了深入的研究。我的时间更多的是用于和年轻人的游戏，而不是参加长辈举行的会议。说萨摩亚人的语言、吃她们的食物、赤脚盘腿坐在卵石铺就的地上，我想方设法缩小我和她们之间的距离，以便能够更好地了解那坐落在属于马努阿(Manu'a)群岛的塔乌(Taū)岛海岸上的三个小村里的所有姑娘。

经过在萨摩亚的九个月的生活，对那里的姑娘、家庭形态、双亲的地位和财产、姑娘们兄弟姐妹的多寡以及她们已有的性经验，我都有了大致的了解，并搜集了许多详细的资料。这些材料也仅能给人一个简单的脉络，还很难作为研究家庭状况、性关系以及友谊、忠诚、责任感等标准的原始资料，但这里所涉及的问题恰恰是我们西方社会中年轻姑娘所遭遇的暴风骤雨般的危机的中心所在。由于在像萨摩亚这样的一个简单一律的文化中，姑娘们生活中的那些不可言喻的部分都十分相似，一位姑娘的生活和另一位姑娘的生活一无二致。我感到尽管我只研究了比邻的三个小村里的50名姑娘，但确实证实了某些普遍性的东西。

在本书的其后各章中，我将描述这些处在青春期的姑娘的生活、她们不久也将跨入青春期的妹妹们的生活、她们的兄弟的生活(那里存在着严格的禁忌，禁止她们与自己的兄弟说话)、她们已经度过青春期的姐姐们以及她们的双亲的生活。她们的父亲和母亲对待生活的态度决定了她们的态度。通过这些描述，我试图回答那促成了我的萨摩亚之行的问题：即，使我们的青少年骚动不宁的青春期危机究竟归咎于青春期本身的特性，还是归咎于我们西方的文明？在不同的条件下，青春期的到来是否会呈现完全不同的景象？

由于我们对太平洋上这个小岛的简朴生活十分陌生，我理所当然地应该大致描述一下萨摩亚的全部社会生活。这里所选择的萨摩亚人的生活细节都围绕着一个目的，即有利于理解青春期的问题。我没有描述那些年轻姑娘不感兴趣、对她们也没什么影响的政治组织事务；而那些只有专家们才感兴趣的关系系统和祖先崇拜的细节，以及家谱和神话，我将在别的出版物上发表。这里，我将努力向读者展现生活在活生生的社会环境之中的萨摩亚姑娘的风貌，描述她们从呱呱坠地到垂暮之年整个一生的生活进程，她们将解决哪些问题，她们解决问题凭借的价值观是什么，以及她们和这个南太平洋上的小岛同生共死所遭遇的一切痛苦和欢乐。

我所以作这番描述，为的是不囿于单单阐释青春期这一特殊的论题。我还应该给予读者一些关于那和我们迥然不同、交相辉映的萨摩亚文明的介绍。这是一种我们完全陌生的生活方式，人类的另外一些成员正在以这种方式过着自足与平和的生活。我们知道，我们深奥的观念、高尚的价值观，都奠基于和原始民族的对比之上；没有黑暗的光明、没有丑陋的美丽都将失去它现在展现在我们眼前的一切。与此相似，如果我们欲图鉴别我们的文明，了解我们为自己所创设并努力传给子孙们的较高级的生活模式，我们就必须将我们的文明和其他与我们不同的文明进行比较对照。在欧洲远 11
足的旅行者回到美国，尽管欧洲和美国属于同一文明，都能够敏锐地感到在他的行为举止和人生观上发生了并不明显的微弱变化。恰恰是这种同一文明模式中的差别，使研究今日欧洲或研究我们自己历史的人提高了鉴别能力。但是，如果我们驻足于印-欧文化的洪流之外，我们对自己文明的鉴别能力就会更进一步地提高。在这个世界的偏僻一隅，在这和曾经使希腊与罗马相继兴衰的历史条件迥然不同的环境下，人类的另一群子嗣创造了自己的生活模式。他们的生活和我们的生活如此相异，以致我们根本不能毫无根据地假设，他们曾经获得了和我们相同的答案。每一个原始民族都选择了一整套人类特征，选择了一整套人类价值观，为自己的生活创造了艺术、社会组织和宗教，这一切构成了他们对人类精神历史的独特贡献。

虽然萨摩亚只是这林林总总、形态殊异的文明模式中的一种，但是，由于那些曾经漂洋过海的旅行者总是要比那些坐井观天的人聪明伶俐，因此，对另一形态的文化的了解将会提高我们对自身文化予以深入研究、精诚剖析的能力。

此外，因为我们的目的是要解决青春期这一特殊课题，所以我们对另一种生活方式的论述将主要涉及教育问题即涉及这样一种过程——通过这一过程，降生人世但未经教化的婴儿将逐渐成为他或她的社会中完全成熟的人。从最广泛的意义上说，萨摩亚人的教育方法和我们的方法大相径庭，这种方法将使我们获得一次最为深刻的启迪。这种强烈的对比也许能够使我们改变原有的立场，创造一种新颖而又富于生命力的自我意识和自我批评精神，去重新评价、甚而彻底改造我们教育孩子的方法。

第二章　萨摩亚一日

曙光初照，新的一天开始了。如果到破晓时分月亮还不肯离去，从山坡 12
上就会传来年轻人的一阵阵呼唤。夜是不平静的，人们感到幽灵在四处游荡。年轻人一边催促着加快手中的劳作，一边相互间大声呼唤。当晨曦刚刚爬上灰褐色的柔软的棕榈叶屋顶，面对苍茫无垠的大海，俏然而立的棕榈树刚刚现出婆娑身姿时，刚才还在棕榈树下或海边独木舟阴影下温存耳语的情人已悄悄回到了各自的屋里。太阳出来了，用它温柔的手抚摸着每一个熟睡的人。雄鸡懒散地叫着。从面包果树上传来一阵又一阵尖声的鸟啼。海浪的咆哮和小村纷纷扬扬的喧闹相比，显得沉寂无声。婴儿惊醒了，当睡眼惺忪的母亲把奶头塞进孩子的嘴里后，才停止了那一声声尖细的哭号。那些尚未睡醒的孩子从被子里爬出来，迈着蹒跚的步子走向海滩，用海水洗脸。想去赶早捕鱼的男孩子们，开始收拾捕鱼的用具，然后去叫醒那些还在睡觉的偷懒的伙伴。到处星火点点，一缕缕青烟在幽暗的黎明中若隐若现。整个村庄骚动起来。裹着被单的肮脏的村民，开始在村里四处走动，有的揉着眼睛，跌跌撞撞地向海滩走去。“塔卢法！”“塔卢法！”“今天启程吗？”“您去捕狐鲣鱼吗？”姑娘们站在那里嘲笑着那些因为躲避愤怒的父亲的追打而逃夜的年轻人，并且大胆而机敏地猜测，他的妹妹一定知道他在这 13
里。一位小伙子在耻笑另外一位小伙子，骄傲地向他宣称，他已经赢得了对方情人的爱慕。受人奚落的小伙子愤怒地揪住自己的情敌，双脚在潮湿的沙地里踩来踩去。从村子的另一头传来一阵悲恸的号哭，一位村民刚刚带来生活在另一个村子的某位亲戚归天的噩耗。那些让怀里的孩子含着奶头，或让孩子双脚骑在腰胯上背着的半裸、懒散的女人，停止了有关罗莎如何因受了虐待从父亲家逃往较仁慈温和的叔叔家的谈论，纷纷打听是谁死了。穷亲戚悄声地向自己的富亲戚恳求着什么。男人计划着去安置一套捕鱼器，一位妇女从自己的女亲戚那里讨来一点黄色的染料……每个人都在忙碌着，突然，村子里响起了召集年轻人的有节奏的鼓声。青年们从村子的四面八方聚拢而来，手里握着挖掘用的尖棍，准备出发去岛内腹地的种植园。老人在默默地劳作着。每一户都聚集在尖顶的草屋下，商定上午的事务。小孩子饿慌了等不得那迟迟未吃的早饭，从大人那里要来一块冷芋头津津有味地啃着。妇女们捧着一堆需要洗涤的东西往海边或远在村子尽头的泉边走去，也有一些妇女去腹地寻找编织用的原料。年龄稍大一些的姑娘，有的去海边捕鱼，有的则动手织一幅新的百叶窗帘。

屋里，卵石铺就的地已用坚硬的长把扫帚扫得干干净净，挺着大肚子的孕妇和正处哺乳期的母亲们围坐在一起，论长道短。老人们坐在另一边，双手在赤裸的大腿上不停地搓着棕榈果壳，悄声地叙述着那些古老的传说。木匠们在忙碌着盖一座新房子。房子的主人四处应酬着，想方设法使干活的人能够满意舒畅。今天要烧饭的家庭辛苦地操劳着，已经从岛内腹地带回了芋头、甘薯和香蕉；孩子们来回奔忙着，打回海水或采来树叶喂猪。太阳越升越高，照着棕榈叶的屋顶投下一片阴影，沙地被晒得发烫，木槿花蔫
14 了，孩子招呼着弟妹，“来，别上太阳底下去。”外出的人们开始陆续返回村子。女人们有的拎着一串暗红色的海蜇，有的拎着满装海贝的篮子。男人们挑着扁担，两头挂着的篮子里塞满了椰子。妇女和孩子吃着刚刚烧好的早饭，如果恰逢煮食日，年轻人会冒着暑热为长辈准备午饭。

时值正午。孩子们玩闹着把卷成团状的棕榈叶和用鸡蛋花编就的玩具风车放在烈日下曝晒，赤裸的小脚踩在沙地上，烫得他们又忙不迭地跑回屋檐下的阴凉处。不得已要出门的妇女用硕大的香蕉树叶来遮阳，或者用湿衣服包着头。留在村里的人大多放下遮阳的窗帘，用被单裹着头酣然大睡。只有几个调皮的孩子悄悄溜出村去，在大石头背后的凉水里嬉戏。也会有几个勤勉的妇女舍不得休息，继续编织，间或也能见到几位女亲属在精心护理着一位正在分娩的女人。整个村子令人惶惑，死寂一片；此刻，任何一点声响都会使人觉得惊怪而不合时宜。郁闷的暑天，说话得费很大的劲。小村沉默着，直到火红的夕阳慢慢沉入海中。

突然，整个村子又开始喧闹起来。从回港的“渔船”上传来一阵阵呼唤声。熟睡的人们第二次被惊醒了，又开始了忙碌。顶着酷暑劳累了一天的

渔夫显得精疲力竭，顾不得抹去敷在头上的凉丝丝的熟石灰（他们用熟石灰来降温，并使头发能微微发红），赶紧把独木舟停靠在海滩上。各种色彩鲜艳的海鱼堆在屋里的地上或屋前的空地上，直到妇女们把水泼在鱼堆上，才能够解除对鱼的禁忌。年轻的渔夫们一面不情愿地从鱼堆里挑出硕大的、必须供奉给酋长的“禁忌鱼”，一面心满意足地往棕榈叶编成的小筐里装鱼，这是准备馈赠给情人的。那些从腹地丛林中归来的男人，污垢满面、疲惫不堪，一边走一边大声地嚷嚷。留守在家里的人热情地欢迎着他们的归来。傍晚，人们聚集在招待外人的客房里畅饮着卡瓦酒。和着人们轻轻的击掌声，主持卡瓦酒会的议事酋长（talking chief）洪亮的嗓音在小村里一阵阵回荡。姑娘们用采集来的花儿编织着项圈；孩子们午觉醒来精力充沛，加上父母们没再规定什么任务，都愉快地围成一圈，趁着黄昏的时光尽情地游戏。太阳沉落之时，从山坳坳里到海面上涂抹着最后一缕霞光。在海边洗澡的 15
人陆陆续续离开了沙滩。几个孩子慢悠悠地往家走。天空像是画布，映现出几个黑黢黢的影子。屋里的灯亮了，家家户户围在一起吃晚饭了。求婚者谦卑地敬上自己的馈赠。被父母从热闹的游戏中叫回的孩子打量着必须待为上宾的尊贵的来客。人们唱起了基督教的赞美诗，轻柔和粗野的声音交织在一起。接着又开始了简洁、优雅的晚祷。在小村尽头住着的一家人门前，父亲正在为儿子的降临大声地呼喊。有些家庭里某位成员不知不觉地失踪了，这些逃跑者却可能在另一些家庭里找到了自己的避难所！小村重归于安静。首先是一户之主，其后是妇女和孩子，最后是那些身强体壮的小伙子们，开始了他们的晚餐。

晚饭以后，年迈的老人和年幼的孩子又去睡觉了。如果年轻人来了客人，全家人就会让出前房让他待客。因为白天是老年男性和青壮劳力商讨议事的时间，夜晚就成了人们消遣轻松的时间。两位男性亲属，或者一位酋长和他的一位出主意的“军师”坐在一起，闲扯着白天的事，或者安排明天的事务。外面，有人在村子里边走边喊，明天上午为种植集体的面包果树挖坑，或者宣布村里将做一个大捕鱼笼。如果是月光如洗的夜晚，你能见到成群的年轻人，三三两两的妇女，在村子里漫步。孩子们四处捉着地蟹，或者在面包果树丛中捉迷藏。有时，村里的许多人也可能点着火把去捕鱼，海滩的礁石上闪烁着星星点点的火花，欢快的叫喊和懊丧的诅咒，讥讽或受了侮辱之后的气愤的叫骂，在安谧的夜里一阵阵传来。一群年轻的后生也可能因为少女们的来访而欢乐地起舞。许多已经卧床而眠的人又会为这欢快的音乐吸引，裹着被单走出家门来看年轻人载歌载舞。一群白衣素裹幽灵般的人，围在一所灯光通明的房子四周，尽情地欢笑。不时地有人从圈子中离开，向树林深处信步而去。有时，人们一直到午夜时分才乘兴而散；这时只剩下海潮柔和的拍击声和着情人们的温柔细语，直到第二天的黎明，小村才会再次苏醒。

第三章　萨摩亚儿童的教育

萨摩亚普通人家对孩子的生日并不过于重视。但是，等级较高的人家 16
对出生这件事本身却极为看重，家长会为孩子的出生举行盛大的聚会，并且划分给他许多财产。第一个孩子必须生在母方的村子里。如果孕妇已随夫居，那么，她也必须为此而暂回娘家。在孩子出生前的几个月中，父方的亲属为怀孕的母亲提供食物，而母方的女性亲属却忙碌着用纯白的桑皮土布为孩子制作衣裳，用露兜树纤细的茎叶编织草席以用做孩子的垫褥及其他洗涤用具。身怀六甲的孕妇回娘家时，满载夫家准备的食物。而当她分娩以后返回夫家时，则从娘家带回价值相等的草席和桑皮土布做的衣物作为给夫家的馈赠。在孩子出生时，祖母或姑姑必须在场照料新生儿，而产妇则由接生婆和娘家的亲属照料。孩子的生养从来没有丝毫的秘密。按照惯例，在孕妇分娩时，如果彻夜守护在房子里的二三十个人笑骂、嬉戏、玩耍的话，即将做母亲的人既不能当着人翻动，也不能叫喊，更不能呵斥。接生婆用簇新的竹刀割断了孩子的脐带。一待脐带割断，所有焦急等候的人便开宴庆贺。如果生的是女孩子，要把她的脐带埋在构树下（构树皮可以用来制作桑皮土布），以保证姑娘长大以后能勤勉持家。如果生的是男孩子，要把 17
他的脐带抛入海中，以使他能成为一个征服大海的渔民，或者把脐带埋在芋头地里，以赋予他耕耘稼穑的勤劳。这些仪式结束以后，客人们纷纷告辞，母亲也从床上起来，从事家务，新生的孩子也就不再成为人们兴趣的中心。孩子出生的日子以至月份都渐渐地为人所遗忘。他蹒蹒跚跚跨出的第一步或牙牙学语说出的第一句话，不会引起人们过多的评论和留意。在礼仪方面他已不再具有任何重要性，直到青春期以后才能够重新获得这种举足轻重的地位。在大多数萨摩亚人的村庄里，未婚的女性在礼仪上是不受重视的。即使做母亲的也仅仅记得罗莎比图帕年长，记得姐姐的小儿子法莱比哥哥的孩子维果年幼而已。在萨摩亚人那里，实际年龄可能谁也记不住，但相对年龄却事关重大。因为在成人生活中的社会地位取代长幼顺序决定人们的尊卑之前，年长者总是具有支配年幼者的权力。

孩子一般由母亲哺乳，只在极少情况下由于母亲奶水不足，才从亲属中找一位乳母。从一周起，人们给孩子喂奶的同时也给他们喂些其他东西，比如番木瓜、椰子汁、甘蔗汁。母亲把番木瓜嚼烂，再用手指送入孩子的口中，或者用一小块桑皮土布片蘸着果汁让孩子吮吸，就像牧羊人喂那些失去母羊的小羊羔一样。只要孩子一哭，母亲便给孩子哺乳，所以从不存在定时喂奶的问题。除非母亲又怀孕了，否则孩子要到二三岁以后才断奶，因为给哭闹的孩子喂奶是抚慰他的最简便的方法。孩子在断奶以前一直跟着母亲睡觉；断奶以后，往往由户里年幼的姑娘来照管他们。大人们经常用野柑橘汁给孩子擦洗，洗完以后再用椰油将孩子的皮肤擦得透亮。

主要担负照看孩子任务的往往是个六七岁的女孩子。小姑娘尽管挺瘦弱，无法举起六个月以上的孩子，但可以让孩子叉腿坐在左膝上或驮在腰背上。当一个六七个月的孩子被人抱着时，他会自然地采取这种叉腿而坐的姿势。这些六七岁的小“保姆”们，从不鼓励孩子学习行走，因为会爬会走的
18 孩子更难以看管。孩子们一般在开始说话前学习行走，不过要准确地确定萨摩亚儿童起步的年龄是十分困难的。我曾看见两个只有九个月的孩子学习行走，但在我的印象中孩子起步的平均年龄是一周岁左右。萨摩亚人的所有家庭活动都是在室内进行的，这种生活鼓励孩子们在室内的地上四处滚爬玩耍。因此，三四岁以下的孩子想爬想走都任其自便，父母是不多管教的。

从呱呱坠地到四五岁之前，孩子所受的教育是十分简单的。他们必须接受所在户的管教，但由于人们习惯上对小孩子们的行为并不过于计较，因此要把孩子管好还是挺困难的。他们在屋里只能坐在地上或四处滚爬，除非不得已是不能直挺挺地站着的；不能够站着和大人说话；不能够在太阳下曝晒；不能够把织布者的线头缠乱；也不能把切开晾晒的椰子弄乱。孩子们应该把那块窄小的用来遮体的缠腰布缠紧，轻易不能玩火耍刀，不能触摸装卡瓦酒的碗或杯子。如果这孩子的父亲是一位酋长，那么当父亲在场的时候，孩子是不能在他睡觉的地方滚爬的。确确实实存在着许许多多回避的

规矩。父母们有时通过痛打，更多的是通过大声训斥和反复谈话强迫孩子们遵守。

父母们对小孩子的惩罚往往是通过那些年龄稍大一些的孩子来执行的。在能充分地理解管束弟妹的必要性之前，她们就学会了冲着小孩子们嚷嚷："回来，别上太阳底下去。"所以，萨摩亚的姑娘、小伙们长到十六七岁时，这种对更年幼者的不厌其烦的训导，就成了年轻人在一起交谈时必不可少的内容。在他们的闲聊神侃过程中，这成了一种令人烦躁不快的潜在因素。我很熟悉这样的场面，尽管那些年龄小的孩子已经像受了惊吓的耗子，说话时尽可能地压低嗓子，那些年龄稍大的孩子还是张口闭口地加以训斥："别动""坐好""闭上你的嘴""别吵了"，大孩子们说这些话时完全是机械的、无意识的。当然，总的说来，尽管人们总是向小孩子们提及不得喧闹的过分要求，但从来没有认真执行过。这些小"保姆"们，对和睦相处比对她们看管的小孩子们的品格形成更感兴趣。当一个小孩子开始哭喊时，把他拖到大人们听不见的地方是十分容易的。如果一个年龄稍大的孩子能够担负看管弟妹的责任，就绝不会有哪位母亲再去自己管教孩子。

在萨摩亚，如果由双亲和子女组成的小家庭成为主要的家庭形态的话， 19
这种制度就会造成一半人焦灼忧虑、自我牺牲，而另一半人则专横霸道、自我放纵的结果。但是，正当一个孩子长大到他的顽皮固执开始令人难以容忍时，照看弟妹的责任也落到了他(她)的身上。因此，整个过程又会再度重演，通过担负起照看弟妹的责任，每个孩子都会受到一定的约束并经由社会化的过程。

那种对小孩子的哭闹造成的令人不快的情景的恐惧紧紧地萦绕在那些年龄稍大一些的孩子心头，以致到完全不必顾忌这点时，他们仍然常常会向一些小"暴君"们的撒泼耍赖妥协。哪怕一个五岁的孩子闹着要上哪去，他(她)们也只能带他去。比如，尽管他会弄乱线头，但他要去纺织的地方也只得带他去；尽管他会撕烂菜叶或弄得满身是灰(回去还得给他洗澡)，但他要去厨房同样也只得带他去——因为一个年龄稍大的男孩子或女孩子都已习惯了向弟妹们作出让步，以防止他们号啕大哭。

在本户或亲属范围内，对一个调皮捣蛋的小孩子，年龄稍大一些的孩子会尽可能地让步、哄诱、逗他高兴。如果把小孩子弄得哇哇乱叫，大孩子就会遭到户中或亲属中有权的长辈的惩罚。但如果碰上邻居的孩子或在一群孩子中，那些半大的姑娘和小伙子甚至成年人，都会把自己的怒火毫无顾忌地发泄到带着这些调皮捣蛋的孩子的大孩子身上。如果一群孩子住得非常近，他们常常会一窝蜂地涌进某间房里，好奇地观看那些不准他们看的场面。大孩子们会用棕榈叶抽打他们，用小石子砸他们，轰他们走。这种做法实际上并不能够改善孩子们的行为，但却使这些孩子更加依恋这些既吓唬他们又宽恕他们的“小保护人”。对那些花费了许多时间去哄诱自己年幼弟妹的大孩子们来说，用小石子砸别人家的孩子或许是一种发泄自己恼怒的方式。尽管这种愤怒的发泄大多不过是摆摆样子而已。那些砸石子的人没有谁想存心伤害小孩子，但是小孩子们知道如果他们一次次地来捣乱，那么横空飞来的珊瑚石碰巧也会砸在他们的脸上。甚至萨摩亚的狗也能够理解主人的驱逐姿态，这些姿态在萨摩亚语中含有“滚出去”的意思。它们在一排住房前来回溜达，然后带着一种自信和漫不经心的神情跨进某个开着门的房里去。

等一个女孩子长到六七岁时，她对所有回避的规矩已有了大致的了解，大人们就能够放心地把照看弟妹的任务交给她了。她也学会了许多简单的技能。比如，学会了用棕榈叶编织坚实的方球，用棕榈叶或鸡蛋花做玩具风车；学会了踩着树干上柔韧的枝丫爬上椰子树，用比她自己的个子还长的刀劈开椰子；学会了和一大群孩子一起做游戏、唱歌，收拾房里地上杂乱的什物，去海边提水，切开椰子晒干椰肉，天要下雨时再帮着大人收回来；学会了轧辗露兜树叶用做编织材料，去邻家讨回火种为酋长点烟或用来点火煮饭，以及十分得体地从亲友那里获得一星半点的小恩小惠。

但是，对于这些小姑娘来说，和照看弟妹的主要任务相比，上述事务都是附带的。年龄较小的男孩子往往也有照看弟妹的责任，但到了八九岁以后，他们一般都从中解脱出来了。在照看弟妹的过程中尚未被磨平的野性和棱角，现在无一例外都在与年长的男孩子的接触中剔除了。对于那些年幼的男孩子，只是在他们的行为是谨慎和有益的时候，人们才允许他们参加一些有趣和重要的活动。这种场合，小姑娘们被粗暴地拒于门外，而小男孩子却渐渐经受了磨砺，他们开始懂得该如何使自己显得有些价值。那些希望参加诸如帮助一位年轻人，用套索捕捉海中的鲛鳗等重要事务的四五岁的男孩子们，会自动组成一个高效能的工作团体。一个孩子拿着诱饵，另一个孩子拿着一支大套索，其他孩子急切地探查着礁石中的洞穴，寻找在其中栖身的鲛鳗。最终，一个孩子不声不响地把捕捉到的鲛鳗装进他的拉瓦拉瓦中。小姑娘们驮着沉甸甸的婴儿，或者照看着岸上那些岁数太小、还不能在礁石上爬来爬去的小男孩，同龄小男孩们的嘲笑戏弄，往往使她们很少有机会了解这类冒险性较大的工作和游戏。因此，小男孩只是最初经历过一 21
段照看弟妹的“磨难”，随后便有许多机会在那些年龄较大的兄长们的指导下，参加各种有效的合作。相比之下，姑娘们早期教育的内容是十分贫乏的。她们有着程度较高的个人责任感，但是，公共生活提供给她们的相互合作的机会却少得可怜。这在年轻人的活动中尤为明显。比如，小伙子们能够迅速地组织起来；而姑娘们却常常因赌气和口角延误时光。对于迅速、高效的合作，她们缺乏起码的经验。

因为去捕鱼的妇女得把怀中的婴儿丢给户中的小姑娘们看管方能够脱身，所以，这些小姑娘是没有机会跟随母亲或其他年长妇女去捕鱼的。因此，对于捕鱼的最简单的过程，她们的了解也要比同龄的男孩子晚得多。在她们长大成人，能够承受种植园中的辛勤劳动，把收获的食物运回村里之前，她们的活动总是限于照看小孩和跑跑腿之类的工作。

在姑娘们快达到发育的年龄时，诸如在种植园中劳作、送粮等较重的体力活动，也就渐渐落到她们的肩上，但这完全是因为她的体格和能力已经能够承担这些工作，而不是因为她在生理上已经成熟的缘故。在这之前，只是在家里的成年人希望把嗷嗷待哺的婴儿也带到种植园里去的时候，小姑娘们才有机会和大人们一起去种植园。但是，到了种植园里，当她的兄弟和堂（表）兄弟们采集椰子或在丛林中愉快地追逐时，她却必须去寻找、看管、哄逗那些满地爬的弟弟妹妹们。

当这些姑娘们长到能够承担重任时，便把照看儿童的责任转到比她们年龄小些的女孩子身上。这对一个家庭来说是再好不过的事了。正是从这时起，处在青春期的姑娘们才开始从看管孩子的事务中解脱出来。说句公道话，她们一生中的艰难时期终于结束了。她们将不会再听从大人们吆五喝六地不停使唤了，同样也不会再受那些两三岁的小“暴君”们的欺凌了。所有琐碎的、使人烦躁的日常家务（在我们的文明中，家务被认为是扭曲妇女的灵魂、残害她们的性情的根由）现在开始由 14 岁以下的小姑娘们来承担了。包括点烟烧火、端茶递水、点灯、照顾婴儿，以及大人们反复不停的差
22 遣——这一切使她们从早到晚忙个不停。现在，由于一年中开办数月的政府学校的设立，这些孩子在大多数时间里也开始走出家庭。这导致了萨摩亚人自然户的整个改组。这对于他们的生活方式是一次史无前例的变革。母亲们将不得不待在家里照看孩子，成年人也只能自己动手去做那些琐碎的家务事，甚至跑腿的事也只能自己去干了。

在小姑娘们从照看孩子的事务中解脱出来以前，她们对任何较为复杂的生活技能的了解，都是十分有限的。有些人只能在做饭时帮着打打下手，比如剥香蕉皮、削芋头，以及碾磨食用的椰肉。她们中间有一些人能编织简单的盛物篮。但是，现在她们却必须学着去编织各种自己用来携带生活用品的篮子；学会采集适于食用的既不过老又不过嫩的芋头叶子，挖掘成熟程度恰当的芋头。在厨房里，她们学着去做帕鲁沙米：将椰子肉磨碎，放入辣粉调制，再用咸海水拌和，并剔去里面的碎皮壳，然后把这种乳白色的稠糊倒入用香茎已经枯萎的芋头叶折成的小小的容物中，外面再包上面包果叶，并用面包果叶的根茎紧紧地扎牢。这样做成的帕鲁沙米的外壳怎么熟也不会散。她们必须学会用棕榈叶包捆大鱼，或用面包树树叶包捆一串小鱼；学会采集各种喂猪的叶子，学会判断放在烧烫的小石子中烘烤的食物是不是熟了。一般说来，烧饭的任务大多是由男孩子来承担的，女孩子必须去做一些更加繁重的工作。常常有这样的议论：“瞧可怜的罗莎，家里没有男孩子，总是她去烧饭。”尽管男孩子负责点火烧饭，但一般说来，女孩子总是帮着大人或自己做大量的家务劳动。

一旦人们把她们当成能够长期投身于某些连续性作业的个体时，就会派这些姑娘们参加捕鱼队。她们学着编织鱼筐；收集、准备好用来扎成诱鱼火把的柴火；在章鱼洞口放置小棍，等章鱼顺杆爬出来时抓住它，这种小棍称之为“引鱼棍”。她们学着用棕榈树叶的茎秆做穿针，用木槿树皮织的土

布条把硕大的玫瑰色的海蜇穿成长长的一串。萨摩亚人把海蜇称为罗拉，那里的孩子把糖果也叫做罗拉。她们学着区分好鱼和坏鱼，区分应时的鲜 23
鱼和在一年的某个时期中不能食用的鱼。她们深信不能去捉正在礁石上交配的章鱼，否则厄运会降临到这个愚蠢的渔人头上。

在青春期到来之前，她们对植物和树木的了解主要是通过游戏获得的。她们用露兜树的果实串起来做项圈，用棕榈树的叶子编织方球；用香蕉树叶做遮阳的伞，或用半片叶子撕成一条短"项链"；她们把椰子壳一劈两半，再用一种叫做辛纳特的植物茎捆扎起来，做成一种游戏时用的高跷；或用治阿树上的花朵编织美丽的项圈。现在，为了各种实际的用途，她们必须学会识别各种树木和林林总总的植物；必须了解露兜树叶何时适于剪伐，如何飞快地剪伐那些长长的大叶子；必须能够分辨三种不同的露兜树，不同的露兜树茎叶可用来编织档次不同的草席。过去用来做十分吸引人而且能吃的项圈的漂亮的橘核，现在却被收集起来作为用来美化桑皮衣物的彩刷。她们采集香蕉叶，用以保护编织的餐盘，包裹待蒸的布丁，或用来当作锅围。割香蕉树皮时要下刀准确，这样才能得到平整、柔软、呈黑色的可用来装饰草席和篮子的皮条。对生熟程度不同的香蕉也得仔细地区分，有的已经烂熟，只能埋起来了；有的呈金黄色，弯曲有致的则可以随时食用；还有的则得放在阳光下晒晒，做成果饼卷。现在木槿树已经不多了，不像以前那样，用一把贝壳作交换就可以随便削取木槿树皮，用来缕出酒椰纤维一样的线绳；现在你只有长途跋涉深入腹地，才能够找到用来编织桑皮织物的合格的树皮。

姑娘在家里的主要任务是学会编织。她必须掌握几种不同的技巧。首先，她要学会采集棕榈树枝，取出叶子中的主茎做篮子的框架或草席的边缘，并摘下嫩叶用来编织。她应该学会用棕榈叶编篮子。篮子是用半张棕榈叶编织的，方法是把嫩叶褶在里面，然后再把茎折弯作为框架。其次她必须学会编织挂在围成房屋的木柱之间的百叶帘子，具体编法是把半片半片的叶子连接起来，然后再把嫩叶褶在一起。相比之下，用四张大棕榈叶编织 24
铺在地上的草席，以及编织嵌有精美图案的餐盘比较难学。虽然姑娘们能够用两根线缝制简单的扇子，但编织细巧精美的扇子却是独属那些年长娴熟的老手们。一般说来，户中某位年长的妇女会对小姑娘们进行编织训练，起码让她们把每样东西都学着编一个，但让她们大量编织的往往是像百叶窗帘那样简单的东西。她们要学着用露兜树叶编一般的草席，编一两种略为精致的睡席，只有到十三四岁的时候，才开始学着编特别精致的草席。这种精致的草席代表了萨摩亚人编织才能的最高水平。这种草席用上等露兜树做材料，经过皂浸、锅蒸、削刮几道工序，使之呈现出金黄色的光泽，细薄如纸，每根篾子只有十六分之一英寸宽，像亚麻一样柔软，要用一两年时间才能编成。这种草席被人们视为珍品，是新娘子必不可少的陪嫁物。一般很少有哪位姑娘在 19 或 20 岁以前能织成这么一张精美的草席，但她必须动手织，织好以后可以裹在一张较为粗糙的草席中，挂在椽子上，向人们证明这位姑娘十分勤快，手艺也很不错。她也要学点织桑皮土布的知识；学会选择、伐取构树枝，学会剥皮，由那些内行的人把树皮削刮以后，再捶打这些树皮。而上机织布或用手编织等活计则由更有经验的人去干了。

在这种多少带有一些系统性教育的全部过程中，姑娘们在下述两方面始终保持着很好的平衡：一方面必须具备最低限度的必要知识，以获得应有的名声；另一方面又不会因为过于心灵手巧而使自己忙碌不停。如果全村都知道某位姑娘既懒又笨，不会料理家务，那么在婚姻方面她会屡受挫折。经过这些初级的学习阶段以后，姑娘们接着用三四年的时间来提高自己的技术。她们依旧从事日常的编织工作，主要编百叶窗帘和提篮。她们也帮忙做些种植园里的活计和烧烧煮煮之类家务活，有空也编一编尚未完工的精美草席。但她们总是把提高编织技能和承担其他责任统统置于脑后，总是说：“莱梯梯奥！”（“我年纪还轻呢！”）她的所有兴趣都开始投掷于秘密的性尝试中。当然，她们也还是愿意像兄弟们那样去做一些日常活计的。

但是，一个 17 岁的小伙子却不会这样消极地随意行事。他已经学会了捕鱼的基本知识，能够驾驶独木舟安全地绕过礁石，或操作捕捉狐鲣鱼的渔船了。他会种芋头或移栽椰子树，会在树墩子上砍去椰壳，并娴熟地一刀把椰子劈开，取出果肉。现在他已经十七八岁了，成了奥玛珈(*Aumaga*)的成员。这是由小伙子和那些年龄稍大但仍未取得头衔的成年男子组成的团体，人们将奥玛珈称为“村庄的中坚”，这一称呼丝毫没有夸耀之意，完全体现了确凿的事实。在这一群体中，他必须和他人竞相抗争，接受戒律和榜样的示范。负责监督奥玛珈行动的那些年长的酋长们严厉地注视着每一个人，既防止任何形式的止步不前，也防止出现不应有的早慧早熟。其他村庄中的奥玛珈同样也十分珍惜自己群体的荣誉。如逢进行群体活动，不论是在种植园里为村庄干活，还是去捕鱼，不论是为酋长烹煮食物，还是为某位少女的来访组织仪式化的庆祝活动，如果哪位小伙子缺席的话，同伴们不仅会奚落他，还会对他施以体罚。除此之外，小伙子们的学习动机较强，对他们来说职业选择的范围也较广。但是妇女中却没有职业的专门分工，当然这不包括行医和接生职业，这两种职业都是由年迈的老太婆们干的。她们将自己的技术传授给自己的跨入中年的女儿或侄(甥)女。另一例外是法定的演讲者的妻子。但没有哪位姑娘会为这种婚姻积极准备，因为这种婚姻不但要求她掌握特殊的知识，而且和这一阶层的人结婚对她来说也缺乏必要的保障。

对于小伙子来说情形却大不相同。他们希望有朝一日能荣膺玛泰(*Matai*)头衔，这样，他就能成为福努(*Fono*)即头人会的成员，并因此而能够和酋长们一起喝卡瓦酒，和酋长们而不是和年轻人一起工作，也可以坐在家中享清福。尽管他获得的这一新头衔不过是“摇摆于两根柱子之间”的一种级别，还不足以让他背靠大树，高枕无忧。不过，他对自己是否能够得到这种头衔很少有绝对的把握。这类头衔每个家庭都会配有几个，但只授予在整个家庭范围内最有希望的年轻人。他有许多竞争者，他们也都是奥玛
珈的成员。他必须在群体活动中同他们进行不懈的角力。还有另外几项活 26
动，他必须在其中一项中颇为出色。他必须成为一位木匠，或成为一名捕鱼者，一名演说者，一名雕花匠。掌握了某种技能便能使他出类拔萃，成为翘楚之才。善于捕鱼在献给情人的馈赠中意味着直接的酬赏；缺少这种馈赠，他的进攻就很难打动对方。盖房的技能则意味着富裕和地位，因为人们对一个技术高超的年轻木匠与对一位酋长一样敬重，用对酋长的称谓来称呼他，并用对有地位的人才说的奉承话来谈论他。但同时人们仍然继续要求他不要太有能耐、太杰出、太早慧。他只能略略超出同伴一些，绝不能太突出。他必须既能够销蚀同伴的仇视，又不致引起长者的非难，因为长者并不宽恕早熟，相反更乐意鼓励并袒护落后。同时，他也同他的姐妹们一样不愿

意承担责任。如果他只是稍稍突出一些,不是锋芒毕露的话,那么他就会有机会成为一名酋长。如果他天资聪颖,福努会的成员们便会认真斟酌,想方设法给他找一个空衔,以使他能够和老人们共济一堂,向他们取经觅宝。然而,人们都知道,年轻人对获得这种荣誉并不是十分积极的,以致人们不得不规定:"如果年轻人逃避这种荣誉的话,他就永远不能成为酋长,必须永远同年轻人一起坐在屋外,为玛泰提供食物,但却不能和玛泰一起在福努会中平起平坐。"最有可能的是他的亲属关系群体会将"玛泰"的称号授予另一位天资聪颖的年轻人。这样,他虽然想当玛泰,但那要等到将来,十分遥远的将来,等到他四肢无力,心里也不再总惦记着玩耍或跳舞时再当了！有一位27岁的酋长这样对我说:"你看,我当了四年的酋长,头发都白了。在萨摩亚,灰白头发长得很慢,年轻人不会有,只有老人才会有。但我总得努力装得像老人一样行动。走路时必须循规蹈矩,迈着方步,只有在最庄严的场合中才能跳舞,也不能和年轻人一起做游戏。60多岁的老人们是我的伙伴,
27 他们注视着我讲的每一句话,唯恐我犯错误。我这一户中住着31个人,我必须为他们精打细算,为他们的温饱操心,还要解决他们的争吵,为他们安排婚姻大事。户里没有人敢骂我,甚至也没有人敢用我的乳名来亲切地称呼我。这么年轻的人当酋长真难啊!"老人们也都摇头叹息,一致认为这么年轻的人当酋长实在不合适。

这种自然萌生的抱负的施展又受到下述事实的进一步制约:当上玛泰的年轻人不仅不会成为先前那些同伴中最伟大的人,反倒成了福努会中最年轻幼稚的人。他再也不能同原先的同伴们自由而亲密地交往了,玛泰只能和玛泰交往,在丛林中只能在他们身边劳作,晚上要和他们坐在一起轻声地交谈。

因此,和姑娘们相比,小伙子们面临的问题更为严峻。他厌恶责任,但又希望在自己的群体中胜人一筹;他的技艺只会加速使他早日成为酋长,而他一旦松懈努力又会遭到他人的责备和非难;如果他进步过快会受到他人的谩骂,但要赢得情人的欢心又必须在同伴中享有声誉;反过来,情场得意又会使他的社会声誉与日俱增。

如此看来,姑娘们的技能只要能达到"及格"的水平即可,而小伙子们却

需要付出更大的努力。小伙子们对那些没有任何迹象能表明其能力，但却以蛮拙闻名的姑娘总是避而远之，唯恐接触多了会产生想和她结婚的念头。同一个笨拙的女子结婚是一种最不明智的举动，这会使他同自己的家庭产生无休止的纠纷。这样，那些笨拙的姑娘就只能在轻浮、放荡或已经结婚的男性中寻觅情郎，因为这些人用不着怕自己的理智出毛病，而冒冒失失地同这类姑娘结婚。

但是，一个17岁的姑娘是不想结婚的——确实还早呢！当一个无忧无虑的姑娘，既不需要承担责任，又能够经历丰富的感情生活，这是最好不过的事。这是她一生中的黄金岁月。虽然有许多人可以对她横加训斥，但她也可以对另外许多人大发脾气。她失去了名声，但却赢得了自由。她已经无需再花过多的精力去照料孩子了。她既不会因为终日编织草席而眼睛酸 28
痛，也不会因为整天纺织桑皮土布而腹背疼痛。为捕鱼、搜寻食物以及编织原料而组织的长途探查，给她们提供了充分的谈情说爱的机会。而心灵手巧则意味着多干活，终日劳碌，早婚；尽管婚姻是不可避免的，但还是尽可能地推迟为好。

第四章　萨摩亚人的户

29 一个萨摩亚人的村庄大约由三四十户组成，每一户由一个被称作玛泰的头人负责管理。这些头人或具有酋长似的头衔，或具有议事酋长的头衔，他们是公共事务的发言者，是酋长的代言人和使节。在村里的正式集会上，每一个玛泰都拥有自己的一席之地，代表着他管理的那一户的全部成员，并对他们负责。这一户包括在同一个玛泰的权威和庇护下生活过一段时间的所有个人。这种"户"(household)的构成，不同于那种由双亲和子女组成的血亲家庭。同一户的一二十个人或因血缘、或因姻缘、或因收养而和玛泰或他的妻子有一定的关系，但他们彼此之间往往是没有什么亲密的关系的。同一户的成员一般来说是，但不一定非得是，远房亲戚。

寡妇和鳏夫通常都得返回他们的血亲家庭中去生活，尤其当他们没有子女时更是如此，但是已婚夫妇却可能和双方中一方的亲属在一起生活。这样的一户不必是一个关系密切的居家单位，同一户的人可能散居在村里的三四处住所中。长期居住在外村的人是不会被当成这户的成员的。户是一种严格的地方单位。户也是一种经济单位，因为一户中所有的人，都在玛
30 泰的监管下在种植园中共同劳作，玛泰依次分给他们食物和其他生活必需品。

在这一户的范围内，年龄比亲属关系更具有惩戒性权威。玛泰对他所管辖的每一个人都拥有名义上的和实际上的权威，甚至对他自己的生身父母也不例外。当然，这种控制因人而异，但总是受到人们对玛泰地位礼节性认可的影响。在这样的"户"中，出生最晚的孩子受该户中所有人的支配，年龄的增长亦丝毫不能改变他们的这种屈从地位，除非又有一个比他年龄更小的孩子降生人世。但是，在大多数户中，年纪最轻的成员的地位很具有暂时性。在一户的范围内还渐渐包括了侄子(女)和外甥(女)以及远房的堂(表)兄弟姐妹。一位年龄正值青春期的姑娘实际上往往处于一种中间地

位，有许多人必须服从她的管束，她也必须服从另外一些人的管束。一方面，日益增长的能力和自我意识使她在一个由各种人组成的家庭中可能会变得难以驾驭、不易满足；但另一方面，对于日益增长的权威意识，她也有着充分的实现途径。

这一发展完全是有章可循的。在这方面，一个姑娘的婚姻不可能给她带来多大的改变，除非有一天她自己能生下一大群十分听话的孩子。但是，那些二十多岁尚未有配偶的姑娘在受人尊重和承担的责任方面丝毫不亚于她们那些已婚的姐妹。那些没有头衔的男人的妻子和所有青春期已过但尚未婚配的姑娘，在村里的仪式组织中被划分在一起。这一事实，在家庭以外进一步加强了那种根据年龄而不是婚姻状况来确定地位划分标准的倾向。

在其他户中生活的亲戚也在儿童的生活中发挥着一定的作用。任何一位年龄较大的亲戚，都有权力要求年轻的亲戚提供帮助，有权批评他们的行为，干涉他们的活动。因此，一经碰上年龄比自己大的堂（表）哥，小姑娘就会独自躲到海滩上去洗澡，否则他会差遣她给他的孩子洗澡、照看孩子，或找些椰子果来搓洗衣服。日常生活和这种随处可遇的苦差事如此密切地联
系着，能够以各种名目支配年幼者的彼此相熟的亲戚又这么多，使孩子们要 31
想完全躲避大人们的监督简直难乎其难。

这种松散的但具有支配权力的亲属群体也能够给予孩子某些补偿。同一亲属群体中的一个两三岁的孩子，可以走东家串西家，不会遇到什么不测，她肯定会有地方吃、喝，当她累了小憩时会有人给她盖上被单，伤心时会有人伸来慈爱的大手擦去她脸上的泪水，身上有伤时也会有人给她包扎。不管是哪家的孩子，在天黑的时候还没有回家的话，亲属们都会帮着寻找，如果婴儿的母亲去腹地的种植园中劳作的话，婴儿往往从这双手上传到那双手上，村里的人都会照顾他。

由年龄来划分等级的现象只在极少的情况下是例外。每个村庄里的一两个大酋长（high chief）都具有世袭的权力，能把自己户中的某个女孩子封为该户的陶泊（*taupo*），即该户礼仪上的小公主。这个当陶泊的十五六岁的姑娘是从她的同龄群体中选的，有时也选自直系亲属之中。她具有显赫的尊严，村里上了年纪的妇女都要给予她礼节上的尊称。她的直属家庭成

员一方面往往借她的地位达到自己个人的目的,另一方面也尽可能满足她的愿望。但是,由于一个村庄仅有一两个陶泊,她们的独特地位,非但不能改变一般年轻姑娘们的地位,反而进一步加强了她们原先的地位。

与这种明显的权威扩散相联,产生了对过分紧张的亲属关系的恐惧,这体现在对人格的过分重视上。对一位姑娘来说,人数众多的管束者实际上也是她的保护者,因为如果有位亲属使她感到过于压抑的话,她可以搬到另外一位更能使她满意的亲属家去。这些对她敞开大门的各户境况有所不同:有的劳动最为艰苦;有的能陪伴姑娘的年长妇女最少;有的对她的斥责最少;有的有许多同龄的伙伴,有的却基本没有同龄的伙伴;有的嗷嗷待哺的小孩子最少;而有的吃得最好。很少有哪个孩子从小到大都生活在同一户中,相反,他们总是尽可能地变动居住之地。他们常常借走访之名换个地方住上一段时间,而这样做根本算不上是逃夜。但是,孩子一旦对家里产生哪怕一丁点烦恼,这种逃避的可能就会减轻对他的约束,并且降低他的依赖
32 感。除了陶泊,或确确实实的越轨者,从来没有哪个萨摩亚儿童有过受钳制的感觉。对他们来说,亲戚那么多,不愁没地方可去。“那,她可以到其他亲戚家去啊!”这就是当孩子在家中遭受不幸时,萨摩亚人所给的当然回答。而且,一般来说,亲戚们提供的帮助是长远的、取之不竭的。孩子受了虐待,脱离本户的生活是唯一可行的选择,除非这个“流浪者”犯下了诸如乱伦那样的罪恶。一个早晨受了父亲痛打的姑娘,晚上会跑到二百步开外的另一户中去生活,这里成了她神圣的避难所。这种血亲庇护制度给人提供了如此厚爱,使得一个没有头衔的男子,或一个地位较低的男子,也敢公开劝阻那正在训斥逃跑孩子的地位尊贵的亲戚。凭着温和的劝说和不厌其烦的调解,尊贵的酋长被劝回到自己的住处。人们劝他在那里静静地待上一会儿,直到他对自己的孩子的怒气烟消云散为止。

在一个萨摩亚人的户中,影响年轻一代生活的最为重要的亲属关系,[①]是那些彼此互称为“兄弟”或“姐妹”(不论是由于血缘关系、姻缘关系或收养关系)的男孩子和女孩子之间的关系,以及年幼的亲属和年长的亲属之间的

---

① 见附录,边码第171页。

关系。对同龄伙伴间两性差别的重视和对相对年龄的强调，可以通过萨摩亚人的家庭生活条件予以充分的解释。对于异性间的所有接触来说，两性间的关系有着最为严格的礼仪性规定。一旦他们到了晓事之年，譬如九岁或十岁时，他们就不能够相互亲近，不能够坐在一起，也不能在一起吃饭，不能亲切地交谈，更不能当异性在场时提及淫秽之事。除非村里半数以上的人都在一起聚会，否则异性是不能够同聚一处的。他们不能同行，不能使用异性的东西，不能在同一间屋里跳舞，也不能参加任何类似跳舞这样的小群体活动。一个人在与所有和自己岁数相差五岁以内、一同长大或具有血缘或姻缘关系的异性交往时，都得遵守这些严格的回避制度。对这种兄弟和姐妹间的禁忌的遵从，始于初省人事之际（当两个孩子交往时，年幼者对与年长者接触已开始产生羞涩之感），止于老态龙钟之日（随着年岁增长，白发 33
缺齿的老年兄弟姐妹们重新共坐一张草席时，再也不会产生早年那种羞怯之情了）。

泰（*Tei*）这个词是用来称呼年幼的亲属的，强调的是那种最富感情色彩的照管式的亲属关系。一个姑娘最初的母性情感并不是由她自己的孩子产生的，而是由某个年幼的亲属触发的。正是姑娘和妇女们最爱用这个词，直到她们和那些她们称之为泰的年幼者都完全长大成人以后，她们还继续喜爱用这个词。而这些渐渐长大的年幼者又将她们的这种情感倾注到那些比她们更加年幼的人身上，尽管这些小孩子对自己的照管者还不能表达任何亲昵的情感。

艾加（*aiga*），这个词则用来泛指所有由于血缘、姻缘和收养关系而结成的亲属关系。不论在哪种情况下，这个词所含的情感因素似乎都是相同的。由姻缘结成的亲属关系仅仅包括两个结成实际姻亲的亲属关系群体。无论是由于遗弃、离异，还是一方或双方死亡，一旦婚姻结束，由此结成的亲属关系也宣告结束，并且两家的成员也都有了彼此婚配的自由。如果这一婚姻留下了孩子，那么，只要这个孩子活在世上，这两户之间就存在交往关系，母方家庭一般总得给这孩子一份财产，而父方家庭只是在偶然情况下才分给这个孩子财产。

人们往往把一位亲属看成是这样一个人：可以对他提一系列的要求，赋予他各种责任。人们可以从一位亲戚那里得到食品、衣物,获得庇护之地,或在与别人的争斗中获得他的帮助。如果一个人拒绝他人的要求,那么人们会认为他缺乏人情,仁慈不足。而德行是萨摩亚人最为尊崇的品格。除非将食物分配给了所有参与家庭事务的人,否则人们在给予各种帮助时是从不认真论及今后的偿还的。但是,关于赠与财产和给予帮助的价值的计算则被人们记住;要求接受者尽早寻找回报的机会。一般来说,这两个行动是彼此分离的。因此,每一方都会依次成为“乞讨者”,成为依赖另一个人的馈赠度日的受惠者。昔日,乞讨者有时佩戴一种特殊的腰带,向主人微妙地
34 暗示他来访的原因。一位年迈的酋长向我生动地描述了那些去亲属处乞求恩惠的人的举止行为:“他一大早就来到亲戚家,不声不响地走进去,坐在屋子的最里面,那是最没有地位的人坐的地方。你可以对他说:‘对你的到来,深表欢迎。’他答道:‘我来这里,是为了一睹您高贵的仪态。’你又说:‘你渴吗?哎,你来这里,真没什么可以招待你的。’他答道:‘谢谢您了,别忙,我确实不饿,也不想喝什么。’他继续坐在那里,你也一整天陪坐着,根本不提他来这里的目的。整整一天他都坐在那里,或者掸拂灶里飘出的灰,以十二分的关切做一些琐碎的日常家务。如果有谁必须前往腹地的种植园取食物,他一定会第一个自愿同去。如果有谁必须去捕鱼,寻找渔船的帮手,他一定会乐意参加,尽管烈日当头,他到这里来已经走了很远的路程。整整一天,你同样也坐在那里,苦思冥想:‘他来这里大概为什么事呢?他是不是想要那口最大的猪,或者他可能听说我女儿刚刚织好一匹又大又漂亮的塔帕(桑皮土布)?那么,把这塔帕送给他好不好呢?因为我原准备把这匹布作为礼物送给议事酋长的,现在送给他了,那只能婉言拒绝议事酋长了。’他坐在那里,关注着你的面部表情,盘算着你是否会爽快地答应他的要求。他和孩子们在一起玩耍着,但不肯戴孩子们用花给他编织的项圈,而是把项圈给了你的女儿。直到夜幕降临,人们该熄灯睡觉的时候,他依然一言不发。僵持到最后,你只得对他说:‘唉,我该睡觉了。你睡不睡觉?要不你还是回去?’只有到了这个时候,他才会向你吐露真言,表明心迹。”

使许多户和许多村庄之间结成了各种联系的较大的亲属群体中的这种计谋、需求和义务,对整个户的生活产生了巨大影响。今天是妻子的一位亲

戚来家里住上一个月，或借一张精致的草席；明天来的是丈夫的亲戚；后天可能是一位侄（甥）女儿（她在户里是一个宝贵的劳力）接待她多病的父亲。
即使是同一血亲家庭中小孩子也很少都住在同一户中，而户的权益是至高 35
无上的；但在日常生活中，如逢疾病或需要那些在其他户中生活的近亲们时，可以再把这些“外流者”叫回来。

这种义务包括一般的帮忙和那些按照惯例可以求助的事务，因为像结婚和生孩子这类事，帮忙者是属于亲属范围内的人，而不仅仅是同户的人。但是，对于一个维系多年的婚姻关系来说，由于夫方和妻方各自的亲属群体的联系过于密切，决定了总是以户为单位出面给予对方帮助，答应对方的要求。实际的血缘亲属关系只是在那些等级高的家庭中仍然有其重要的意义，在这些家庭中，母系有决定、推举陶泊（该户的公主）的权力，父系有授予头衔的权力。而在那些关系松散的同户群体中，血缘亲属关系就失去了其重要性，因为这种户是由血缘、姻缘和收养三种关系构成的，受到了日常生活和相互间的经济依赖等因素的共同制约。

一户中的玛泰按理说是不用参加琐碎的家务劳动的，但除非他是一位等级较高的酋长，否则实际情况并不如此。无论怎样，他总是努力使自己符合领导角色，比如，为举办宴会燂猪毛，切开小伙子和妇女们采集来的椰子。家里烧饭的事是由男人和女人共同承担的，但大部分工作是由男孩子和年轻的后生们完成的。老年男性纺着椰毛，用椰毛编织土绳土线。萨摩亚人常用这种绳线做渔线、编渔网，缝制独木舟，捆扎固定房屋。他们和那些从事编织、纺织的老年妇女一起，负责监管那些留在家中的年幼的孩子。繁重的农业劳动落到了妇女身上。她们负责锄草、移植、收获和运载食物，砍伐构树干（构树皮剥下可以做桑皮土布），采集用来编织草席的木槿树皮和露
兜树叶。年龄稍大一些的姑娘和妇女们也去海边捕捉章鱼、海蛋、海蜇、海 36
蟹等小东西。年轻姑娘负责汲水、照看灯盏（今天，除了蜡果和椰油十分缺乏的时候以外，当地人大多使用油灯和灯笼），打扫和整理居室。除了那些等级很高的人，所有任务的摊派都是按照个人的能力来划分的，而能力是由年龄决定的。一个人拒绝做某件事不是因为这件事不合这位成年人的身份，而是因为另一个比他更年轻的人已经有能力完成这项工作了。

人们在村子中的等级和在户中的等级往往相互衬托，但是在村里的等级很难影响年幼的一辈。如果一位姑娘的父亲是玛泰（她所生活的那户的玛泰），她对父亲的权威是丝毫不能有所违背的。但是，如果家里的某位成员是玛泰的话，这位玛泰和他的妻子就可能保护这位姑娘不受其父亲的虐待。在第一种情况下，和自己的父亲反目，意味着离开该户去和其他亲戚一起生活，而第二种情况仅仅意味着内部发生了一点小小的摩擦而已。大酋长或议事酋长的家庭也十分注重礼仪和好客。在这里，孩子们既受到了良好的教育也得到了艰苦的磨砺。但是，除每户的一般地位（这种地位有赖于该户首领的等级）以外，各户等级虽然完全不同，但对孩子们的影响却是相似的。孩子们更多地受到本户中掌权者气质的影响，很少受到他们等级的影响。一位身居他村且是等级很高的酋长的叔叔在一个女孩子的生活中所起的作用，要比那些和她同住一村、性情凶蛮的老年妇女所起的作用小得多。

然而，等级（不是由出身决定的，而是由头衔决定的）在萨摩亚毕竟是十分重要的。一个村子的地位取决于该村大酋长的等级高低，而一户的名望则取决于该户玛泰的头衔。头衔有两个等级：酋长和议事酋长；除了该户的领导者身份之外，每个头衔都还负有许多其他责任，也享有许多其他特权。因此，萨摩亚人把等级看成是利益的取之不尽的源泉。他们创造了一种只能由等级较高的人运用的复杂的礼节性用语；萨摩亚社会中每一等级的人都得遵守一整套复杂的繁文缛节。那些和长辈密切相关的事情不能不直接反映在某些孩子的生活之中。生活在已经获得头衔的户里的儿童与生活在
37 有一天也将获得头衔的户里的儿童相互间的亲属关系尤为如此。这些距今尚为遥远的成人生活中的问题是如何影响年轻人和儿童们的生活的呢？通过探察成人对个别儿童的具体影响可能会有利于我们更好地了解这一问题。

在一个名叫马垒的大酋长的户中住着两位小姑娘，12 岁的梅塔和 11 岁的蒂姆。梅塔是一位克制力强而且十分勤勉的小姑娘，她的母亲是马垒的堂姐妹。马垒觉得梅塔聪明过人、早熟早慧，便把梅塔从她母亲那里带到自己的户中生活。蒂姆则正好相反，她不仅腼腆害羞，智力也远远低于同龄的孩子。不过梅塔的母亲只是马垒的远房堂姐妹，如果她不是正巧嫁到马

垒居住的这个对她来说较为陌生的村庄的话，女儿梅塔也许永远不会为这位贵亲所重视。而蒂姆则是马垒已故妹妹的独生女儿。她的父亲是个混血儿，有四分之一的血统属于异族。正是这一点使她和众人有所不同，并极大地增强了她的自我意识。对她来说，跳舞是件极为痛苦的事，她总是尽可能地躲避长辈的责备。但是蒂姆将会成为马垒户中的下一个陶泊，即成为该户的公主。她相貌漂亮，而这正是受到人们承认的首要条件；而且是来自该户母系的一支，而人们正好希望在母系的后裔中选陶泊。因此，尽管梅塔在各方面都挺有能耐，却被搁置一边；而蒂姆虽未能受到人们的足够重视却被拽到台前。如果还有一位更能干、更有前途的女孩子在场的话，蒂姆可能更会感到相形见绌。而因陶泊一事所引起的大家的注目又使她感到苦不堪言。人们在各种场合都会要求她登台献舞，每当她的双眸接触到旁观者的目光时，她都会不由自主地停顿下来，站在那里拘束地搓搓手，勉强地继续跳下去。

在另一户中，像马垒这户中陶泊这样的头衔起的作用却不同。这是在马垒姑姑的户中，马垒的姑姑和其丈夫一起住在村子里马垒户中的客室里。她的长女帕娜已是马垒户中的陶泊。尽管帕娜已经26岁了，但至今未婚。她必须尽快地嫁出去，这样另外一位姑娘才有可能继承她的头衔。蒂姆还太年轻，而帕娜还有三个妹妹，单从出身上说，她们每个人都具有继承陶泊 38
头衔的优先条件。但是，20岁的大妹梅莉腿患残疾，14岁的二妹佩佩瞎了一只眼，而且又是一个无法调教的顽皮姑娘。三妹比蒂姆年纪还小。这样一来，这三姐妹都难以继承帕娜的陶泊之位。而这一事实却对另外一位姑娘菲莉苔的地位产生了有利的作用。菲莉苔17岁了，她是那三个孩子的父亲的侄女。尽管她本人在马垒户中没有继承权，但毕竟从小就与堂(表)姐妹们朝夕相处。菲莉苔漂亮、能干，在各方面都十分胜任，既不像梅莉身有残疾，也不像佩佩又瞎又野。确实，她没有任何希望成为陶泊。但那些堂(表)姐妹们也没有希望，尽管她们出身高贵。如此，由于堂(表)姐妹们的先天不足，倒使她能够和她们共处于和平与友谊的气氛之中。除了这几个姑娘以外，还有一位小姑娘也受着陶泊这一头衔的影响。这就是住在第三个村子里的另一位小堂妹蒲拉。但是她那更为疏远的亲属身份和当“陶泊”的可能机会都完全为下述事实所遮盖：她是自己村里的首席酋长的独生孙女，她成为那里的陶泊是理所当然的，因此她的生活是不会受到其他任何偶然因素影响的。如此，除了现任陶泊以外，还有六位姑娘多多少少具有继承这一头衔的可能性。但是，由于每个村子很少有超过一两名陶泊的情况，这种影响就不能够和等级在小伙子的生活中所具有的作用相提并论。因为对于男子来说，在任何亲属关系群体中往往都有一至数个玛泰的称号。

在这里，竞争起着最为强烈的作用。在选择陶泊和玛拿亚（*manaia*，名义上的法定继承人）时，人们有着强烈的对血缘亲属关系的偏好，偏向于从母系中选择陶泊，从父系中选择玛拿亚。但是，考虑到实际的效能，人们对这种方式作了一定程度的修正，以致大多数头衔都封给了那些从整个亲属关系群体和血缘群体中挑选出来的年轻人。阿琉菲村的情况就是这样。图依是村里一位颇有威望的酋长，他有一个既聪明又能干的儿子。图依的兄弟们都很笨拙，没有人能够成为玛拿亚的合适人选。其中有一位兄弟有一个儿子，又笨又丑，是一个不招人喜欢的小伙子。除此而外，在近房亲属群体中又没有其他男性。所以，大家都认为，酋长的儿子最有资格继承父亲的
39 头衔。遗憾的是，当他 20 岁的时候却不幸命归黄泉。酋长的那位小侄子始终没有表现出任何令人满意的发展。于是，酋长只得在外村或自己的近房亲属关系群体以外去寻找继承人。图依村里的村民对这件事议论纷纷。图依的血缘亲属住在很远的地方，中间隔了好几个村子，他和他们并不相熟。如果他不在这些人中选一个经过培养可以成为继承人的有为青年的话，他必须进行下述选择：要么为女儿物色一位合适的年轻丈夫，要么在妻子的亲属中寻找继承人。他暂时选择了第二种方案，把妻舅的儿子接到自己户里来住。酋长答应小伙子，如果他的表现确实出色的话，那么一年之内，就让他继承已故表兄的头衔。

大酋长富亚的家里，情况却完全不同。在村里他的头衔是最高的。富亚已年逾 60，但继承人的问题却仍然悬而未决。在他的户中住着这么几位小伙子：涛涛，富亚的长子，但是私生子；莫洛和努亚，是他那寡妇姐姐的两个儿子；希希，他和第一个合法妻子（这位女子后来和他离婚，嫁到另一个岛上去了）所生的孩子；以及图艾，他的外甥女婿，即莫洛和努亚的妹夫。在富亚大哥的住处，住着他大哥的外孙阿罗，一个很有前途的年轻人。这么多的

竞争者，足以导致一场激烈的争夺。图艾年龄最大，处世沉着镇静，颇有能力，但固执，很难接受他人的忠告。在考虑他人的意见时，总是一再强调自己的年龄比小舅子们（这几位妻弟所处的地位比他更为有利）要占优势。年龄次之的是涛涛，一个性情乖戾、尖嘴猴腮的私生子，只要那些合法出生的兄弟们存在一天，他就很难有继承富亚头衔的希望。但是涛涛并未丧失信心，他处事谨慎，再三斟酌，总是在观察等待着。涛涛正和一位名叫露托的姑娘恋爱着，她只是一位等级一般的议事酋长的女儿。如果能和富亚的任何一位合法儿子结婚，露托倒是一位不错的配偶。但是，作为富亚的私生子，涛涛如想成为酋长的话，要么高攀，要么根本结不成婚。富亚的两个外甥，莫洛和努亚各自选择了不同的生活道路。弟弟努亚为了寻求个人的前途，去当地的军港服役，成了一名土著水兵。服役意味着有固定的收入，能学一点英语，还能获得一点声誉。哥哥莫洛则留在家里，成了大家所依赖的人。他是塔玛法芬（*tamaf afine*），即母系一支的孩子。而他的任务就是满足于这一地位，也就是满足于做富亚户中的塔玛法芬。是啊，除此以外，他 40
还能指望再得到什么荣誉呢？这些年轻的小伙子，包括富亚的外甥阿罗，都是奥玛珈成员，个个身强力壮，都足以担负起成人的各种责任。希希 16 岁了，是富亚的合法儿子，可以说还是个孩子，长得又高又瘦，缺乏自信。和表兄们相比，作为儿子和法定继承人他很不相称。不过，他倒是个英俊聪明的小伙子，如果富亚能活到他年届 25 岁或 30 岁，由他来继承父亲的头衔似乎不成问题。即使富亚在此之前故世，头衔可能也会授予他。但如果是后一种情况，就会有一种潜在的危险。因为大伯萨摩拉在选择继承人的人选时便能够有很大的决策权。阿罗是萨摩拉最宠爱的外孙，而他的母亲又是萨摩拉最喜欢的女儿。无论从哪方面来看，阿罗都是年轻人应该仿效的楷模。他从不接近女性伴侣，大部分时间都待在家中，并且严格地管束自己的弟妹。当其他年轻人玩板球时，他却坐在萨摩拉面前背家谱。他时刻记着自己是“萨富亚”（Sāfuá）——即富亚户中的儿子。事实上，由于他比莫洛更为精干，他继承富亚头衔的可能性丝毫不小于莫洛，尽管在家庭群体内，人们会因为莫洛是母系的一支而更倾向于莫洛。由此看来，如果富亚不久就去世的话，阿罗将是希希最危险的对手。而如果富亚能够再活 20 年的话，又会出现另一种复杂的势态来威胁希希的继承权。因为富亚不久前又结婚了，继妻不但等级高，而且十分富裕，还带着一个五岁的私生子尼福。她和富亚没再生子，因此时时刻刻为尼福着想，想方设法贬低希希，企图动摇他的法定继承人的地位。随着富亚日渐衰老，随着她对富亚支配地位的不断增强，她可能会使尼福成为富亚的继承人。虽然尼福是私生子，和富亚又没有血缘关系，但他毕竟是该岛最高贵的家庭中母系一支的孩子，还能够从母亲那里继承大笔财产，这就足以抵消上述两方面的不利因素。

斯拉所面临的则是属于另一性质的问题。她是欧努的继女，欧努是一个地位较低的玛泰，全家共有 7 个孩子，她是老大。欧努年老体弱，也管不了什么事了。斯拉的母亲莱馥是欧努的继妻，先后生了 11 个孩子，早已心
41 力交瘁。该户中的成年男性只有与欧努同样年迈的兄弟莱塞以及他的年满 30 的儿子。小伙子极不成器，生活中唯一能使他感兴趣的事就是沉溺于情场之中。他至今未婚，对待婚姻如同对待其他责任一样，极力回避。斯拉下面的是 16 岁的大妹妹，她离开了家，在亲戚家里打游击，今天住这家，明天住那家。斯拉现年 22 岁，16 岁时结的婚，嫁给了一个她所不爱的男人。丈夫比她年长许多，常常因为她举止像个孩子而揍她。结婚两年以后，她逃离了自己的丈夫，带着两岁的儿子回到了父母的身边。在她 20 岁那年，她曾同本村一个小伙子好上了，并且生了一个女儿。不幸的是，女儿只活了几个月便夭折了。女儿死后，情人抛弃了她。斯拉厌恶婚姻，她自我意识强，言辞尖刻，但为人勤快。她不辞辛苦地为儿子和弟妹们忙碌着，不想再婚。但户中有三个老人和六个孩子，都靠她和那位好逸恶劳的堂兄供养。所以她无可奈何地说："我想还得同那个家伙结婚。""同哪个家伙，斯拉？"我问道。"同我那已死女儿的父亲。""哦，我以为你不想要他做丈夫呢。" "是的，现在也还这样想。但我必须找个人照料我的家。"确实，除此而外，别无他法。她的继父的头衔是十分低的，家里没有哪个年轻人想继承这一头衔。而她的情人地位更低，但十分勤劳，因此，继父的头衔仍能成为一种诱惑，为家庭物色到一位劳动者。

综上所述，在孩子们能够真正理解来自成人世界的种种侵扰的意义之前，在许多户中，对高位的追求就已经开始或多或少地左右着他们的生活了。

第五章　姑娘和同龄群体

孩子们长到六七岁的时候还很少和自己的同龄伙伴们交往。当然，住 42
在同一户中的兄弟姐妹及堂(表)兄弟姐妹有机会常在一起玩耍。但是，一出了户，每个孩子都紧紧地跟着比自己年龄稍长的小保护人，只是在这些小“保姆”们彼此是朋友的情况下，她们各自带的小孩子相互间才有接触的机会。但是，到了大约七岁的时候，孩子们开始结成较大的群体，这是一种在日后的生活中再也不会存在的自发性群体。也就是说，作为该群体成员的小伙伴们，都是亲戚或近邻。在小女孩和小男孩之间存在着明显的性别界限，由此产生的相互间的对峙是这种群体生活突出的特征之一。正是从这时起，小姑娘们开始“羞于”出现在兄长面前，而一个小姑娘不能够和男孩子群体接触的禁律也开始强制生效。小男孩所担负的责任较轻，他们能够自由自在地投入于各种探索性活动，而小姑娘不管去哪里都得带着她们照看的孩子，这一事实也造成了两性之间的差别。尽管在有些成人活动中，在附近观看、游玩的小孩子中既有男孩子也有女孩子，但在这些场合，交往原则是长辈的以年龄划分的规矩，而不是孩子们的自发性交往方式。

这些同龄帮派中的成员通常都是生活在八到十个毗邻而居的户中的儿
童。这是一个灵活的随机组成的群体。该群体的成员对邻村的同龄群体， 43
有时对本村的其他群体，往往会表现出强烈的敌意。这种因毗邻而居形成的结盟，有时会受到血缘关系的影响，以致一个孩子有可能和两三个不同的群体保持着良好的关系。来自另一个群体的一个陌生的孩子(假设他或她是孤身一人来这里的)，通常能够在一位亲戚处找到避难所。但是，修法加村的小姑娘会以冷漠的目光斜视从与她们紧邻的卢马村来的小姑娘，而这两个村里的小姑娘又会以更加不信任的目光打量从法利沙欧村来的小姑娘。因为这个村离她们稍远些，单程路途在 20 分钟以上。不论怎样，由这种隔膜产生的彼此对立终归是暂时的现象。当图娃的哥哥病了的时候，她全家会从修法加村的顶头迁至卢马村的中心来。开始几天，图娃独自一人神情忧郁地在屋里东游西荡，但不出一个星期，她和卢马村中的孩子们的关系就会变得十分融洽。但是，当她几个星期以后重回修法加村时，她又会重新成为"一名修法加姑娘"，又会像以往那样对现在的同龄伙伴们投以鄙视和嘲讽的目光。

在这一年龄阶段并没有形成十分牢固的友谊。同龄群体的亲属关系和邻居关系结构使群体中的人格特性黯然失色。最强烈的感情总是产生于最亲密的亲戚之间，小姐妹间的关系代替了好朋友间的关系。西方人常说："瞧，玛丽和朱丽姬是一对亲似姐妹的好朋友。"但是，在萨摩亚如果论及友谊时，人们会说："因为她们是亲戚。"年纪大些的姐姐照料着那些年纪小些的妹妹，把自己得到的东西给她们，用花儿为她们编织项圈，把自己最心爱的贝壳也给她们。尽管亲属关系是群体中唯一持久的成分，但也受到居住变动的影响。村里住了一位外村人，即使他是一位为人了解的堂(表)兄弟，人们对他所怀有的情感仍然会使他感到自己是个外村人。

44 几个不同的小姑娘群体中，只有一个群体表现出了那种明显可以归为帮派的特征。这个关系最密切的群体，出现在卢马村的中心完全可以归咎于偶然的居住原因，因为那里有九位年纪相仿、彼此又有近亲关系的小姑娘毗邻而居。一个总在一起嬉戏，并对外群成员始终抱以敌视的群体，其形成和发展似乎更多的是由于居住的因素，而不是由于哪位孩子被特殊赋予了领导权力而具有的人格因素。该群体中的九个姑娘彼此间很少怀有戒心和猜忌，十分慷慨大方，和其他同龄孩子相比，在社交方面更为主动大胆。一般说来，这反映了群体生活所受的社会化影响。在这一群体之外，这一年龄的孩子们不得不更多地依赖他们的直接的亲属群体，这一群体有时可能也包括了几位邻居。一个孩子突出的人格特征更多地受到特殊的家庭环境的影响，很少受到与自己同龄儿童的社会交往的影响。

处在该年龄阶段的儿童除了游戏之外没有任何群体活动，与此相应，在家庭生活中孩子们的唯一功能就是劳动——照料更小的孩子、承担大量琐碎的事务、听从大人没完没了的差遣。她们的聚会一般在黄昏时分，即萨摩亚人的晚饭之前，有时也相聚在午后的休息时间。在月光如洗的夜晚，她们在村子里竞相追逐，时而“袭击”小男孩的群体，时而又在他们的“反击”下四处逃散；她们从拉起的百叶帘缝中向别人家里窥视；三五成群地捕捉地蟹，“堵拦”那些在林子里漫步的情人，或者悄悄地溜到远处的人家去看生孩子和堕胎。由于害怕酋长、害怕小男孩、害怕父母兄长，以及怕神怕鬼，小姑娘们少于三五个人的群体晚间是不敢四处闲荡的。这是道道地地的从强迫性的日常工作中溜出来的小调皮鬼们组成的群体。儿童们对亲属关系群体和自己的生息之地存在着强烈的眷恋，他们的空闲时间所起的作用也十分有限，执行群体计划又是不能有半点延误的，而且父母们需要找孩子时如果召唤不到就会严厉地惩罚他们，正是由于这些因素，使得萨摩亚儿童像生活在西方农业社区的那些孩子们一样，在他们的成长过程中，一刻也没能脱离他们周围的父老乡亲。灼热的太阳、滚烫的沙地，白天要躲避亲戚们的监督，晚上出去又怕神怕鬼，这一切都使得孩子们在外结交友伴极其不易，他们的 45 活动范围很少能够超出八分之一英里以外，而这比在美国农村跑出三四英里去还要困难。因此，在这里，一个孩子和村里的其他同龄儿童相隔绝的现象十分常见。路娜就是这样。她已经十岁了，她那户的大酋长管辖着分散在村里的好几处住所，路娜就住在其中的一处住所。这座房子坐落在小村的尽头，同住在这里的还有她的外祖母、她的姨母莎米、莎米的丈夫和他们的儿子，以及母系的另外两位年轻的姨母（她俩的年龄分别只有 17 岁和 15 岁）。路娜的母亲已经去世了，她的其他兄弟姐妹同父亲及父系亲属住在另一个岛上。她长得要比实际年龄小得多，根本不像是十岁的孩子。路娜恬静、少动、凡事都不愿露头，大凡这样的孩子一般都愿意过着一种刻板安稳的群体生活。仅有的两位和她较为接近的亲戚都是年已 14 岁的姑娘，她俩高高的个子，已经参加半成人性质的劳动了，这样的伙伴对路娜来说似乎是过于成熟了。除了比较年轻的一位表姐赛芦以外（她那领作为嫁妆的精美的草席已经编了三英尺长了），其他几位 14 岁左右的姑娘对路娜都比较宽容。在距路娜住所一箭之遥的另一处住所中，生活着皮米和瓦娜，一个 8 岁和一个 10 岁的小姑娘。但她们不是路娜的亲戚，并且还担负着照看户中四个年幼孩子的重任，因此无暇闲荡。这样，除了一个胆子很大的年仅 11 岁的小姨有时来到她母亲的住所，一般很少有双方共有的亲戚把附近的孩子聚拢在一起。因此，路娜实际过着孤独无伴的生活。这位名叫斯娃的小姨是一位长得十分迷人的伙伴，一个活泼、敏慧的小姑娘。路娜总是怀着惊讶、敬佩的心情跟随在她的左右。但是，斯娃总是给自己的舅母惹麻烦，因此，她那位身为玛泰的舅舅就把她带到了在小村另一头的自己的户中去生活了，这里和马卢村中心相隔而望。她和路娜结成了一种十分诚挚、倾慕的友伴关系，但在少得可怜的自由时间里，斯娃也很少有机会能到母亲的住处去。因此，胆小的路娜只能无精打采地照看着小表弟，整日周旋于姨母和外祖母之中，显得十分凄凉孤单。

路希的情况和路娜形成了鲜明的对比，她仅仅只有七周岁，年龄小，因此还不适合参加比她年龄稍大的十一二岁的小姑娘们的活动。如果她住在
46 一个较为偏僻的地方，她不过是一个不显眼的娃儿。但是，她的住所的位置却得天独厚，紧挨着两位堂姐玛柳和波拉的住处，而这两位姑娘都是那由九位姑娘组成的可以称为“卢马帮”的少女群体的重要成员。玛柳是这一少女群体中年龄最大的成员，她对自己的每一个亲戚都怀有深厚的感情，而路希又是她最亲的堂妹。正因为如此，弱小、尚未成熟的路希却过着路娜所未能获得的十分有益的群体生活。

在修法加村最远的地方住着一位名叫维娜的 14 岁的姑娘，她温文尔雅，从不忸怩作态。她父亲的住所孤零零地坐落在一片棕榈树林的中央，离她最近的邻居，住处也在她看不见、又没法呼喊他的地方。她只有这么几个伙伴：一位沉默不语的 18 岁的堂（表）姐，以及两位年龄分别为 17 岁和 19 岁的远房的堂（表）姐。附近还住着一位 12 岁的堂（表）妹，不过，这位小姑娘被五个年幼的弟妹缠得脱不开身。尽管维娜自己也有好几个比她年幼的弟妹，但他们都比较大了，能够自我照料。所以相比之下，维娜能够自由地跟随那些年长的姑娘们出去捕鱼猎险。因此，她很少脱离姑娘们的群体生活，总是鞍前马后地跟随着那些年龄稍大的姑娘，为她们拿东西、跑腿，她是一个爱激动、好焦虑的女孩子，常常过于取悦他人。由于长期以来形成的习惯，在和同龄人的交往中总是显得十分温顺。同龄群体内部结成的自由交往的亲属关系群体已经开始排斥她，并且从今以后将永远不会再接纳她了。因为这种非正式的群体交往只适合于那些 8—12 岁的姑娘。随着青春期的

到来，姑娘的身体迅速发育，工作技能也有了进一步提高，她所在的户又会需要她了。她必须去侍弄炉灶，去种植园劳作，去捕鱼捉蟹。她的每一天都排满了做不完的事，并且开始担负起新的责任了。

菲图的情况就是如此。在这年九月，她已成了这群姑娘中举足轻重的人物，她比其他人略高些，瘦长的个儿，办事果断、利落，但却过于草率冒失，腰胯上总是背着个挺大的孩子。不过从四月份开始，看管这个孩子的任务已从她这里转给了比她年幼的一个九岁的小姑娘；而这个小姑娘原先照看的一个更小一些的孩子也依次托给了一个五岁的小姑娘。而菲图则开始和母亲去种植园中劳作了，有时也随大家去腹地砍伐木槿树皮，或去捕鱼捉 47
蟹。她把家里的脏东西拿到海边去洗，每逢煮食日也帮着点火做饭。晚上，她偶尔也会悄悄溜出去，和先前的伙伴们在绿茵茵的草地上嬉戏一番。不过，一般情况下，干了一整天繁重的、以往所不习惯的活计后，总是累得人喘不过气来，有时还会有些轻微的不适。她感到，这些成人性质的活动已经使她和以往所熟悉的那个群体中的其他成员疏远了。她也没有和邻家的较大一些的姑娘结成良好的关系。母亲把她送到隔壁的牧师家里去住宿，但三天以后她又跑回来了。她说，那里的姑娘岁数都太大了。“莱梯梯奥！”（“我年纪还轻呢！”）然而，对于早先的小姑娘群体来说，她毕竟是太不适宜了。三个村里的刚刚达到发育期的少女共有 14 位，都开始担负起她们以往所不习惯的工作了，并且和各自家中的成年人形成了新的、更为密切的关系。她们尚未对小伙子们感兴趣，因此也未由于对异性的兴趣而结成新的友伴关系。她们都认真地去完成户里的工作，以家里的某位年长的妇女为师，学着忍耐被人继续当成“小”字辈。以往被人称为“小姑娘”，现在仍然摆不脱这个“小”字。但是，她们不可能再组成像由十三四岁的孩子组成的“卢马帮”那样的自由自在的群体了，因为十六七岁的姑娘们将更多地依靠自己的亲属。原先较大的群体解散了，往往形成一种两三个人一群（一般不可能再大了）的局面。邻居间的感情逐渐淡漠了，年方二八的姑娘们会不理睬就住在附近的同龄伙伴，宁可在村里跑上一段路去找一位亲戚玩耍。亲属关系和相似的对性的兴趣现在成了友谊的决定性因素。姑娘们也开始向往能够得到小伙子们的强烈倾慕。如果一位姑娘的情人的一位好朋友爱上了她的一位堂(表)姐妹,那么,这两位姑娘就可能结成一种强烈但却短暂的友谊。有时,这种友谊关系也会超越亲属关系群体的范围。

尽管姑娘们可能只信得过一两个有亲属关系的伙伴,但她们的性活动情况,村里的其他妇女往往也会有所了解。由此,姑娘们的交往关系就可能发生一些变化。从开始结交一些情窦初开的小姑娘(她们对所有年纪稍大一些的姑娘的一言一行都会疑神疑鬼),转向结交一些久涉情场的姑娘(她们早先的几次罗曼史至今仍为人们津津乐道),或一些全心全意地爱着某个
48 小伙子、已经准备结婚的姑娘。最后,如果有可能,一位未婚的母亲会从和自己情况相似的人中选择朋友,从婚姻状况同样尴尬的妇女以及被遗弃的或名声不好的少妇中选择朋友。

在青春期后的群体中,很少能够看见年幼的姑娘对年长的姑娘怀着深厚的友情。早先,一位 12 岁的小姑娘可能会对她的 16 岁的堂(表)姐充满着深厚的情谊和崇敬(虽然这种对年长姑娘的感情和我们文明中一种典型的女学生的"迷恋"相比会显得黯然无色)。但是,当她 15 岁,她的堂(表)姐 19 岁时,情况就会发生变化。整个成人(以及接近成人的)世界都充满了怀疑和敌意,人们会以极端诡秘的方式监视着她的爱情生活,一切都令人难以信任。如果一个人没有和你共同参加危险的活动、没有相似的冒险经历,她就不值得你信任。

如果不是因为集中居住在本地牧师的户中或住在较大的教会寄宿学校里,姑娘们可能完全不会在她们的亲属关系群体之外去结朋交友,我们这样说是十分有道理的(除了面向所有属于美国的萨摩亚人招生的规模较大的女生寄宿学校以外,在每一个社区中,本地牧师都办了一所招收男女学生的非正式的寄宿学校。来这些学校上学的女孩子,她们的父亲大多希望今后能送她们去上规模较大的寄宿学校,也有的父母希望女儿能在这里接受三四年以上的教育,并接受牧师的严格管束)。在这里,没有亲属关系的姑娘们,有时会朝夕相处地在一起生活好几年。但是,由于同住一处是这种以户为单位的生活方式的两个基本特征之一,所以,那种由于住在同一位牧师的户中而结成的姑娘们之间的友谊关系,从心理上看就完全不同于堂(表)姐妹之间的友谊关系,也不同于仅仅由于姻亲关系而同住在一个血亲家庭中

的姑娘们之间的友谊关系。唯一与这种由于同住一处而结成的友谊关系不同，也与那种同属一个亲属关系群体的成员之间的友谊关系不同的是，酋长的妻子们和议事酋长的妻子们之间制度化了的友谊关系。不过，要真正了解后者则必须与小伙子之间和男人之间的友谊关系综合起来考虑。

那些半大不大的小伙子们的交友模式和小姑娘们十分相似。他们的成群结帮也受着毗邻关系和亲属关系的双重影响。但他们对年龄优势的关注远胜于姑娘们，因为男孩子长大以后不会像姑娘们那样退回他们的家庭群 49
体中去。十五六岁的半大小伙子们成群地相聚在一起，和他们 12 岁时一样自由无拘。因此，小男孩和半大小伙子之间的界限是变动的、不明确的。处在中间地位的小男孩刚才还在欺负比他小的孩子，一转眼又低三下四地跟在比他大的孩子后面跑来跑去。在小伙子们之间存在着两种制度化的关系，这两种关系可以冠以共同的名称，因此，这两种关系可能曾经是一种关系。这就是叟阿(*soa*)，它既代表共同接受割礼时的同伴，又代表在恋爱时帮着牵线搭桥的信使。男孩子们接受割礼术时都是成对同时进行的，将他们安排在一起，并找一个年纪稍大正需要获得动作熟练的名声的男子。这里，从逻辑上看似乎有着一种内在的因果关系：一位小伙子选择一位朋友(一般也是他的亲戚)为共同接受割礼的同伴，而这种共同体验的经历又反过来进一步加强了两者间的关系。在这个小村庄里，有好几对同时接受了割礼的小伙子，现在仍然是拆不开的伙伴，经常同眠于其中一位的住所里。随意性的同性恋行为就发生在这种情况之下。但是，如果分析村庄里完全成熟的大小伙子们的友谊关系，你会发现这种关系和青春期的少男们之间的友谊，并不完全相同，这些大小伙子有时成双成对，但也常常三四个人一伙聚在一起。

一个青春期已过两三年的小伙子，他对伙伴的选择，往往会受到这样一种习俗的影响，即青年男子很少自己谈恋爱，更不会自己去求婚。因此，他需要有一位年龄相当、值得信任的朋友，这位朋友能够以难得的热情和真挚赞扬他，并且也需要他。由于这一礼俗的存在，总会有一位亲戚(如果情况危急的话，可能会有好几位亲戚)扮演这一角色。在一位年轻人的婚恋选择中，不可避免地会受到某位爱情信使的影响。这位朋友既要值得信任、诚挚忠厚，又要能说会道、讨人喜欢。这种被称为叟阿的关系时常可见，但却不是必不可少的，也不是双方互惠性质的。某位情场老手总会不失时机地赶到提供某种中介服务，他们也总是希望分享求婚每一阶段的所有甜蜜。同
50 时，他的服务也为其他人所需求，如果他们对他慷慨运用自己的资本为他们办事抱有希望的话。

不过，除了谈恋爱之外，小伙子们也还有许多其他的事情需要彼此合作。操纵独木舟需要三个人；在礁滩上捕捉鲛鳗通常需要两个人；而去公共的芋头地里劳动则需要村里所有青壮劳力倾巢出动。正因为一位小伙子十分需要从他的亲属中选择最好的朋友，所以他的社会性的团结意识要比姑娘们强得多。由年轻姑娘和那些没有头衔的男人的妻子们组成的奥拉鲁玛（*Aualuma*），在非经常性的集体劳动中缺乏合作精神，而在非经常性的喜庆场合中则更是如此。在村社生活中，以往旧有的社会组织正趋于分崩离析的境地，而首先消失的正是奥拉鲁玛。与其形成鲜明对比的是年轻男子的组织奥玛珈，它在至今仍为人忽视的村社经济中占有十分重要的地位。奥玛珈事实上是村庄中最活跃持久的社会因素。玛泰们的聚会过于正式，而且要占去本户的大量时间，而年轻男子们却是白天在一起劳动，劳动之前和劳动以后在一起聚餐（在玛泰们的聚会上，他们只是作为侍从群体而出现的）。白天的工作结束以后，他们又相聚在月光皎洁的夜晚纵情歌舞。大多数年轻男子夜里都睡在自己好朋友的住处中，和有那么多的年长妇女相伴左右的姑娘们比起来，他们既是幸运的，又多少显得迫不得已。

酋长和议事酋长之间的互惠性关系，是了解萨摩亚男子相互间关系的又一因素。这两个等级的头衔所有者相互间不一定非得有密切的关系，尽管事实上并非如此（因为人们总是认为这两个等级间的相互交往对彼此都十分有利）。但是，议事酋长是酋长的管家、助手、信使、心腹，又是他的参谋。而这种关系在那些有法定继承权或有希望成为衔位继承者的青年男子中就已有所显露。

在陶泊与其父亲的议事酋长的女儿之间，偶尔也会结成一种密切的联合。但这种友谊总不会维持很长的时间，因为陶泊必须嫁到另一个村子去。

而酋长的妻子和议事酋长的妻子之间的友谊则是一种制度化的、延续终生 51
的关系。对于酋长的妻子来说，议事酋长的妻子是她的助手、参谋和喉舌；反过来，议事酋长的妻子又得依靠酋长的妻子所给予的支持和物质上的帮助。这种以互惠为前提的友谊关系导源于她们的丈夫相互间的关系，而且是萨摩亚妇女中存在的唯一能够超越亲属关系和姻亲关系群体界限的友谊关系。那种奠基于婚姻的偶然性且受到社会结构控制的友谊关系，应该说是不具备自愿性质的。因此，在亲属群体内部形成的这种友谊关系是没有什么意义的。我曾经问过一位年轻的已婚妇女，一位和她关系并不稳定、经常弄得彼此互不愉快的邻居是否是她的朋友？她答道："当然是，因为她母亲的祖父和我父亲的外公是兄弟。"在萨摩亚，那种因为性情相投而产生的友谊是一种最为脆弱的联系，总会因为利益和居住地的改变而中断。一位妇女的结盟更多地是从社会和利益的角度出发的，而这又主要受制于血缘和姻缘关系。

总的看来，姑娘们在年龄的基础上形成的友伴关系在青春期到来以前就基本结束了，这可能归咎为她们所进行的工作具有极端的个体性质以及需要对自己的爱情生活予以保密的缘故。但是小伙子们的情况却与此不同。由于有较多的自由，更具强制性的社会结构的社会结构，况且又必须经常参加合作性的活动，这使得他们的同龄群体的交往能够持续终生。这种群体受到亲属关系的影响，但并不取决于亲属关系。它还受到等级的影响，同样的等级对一个年轻人说来是极有前途的，但对一个年老的男人说来，却不那么乐观了。

第六章　社区中的姑娘

52 萨摩亚人社区对十五六岁以下的男女儿童是不够重视的。他们没有社会地位，缺少得到认可的群体活动，除了偶尔被叫到非正式的舞场上去外，在社会生活中也不起任何作用。但在经历了青春期以后的一两年间——具体的时间各村可能略有不同，因此，同是16岁的男孩子，在一处仍被视为小男孩，但在另一处却可能被视为陶里阿里尔斯（*taule'ale'as*，青年男子）——无论是小伙子还是姑娘都会被组织起来，成为一种近似于成年群体组织的成员，人们给他们的组织命名，并授予他们在社区生活中特定的义务和权利。

由青年男子组成的奥玛珈，由年轻姑娘、没有头衔的男子的妻子和寡妇等组成的奥拉鲁玛，以及由那些有头衔男人的妻子组成的组织，都不过是村庄的中心政治结构福努会的附庸。福努会是由那些有头衔的酋长或议事酋长即玛泰们组成的组织。福努是指一种圆形的房子，每一个有头衔的玛泰在其中都占据一特定的席位，并标以特定的礼仪性名称。席位的安排是以饮卡瓦酒的先后顺序来确定的。这个房子里的座位有着固定的安排：右侧是供大酋长和他的特别助理酋长就座的；前半部由议事酋长就座，他们的职
53 责是当众宣讲、欢迎来客、接受馈赠、分配食物、制订计划，以及安排群体活动。面对议事酋长、在房子后部就座的是等级较低的玛泰。议事酋长和等级较低的玛泰之间的位置是供那些无足轻重的、没有专门职务的人就座的。这种衔级的安排世代相传，并在整个塔乌岛、整个马努阿群岛乃至整个萨摩亚的理想的衔级结构中，都占有固定的位置。有了某种头衔之后（这是专门授予某些家庭的），就拥有了某种特权，有权为一住所命名，有权授予户中的某个年轻的姑娘为陶泊（公主），授予户中的某个年轻后生为玛拿亚（这是一种专门授予有法定继承权者的头衔）。除了大酋长们独有的这些特权以外，每一个玛泰，不论他是酋长还是议事酋长，也都有某些礼仪性权力。为了犒

劳一位议事酋长，人们必须用特定的姿势为他斟酒，单独使用一套和他的身份相称的动词和名词称呼他，酋长们还会赐给他桑皮土布或精美的草席作为他劳碌的酬赏。而称呼一位酋长时，则必须使用另一套动词和名词，在卡瓦酒宴上必须用与前述不同的、更为尊敬的姿势为他斟酒。他的议事酋长们必须向他供奉食物，在任何重要的场合，议事酋长们都必须簇拥着他、衬托着他。无论是村庄的名称、举行大型仪式的公共广场的礼仪性名称、福努会召开会议的房子的名称、酋长和议事酋长的名称，还是陶治和玛拿亚的名称、奥拉鲁玛和奥玛珈的名称，都有一套被称为法阿鲁派加（*Fa'alupega*）的礼仪性的称谓，这是一村庄或地区礼节上的尊称。如果正式造访某一村庄，客人必须在进村时高声吟诵法阿鲁派加，以作为对主人的最初问候。

奥玛珈是成年男性的组织。年轻后生们在这里学习如何当众讲演，如何在公共场合显得庄重得体，如何斟、饮卡瓦酒，如何筹划、执行集体事务。当一个男孩子的年龄到了能够加入奥玛珈时，他所在户的头人或者送给该组织食物作为馈赠，并宣布这个小伙子成了奥玛珈的新成员；或者把他带到奥玛珈聚会的房子里，献上一只硕大的可以制造卡瓦酒的卡瓦胡椒的根作 54
为礼物。自此以后，这个小伙子就成了这个几乎朝夕相处的群体的一名正式成员。村里的所有繁重的劳作都开始落到他们身上，在那些聚集着大量未婚青年的村庄相互间进行社会交往时，他们也起着十分重要的作用。当外村人来访时，全体奥玛珈成员要去来访的陶治的住处探望她，给她带去礼物、为她跳舞歌唱。

奥拉鲁玛这一组织是奥玛珈的一种非正式变体。当一个姑娘达到一定的年龄时（尽管各村之间的具体规定有所不同，但一般都为青春期后的两三年左右），她所在户的玛泰会将一份食品作为礼物送给本村的陶治，这等于说他希望自己户中的这位姑娘能够从此成为陶治属下的年轻姑娘群体中的一员，即成为奥拉鲁玛的一名成员。不过，奥玛珈尽管受制于福努会，年轻的后生们却常在外面或自己单独的房子里聚会（开会的形式和礼仪与长辈的福努会十分相似），它在某种程度上是独立的。而奥拉鲁玛则不同，它完全受制于陶治个人，成了一种荣誉少女群体。奥拉鲁玛没有奥玛珈那样的组织，此外，她们几乎不从事什么劳作。这些年轻姑娘偶尔也可能会被召集起来编织棕榈叶或采集制作土布的构树枝；她们也经常动手种植、栽培构树，但她们的主要任务却是在玛泰的妻子们聚会时充任礼仪上的助手，也是村庄内部生活的女当家人。现在，在萨摩亚的许多地方，奥拉鲁玛已经趋于分化解体，这一名称也仅仅保留在陌生人的问候性用语中。而奥玛珈则不同，如果它消失了的话，萨摩亚的村庄生活就必然会发生彻底变化。因为无论在礼仪上还是在实际上，整个村庄生活都有赖于年轻的后生和那些没有头衔的男子们的辛勤劳作。

虽然从法阿鲁派加（礼节性头衔）来看，玛泰的妻子们似乎没有那种明显的、为人所公认的组织，但她们的联盟实际上要比奥拉鲁玛更牢固，也更重要得多。这些丈夫有头衔的女人们举行自己的会议时，其地位高低是由她们丈夫的地位决定的，按丈夫的位置排列就座，饮丈夫的卡瓦酒。地位最高的酋长的妻子接受最高的礼遇，最重要的讲话是由首席议事酋长的妻子
55 发表的。在这个村社群体中，妇女们的地位完全依赖她们丈夫的地位。一旦某个男子获得了某个头衔，他就不能再回到奥玛珈中去了。当他年老体衰的时候，他的衔位有可能被取消，但他还会被授予一个较低的头衔，以便使他仍然能够和先前的朋友们相聚一处，共饮卡瓦酒。但是，玛泰的遗孀或离婚的妻子却必须重新加入奥拉鲁玛，和年轻的姑娘一样坐在屋外，为别人准备食物或者跑腿，她只能以仆人和侍者的身份进入女性的福努会。

妇女们的福努会有两种类型：一种是在公共事务中领头或从事具体工作的福努会，她们用棕榈叶为客室扎屋顶，从外面带回珊瑚石铺地，或者编织精美的草席为陶泊准备嫁妆；另一种福努会专门负责在礼仪性活动中欢迎外村的来客。这两种聚会形式都有各自的任务和目的，前一种称之为法利拉拉加（*falelalaga*），即以编织为主的集会，后一种称之为艾加菲亚菲亚塔马依塔依（*'aiga fiafia tama'ita'i*），即一种以妇女为主的宴会。妇女只能通过社交方式和其他村子来访的妇女结识，而在麦拉卡（*malaga*，旅行聚会）中，陶泊和她的属下们（奥拉鲁玛的成员）是大家瞩目的中心。此时，大酋长的妻子们对自己的陶泊必须待以十二分的敬意，称她为“殿下”。当陶泊旅行时，相伴在她的左右，和陶泊说话时必须单独使用一套名词和动词。在日常生活中，年轻姑娘在户中总是处于从属的地位，但在村庄之间的社会

交往中，姑娘们的地位则高于自己的母亲和其他长辈妇女。如果不是以下两个原因的话，长辈妇女权威的这种在礼仪方面的削弱，可能会严重地损害户的戒律。其一，由于姑娘们的组织是没有多少地位的，在村庄内部，她们存在的主要目的就是奉承、侍候老年妇女（这些老年妇女为村庄担负着特定的工作）；其二，由于人们总是强调陶泊的主要义务就是侍候他人。村庄的公主同时也是村庄的奴仆。侍候来客，为他们铺床、斟卡瓦酒的是她；在客人或自己的酋长高兴之时，睡眼惺忪地爬起来为他们献歌献舞的也是她。她既要满足妇女们，也要满足男子们的社会需要。如果村民决定向另一个村子借盖房子用的棕榈叶等材料，他们就会尽可能地把自己的陶泊打扮得漂亮些，带她去为麦拉卡增色。陶泊的婚姻是全村的大事，从筹划婚事到举 56
行婚礼都由议事酋长夫妇亲手操办，他们既是她的参谋又是她的伴郎（娘）。从个人的角度来说，陶泊的地位对于她的自由不能不是莫大的侵害，要服从这么多的伴郎（娘）的意见，婚姻又不能遂己所愿，这对于她的独立人格确实是一种彻底的否定。那些没有头衔的姐妹们的情况和陶泊十分相似，她们的主要群体活动就是侍候自己的长辈，在村庄的日常生活中她们所占的地位是无足轻重的。

如果说陶泊的头衔是在大型喜庆节日或她的酋长将大宗财产分配给议事酋长之际获得的（自此以后，议事酋长必须维持、巩固她的地位），那么，除陶泊之外，一般出生于富足家庭的萨摩亚姑娘要想抛头露面有两种方式。第一种方式常为人们所忽视，即正式地加入奥拉鲁玛，这一方式与其说是对姑娘身份的一种确认，不如说是正式进入社区的一种标志。第二种方式是参加麦拉卡，即正式的旅行聚会。她可以以陶泊近亲的身份被带入欢迎客人的聚会，和那些簇拥着客人的青年男子们共聚一堂；她也可以参加小型的旅行聚会，如果她是来访者中唯一的一位姑娘，人们就会把她当成陶泊来对待（在所有社交场合都要求有一位陶泊、一位玛拿亚和一位议事酋长出席，如果有这种头衔的人未能出席，其他人就必须扮演这个角色）。因此，在村庄内部的生活中，无论是做一名奥拉鲁玛的成员，探望来访的玛拿亚，并为他翩然起舞，还是做一名造访外村的姑娘，一位未婚的萨摩亚姑娘都会受到她所在的社区的尊重和承认。

但是,这些机遇毕竟是不多见的。一年可能只举行一次麦拉卡,特别是在像马努阿这样的总共只有七个村庄的群岛上更是如此。而在村庄的日常生活中,像出生、死亡、结婚等重要时刻,未婚姑娘们是发挥不了什么礼仪性的作用的。人们把她们和其他"户中的妇女"同样看待,其主要职责就是为新生儿准备衣物用品,或者搬运石块去坟地上修筑新的坟穴。社区似乎只
57 看重那些身为陶泊或奥拉鲁玛成员的姑娘,而对一般姑娘却很漠视,没有给予足够的重视。

这种态度由于禁忌的松懈得以滋长。在玻利尼西亚的大部分地区,所有女人,尤其是正值月经期的女人,都被认为是有害的、危险的。对于一个既不能容忍其危险的成员自由放纵,又看重她们的充分价值的社会来说,对那些危险的成员实行长期严格的社会监督是必不可少的。而在萨摩亚,一个姑娘做有害事情的能力是非常有限的。她不能做塔福罗(*ta folo*),这种面包果做的布丁只能由年轻的男子来制作,月经期间也不能酿制卡瓦酒。月经期间,她不必到特定的住处休息,不必单独吃饭,但不能接触也不能看任何污浊的东西。和年轻男子与老年妇女一样,当酋长们处理正事时,姑娘也是不能走近的,除非她有特别的事务要做。这倒不是因为禁止妇女在这种场合出现,而是因为无论男女来这里都是多余的。当酋长们聚会时,除了正在制作卡瓦酒的陶泊以外,任何妇女都不能正式到场,但是,如果蹑手蹑脚不引起人们的过多注意的话,给自己的丈夫拿个烟、递个信还是可以的。把妇女的女性气质看成是危险的真实渊薮,并加以严格控制的情况只有一项,即不准她们接触渔舟和渔具。不过这一条戒律是由每个渔人自己实施的,他们把渔具存放在自己的住处,并严格地加以看管。

在亲属关系群体内部情况却截然相反。在这里妇女得到了特殊的承认。家系中最为年长的女性前辈(一般是本户中有头衔的人的姐姐,或这一头衔前任的姐姐),有权分配由嫁到本户的女子带进的陪嫁。在拍卖土地和其他重要的家庭用具上,她也有否决的权力。她的咒骂是一个人所可能遭受的最可怕的灾难,因为她有权剥夺他人的继承权,取消其名分。如果一个男人生了病,第一个发愿希望他不致遭难的也正是他的姐姐,因为她心中的
58 愤怒最能够扼制邪恶的侵害。当一个男人命归黄泉之际,为他安排葬礼,用

姜黄和椰油揩擦、涂抹他的尸首的是他父系的姑、婶或他自己的姐姐；守护着他的亡灵，用扇子驱赶苍蝇（这把扇子此后就成了她永久的保留物）的也是她。在户中的大多日常事务中、亲属间的经济安排中，以及财产纠纷和家庭间的争斗中，妇女和男子都起着同样的作用。

由于社会所给予的这种普遍的漠视，姑娘和妇女们相应产生了一种漫不经心的态度。她们对村庄的传说、衔位的系谱、远古的神话、民间故事，以及错综复杂的社会组织所抱的态度都极度冷漠，毫不关心。没有哪个姑娘能够知道曾祖父的姓名，但却很少有哪个小伙子说不出延续数代的家谱。当一个十六七岁的男孩子尽一切努力去掌握他最崇拜的议事酋长所说的深奥典故时，同龄的女孩子所习得的礼仪却少得可怜。而这种情况丝毫不能归咎为她们缺乏能力。但陶泊必须掌握细致、丰富的知识，不仅要了解本村的社会安排，而且要了解邻村的社会安排。在议事酋长颂扬客人的衔位，确定他们每人所用的卡瓦酒杯之后，她必须以适当的方式、大方的气度款待客人。如果她错占了一个等级高于她的陶泊的位置，那么对方的女仆会扯住她的头发，将她高高地吊起。她像兄弟们一样了解错综复杂的社会组织。比陶泊更为显赫的是议事酋长的妻子。无论是嫁给了一个已经获得头衔的男人（能够如此幸运的姑娘大多十分温柔可人），还是像通常那样，嫁给了一个稍后才会成为议事酋长的彼此相熟的小伙子，陶希（*tausi*），即议事酋长的妻子一生的运气总是不错的。在妇女们的聚会上，她必须熟谙各种礼仪和当地的程序规则，她的讲话必须充满令人难以理解的传统素材和丰富典故，她必须像自己的丈夫那样，保持从容不迫的平缓声调和目空一切的傲慢举止。最后，一位首席议事酋长的妻子还必须具备一个教师和一个表演者的素质。但是，除非社区因此而承认她的地位，并对她的时间和能力作出正式的要求，否则她是不会过多地关心社区内部的事务的。 59

同样，在原始的刑事法规中也无涉及妇女的条例。一个和议事酋长的妻子通奸的男人将会受到鞭笞或者驱逐，在极度野蛮的社区中甚至会被溺死，但女方至多被自己的丈夫逐出而已。陶泊如果被发现已不再是处女，也不过因此而挨几下女亲属们的巴掌。现在，如果一个村庄遭了灾，人们会将此归咎为社区中的某个人犯下了不可饶恕的罪孽，福努会和奥玛珈的成员会被召集起来，每一个有可能对此事负有责任的人都必须坦诚地反省，但对奥拉鲁玛的成员和玛泰的妻子们则无此项要求。这和我们的社会形成了十分鲜明的对比。在我们的家庭中，首先被要求对某些罪错进行忏悔和坦白的是姐妹们。

关于工作问题，村庄制定了一些明确的要求。种植甘蔗、缝制客室的茅屋顶、编织棕榈叶窗帘、用珊瑚石铺地都是妇女的任务。姑娘们种植构树时，奥玛珈的小伙子们会帮帮忙，姑娘们也会为他们准备一顿便餐。但是，在妇女的正式工作和男子的正式工作之间却有着严格的区分。妇女不能参与造房和造船的工作，也不能乘捕鱼的独木舟出海，而男子则不能进入正式的编织场所或成群的妇女正在制作桑皮土布的房子。如果妇女们的工作使她们必须横穿村庄——诸如从海边搬回珊瑚石铺客室的地面，男人们会全部藏匿起来，或者聚集在远处的房子里，或者躲入灌木丛中，甚或跑到外村去。但仅仅在一些重大的正式场合才需要作出这种回避。一般情况下，丈夫正在为家里修建一个新厨房，妻子可能就在两步开外的地方制作土布；一位酋长坐在那里静心地编织辛纳特，他的妻子可能正紧挨着他编织一领精美的草席。

由此看来，尽管妇女们和她们的丈夫与兄弟不同，她们在本户的狭小的天地里和亲属关系群体中消磨了一生中的大部分时光，但是，当她们参与社会事务的时候，人们仍然按照各种礼仪的规定对待她们，而这些礼仪恰恰标
60 志着萨摩亚社会生活的所有层面。她的注意力和兴趣基本上投注于小群体生活，其生活方式带有较多的个人特征。基于这一原因，要想准确地估价萨摩亚社会男人和女人在天生的社会驱动力上的差异是不可能的。在那些妇女们被赋予了同样机会的社会领域中，她们体现了和男子相同的能力，发挥着积极作用。事实上，那些议事酋长的妻子表现了比她们丈夫更强的适应能力。议事酋长的选拔尤其注重他们的口头表达能力和智能水平。鉴于此，对于那些在结婚后要担负起责任来的妇女，人们就要求她们具有较强的语言技巧、丰富的想象力，老成练达，并具有良好的记忆能力。

第七章　正常的两性关系

回避和对抗，是一个小姑娘在生活中养成的对待男孩子的基本态度。61
她学着观察哥哥、姐姐与亲属关系群体及本户中的小伙子们之间的禁忌，她只和同龄的小姑娘们在一起，对所有小男孩都视若仇敌。一个小姑娘长到八九岁以后，已经完全懂得不能接触一群比她年龄稍大的男孩子。这种对比自己年幼的男孩子抱以对抗，而对比自己年长的男孩子加以回避的态度一直持续到十三四岁，这时姑娘们正好达到发育的年龄，而毛头小伙子们刚刚接受过割礼。随着年龄的增长，孩子们会脱离同龄群体的生活，同龄群体间的对抗性也不再那么尖锐。他们尚没有敏锐的性意识，这是两性间的亲属关系在感情上最为淡漠的时期。这种对待异性十分冷淡、毫不动情的心态，直到一个萨摩亚姑娘有一天成了已有几个孩子的已婚妇女时才会重新出现。当这些正处青春期的孩子聚集在一起时，常常会开一些善意的玩笑。这种随意性的取笑并不尖刻，大多是说某个妙龄少女爱上了一位 80 岁的老朽，或者说某个乳臭未干的小男孩是一位体态丰腴的女人所生的第八个孩子的父亲。这种玩笑偶尔也会影响两个同龄伙伴之间的感情，并有可能使 62
两人不欢而散。在非正式的斯哇（*siva*）舞会上，较为正式的场合的外围和集体性的礁滩捕鱼场合（这时一大片礁滩都被围了起来，成了一个很大的渔场），以及点燃火把去捕鱼的途中，该年龄阶段的儿童都有机会相聚在一起。在公共交往中，善意的嬉闹、戏谑和合作构成了这类活动的基调。但令人遗憾的是，这些男女儿童相互接触的机会并不常有，时间也往往很短，既不足以使小姑娘们培养起合作精神，也未使小姑娘或男孩子们对异性成员的人格能有任何真正的了解。

过两三年以后，所有这一切都将发生变化。小姑娘们不再隶属于同龄群体，这使得个人对群体的疏远不会像以前那样惹人注意。一个开始对姑娘们感兴趣的小伙子也从伙伴群体中消失了，变得更喜欢和一个亲密的友伴在一起打发时光了。以前，姑娘们对一切都无动于衷，漠然视之；现在，她们开始咯咯地发笑，脸上泛起红晕，变得爱生气，也爱在一起追打嬉戏。无论是在白天，还是在月光如洗的夜晚，小伙子见到姑娘们都变得羞涩、窘迫、默然无语，并尽可能回避她们。他们埋怨姑娘们太爱出头露面，彼此之间的友谊也较为严格地限于亲属关系群体之内。在恋爱方面，小伙子比姑娘更需要有一个能够牵线搭桥的知心朋友，因为只有那些唐璜式的风流、冷酷的人能够自己拈花惹草。当然，有些时候，两个刚过青春期的年轻人由于害怕人们的奚落、嘲笑（即使那些人是他们最亲密的朋友或亲戚），也会单独溜进灌木丛中。姑娘的第一个情人，多数情况下是一个年龄较大的男人，比如鳏夫或离了婚的男人。而这种情况是不需要牵线搭桥者的。这些年龄较大的男子在谈情说爱方面已不再羞涩、胆怯，况且又找不到值得信任的人传递信息：托一位年轻人吧，也许会把他的秘密泄露出去；找一个上了年纪的人吧，又不会正儿八经地对待这种多少有些不正当的婚姻关系。不过，正处青春期的姑娘们首次自愿经历的这种事，以及那些年龄较大的男子在本村的姑娘中寻花问柳的行为，是基本得到人们默许的；一位年轻的小伙子首次和一位年龄较大的妇女发生类似的关系同样也无不可。但是，由于这两类情况时有发生，因此，即令双方对性一无所知，也很少会影响他们的性爱体验。
63 然而，所有这些都不是人们公认的正当的性关系。不论是姑娘还是小伙子，如果做了诸如毛头小伙爱上或希望爱上一位半老徐娘的事，都会被伙伴们认为犯下了陶塔拉莱梯梯（*tautala lai titi*，装得比自己的年龄大）的罪错。但是，如果是一位年长男子追逐一位黄花少女，人们只不过认为他有些滑稽、挺有趣，即使对方还只是个年幼无知的小姑娘，也不过认为他这样做有些不合适而已。他们会说："她太小，还太小呀；而他那么大了。"据说，有一位玛泰曾同欧利赛加村的一位 16 岁的呆头呆脑的姑娘露托胡搞，并有了孩子，人们便把一切呵斥之词倾吐到他身上。在萨摩亚人看来，年龄或经验上的差异越大，就越可笑或可怜。对一个倔强的外逃姑娘的严厉惩罚，就是把她嫁给一个老态龙钟的男人。我还听到过一个九岁的小女孩用嘲弄的口吻，取笑自己的母亲对一个 17 岁的小伙子有所偏爱。在这些千奇百怪的越轨行为中，最恶劣的是一位成年男子，他专门和自己户里的那些年轻的、尚未独立的女性（比如养女或年轻的小姨子）谈情说爱。人们对他的乱伦行为纷纷谴责，有的时候民愤高涨，弄得他竟不得不离开自己的群体外出谋生。

除了正式的婚姻关系以外，多多少少获得萨摩亚人正式承认的两性关系只有两类：一类是岁数相近的两个年轻人（包括寡妇和鳏夫）之间的性爱关系，这种关系有时会导致双方缔结姻缘，有时不过是萍水相逢、朝聚暮散；另一类就是私通关系。

未婚男女间的关系一般有三种类型：一种是“相爱在棕榈树下”的暗地交往，一种是阿瓦加（*Avaga*），即公开的私奔。还有一种是仪式隆重的求婚，求婚时小伙子“坐在姑娘的面前”。除了上述情况以外，还有一种被称之为莫托托洛（*moetotolo*）的奇怪的偷奸少女的方式，这些趁着姑娘熟睡之际，悄悄潜入室内的男子都是一些无法获得姑娘们青睐的年轻人。

在上述三种关系中，小伙子都需要有一位能够无话不谈的知己和牵线搭桥的信使，他们把这个人称之为叟阿（*soa*）。当双方是亲密无间的伙伴时，叟阿这种关系可能会渗透到许多爱情事件中去；而当这一关系只是暂时性的时候，那么具体的一桩爱情交往结束时，也就断送了叟阿关系。叟阿这种关系从形式上看很像议事酋长和酋长间的关系；议事酋长向酋长提出各 64
种物质性的要求，反过来，又向酋长提供各种非物质性的服务。如果一桩婚姻的成功是由于叟阿这位信使努力的结果，他就可以从新郎处获得一份厚礼。选择一位叟阿有许多困难。如果一位情郎选择了一个踏实、可信的小伙子，一个比他年轻一些、忠实于他的亲戚，一个在爱情事务中绝无歹意的人，那么这位信使很有可能会因为缺乏经验、处世不够老练而坏事。但是，如果他委托一位风流潇洒、成熟练达的人去为自己求婚（这位信使十分懂得“如何心平气和地侃侃而谈，举手投足怎样能够不失风雅”），那么，姑娘却可能反客为主，爱上这位说客。为了解决这一困难，有的情郎同时找两三位叟阿，并且使他们互不通气。但是，如此缺乏信任似乎也会造成叟阿们产生相似的态度，正如一位过于谨慎、沮丧万分的情郎告诉我的那样：“我有五个叟阿，但只有一个是真的，其他四个都是假的。”

在选择叟阿时，人们会优先考虑选择两种人：自己的一位兄弟或一位姑娘。选择一位兄弟是绝对忠诚可靠的，而选择一位姑娘也有许多便利之处，因为“一个小伙子只能在夜晚或他人不在场的情况下接近一位姑娘，但若是一位姑娘却可以和那位姑娘朝夕相处，和她一起款款而行，躺在同一张草席上，在同一个盘子中吃喝，开口闭口都念叨着那小伙子的名字，谈论他，说他如何优秀、文雅、诚挚，说他如何值得爱。确实，在所有人选中，最好能找到一位叟阿法芬(*soaf afine*)，即一位女信使(红娘)”。但要找一位叟阿法芬困难很大。小伙子不能在自己的女亲属中进行选择。禁忌甚至禁止他在她们面前提及这类事情。如果恰巧某位兄弟的情人是他所钟情的那位姑娘的亲戚时，那真可谓是天赐良机了。除此之外，有时也会有其他机会使他可以和一位能够为他奔忙的姑娘或妇女接触。分手的情人之间不会产生年轻人中常有的那种激烈的矛盾和冲突，被抛弃者不会因此而对对方怀有恶感，弃人者也不会因此而洋洋自得。但是，在情郎和背叛他的叟阿之间，以及在情郎和一位他所喜欢，但却阻碍他求婚的朋友之间却可能产生强烈的敌意。

在十分秘密的爱情交往中，情郎是绝不会自己到他所钟爱的情人的住
65 处去的。他的叟阿可能混在一群人中或假借捎信的名义接近那位姑娘；他也可能不径直去姑娘的住处，而是寻找各种机会——譬如姑娘去捕鱼的时候，或往返于种植园的途中——和姑娘交谈。叟阿的任务就是赞扬自己的朋友，打消姑娘的恐惧和疑虑，以及商定约会地点。这种爱情交往通常时间都很短暂，因此无论是小伙子还是姑娘都可能同时赴几个约会。在这种场合，引起人们相互争斗的原因之一，是第一位赴约的情郎会对当晚的成功者愤愤不满，“因为后来而成功的小伙子会因此而嘲笑他。”这些秘密交往的情侣们的约会地点大多数都在村外。人们通常把这类私通形象地称之为“相爱在棕榈树下”。三四对情人在同一个地点约会的事时有发生，这种情况下，往往小伙子们(或姑娘们)彼此间是亲戚加朋友。如果姑娘有些头晕不适，小伙子会爬到最近的一棵椰子树上去，摘下一颗新鲜的椰子，把汁洒到姑娘的脸上，代替科隆香水爽神醒目的作用。在当地人的观念中，不育是对乱交的必然惩罚；反过来，怀孕是对牢固的一夫一妻制的赏赐。当一对秘密交往的男女(他们的等级很低，以致他们的婚姻在经济上没有任何价值可言)相互真挚地爱慕，并且维持了几个月的关系以后，一般来说婚姻便会随之而来。情场老手和缺乏经验的小伙子之间最自然而细微的区别在于，前

者风流艳史很多但都为期短暂，而后者则可能觉得只有那种为期长久并导致女方怀孕的恋爱才能证明自己具有男子的气概。

姑娘一般都不敢在夜里贸然外出。萨摩亚人认为夜里是妖魔鬼怪四处出没的时候。人们今天传说鬼怪扼死了谁，明天又传说从遥远的外村来的鬼怪，划着独木舟拐走了村里的姑娘，鬼怪附上了你的背，你可能甩都甩不掉。姑娘也可能觉得待在家里是最明智的，如果需要的话，可以通过歌声来表示自己的存在。如若这样，情郎会壮着胆子去姑娘的住处；他会脱下身上的拉瓦拉瓦，通体搽上椰油，以便能够逃脱追踪者的捕捉，不留下任何痕迹。他会悄悄地拉起窗帘，溜进姑娘的屋里。这种行为的普遍盛行，使得玻利尼西亚民间传说中那个为人熟悉的情节更加生动。故事说的是一个背时的英雄“在姑娘身边一直睡到了天亮，睡到冉冉升起的太阳将他暴露在同室而居 66
的其他人的面前”。因为可能还有许多人甚至几只狗同室而居，四周寂静无声使人们都保持着足够的警觉。但是，正是这种在室内约会的习惯十分适宜于莫托托洛（睡觉时的潜入者）这种特有的习俗广为流行。

莫托托洛仅仅是一种非正常状态的性活动。从刚刚与白人文化接触之日起，强奸，这种强行施暴的方式在萨摩亚就开始偶有发生。但是，与莫托托洛相比，强奸与萨摩亚人对待性的态度相去甚远，因为前者的行为，只不过表明一个男子悄悄享受了应该属于另一个男子的欢悦。需要提防被他人发现，这使得在这种场合强行奸污是根本不可能的。莫托托洛得手的前提是姑娘正期待着这位情郎，或者她准备随便接受任何一个求欢者。如果这位姑娘不信任并且讨厌这个男子，她可以大声地喊叫，全户的人都会起来追逐他。捕捉莫托托洛被人们看成是一项十分有趣的活动，而那些感到自己的安全受到了威胁的妇女，追赶起来会比男人们更为起劲。卢马村里有个倒霉的年轻人在潜入姑娘的住处时忘了脱去他的拉瓦拉瓦。那个姑娘叫喊了起来，结果，姐妹们在小伙子逃脱时把他的拉瓦拉瓦撕了一块下来。第二天，姑娘把这块破土布骄傲地向别人展示。由于小伙子愚笨不堪弄到被人撕破拉瓦拉瓦的地步（证据可谓确凿），他因此遭到了全村人的耻笑。孩子们为此编了歌谣，他走到哪里，就跟着他唱到哪里。有时事情会变得十分复杂，潜入者可能就是本户的一个小伙子，在人们追赶莫托托洛时，他可能正混在人群中大叫大嚷。这种做法也为姑娘提供了极好的托词。因为万一她的情人被发现了，她只要叫喊一声“莫托托洛”就可以使自己避免难堪。对于某个家庭或村子来说是一个莫托托洛，但在这个姑娘和小伙子的心里事情却可能并不是这样。

导致这种声名狼藉的活动的动机有两个：一是由于愤怒，二是由于恋爱失败。有些卖弄风情的萨摩亚姑娘可能会冒险这样做，她会说：“行，今晚当月影西斜的时候，在紧靠那块突兀峥嵘的大石头旁边的老椰树下，我等着你。”这样，小伙子等呀、等呀，等了整整一夜。漆黑的夜，伸手不见五指；蜥蜴掉到小伙子的头上；鬼怪们可能正划着小船驶进了小河。他吓得瑟瑟发
67 抖。但他依旧在那里等着。等到天将破晓，等到头发被露水打湿了，心里充满了愤怒，而她却依然没来。出于报复的心理他想去当一次莫托托洛。如果他听说夜里那位姑娘正在和另一个男人相会时，这种念头就变得尤为强烈。对这种活动盛行的另一种解释是，那个小伙子所以这样做，是因为他无法通过任何合法的手段赢得自己的情人。在萨摩亚，除了作为待客而提供卖淫外，不存在任何形式的卖淫活动。因为这些名声不好的莫托托洛，有一些是村里最令人爱慕的漂亮青年，这样的解释确实有些令人难以理解。显然，这些年轻人都遭受过一两次求婚的失败。伙伴们的成功和对他们缺乏经验的嘲讽又使他们妒火中烧，他们放弃了既定的求婚程序，决定去做一次莫托托洛。一旦被人抓住，遭受人们的羞辱，就不再会有哪个姑娘倾心于他。他们只能等到上了岁数，有了地位和头衔以后，才能娶一位令人生厌、放荡不羁的女人为妻，有时贪婪自私的父母也会把自己的年轻女儿嫁给他，虽然这些女孩子自己往往是不情愿的。但是，在这些可能成为现实之前要经历漫长的岁月，况且他们的同伴们正经历着那一桩桩风流韵事，而他们却一点都沾不上边。这样一来，一位小伙子可能会一次次地去做莫托托洛，有的时候成功了，有的时候却被抓住了，遭了打，并受到了全村人的耻笑。他就这样一步一步越陷越深。较为常见的解决办法是和男人们加强联系。在村里有这样一对男人关系很要好，一个是臭名远扬的莫托托洛，另一个是希望为了政治目的而保持心灵自由的神情严肃的年轻人。因此，“莫托托洛”这一习俗，使得在家中进行的秘密的做爱变得更加复杂、更令人扑朔迷离，

而可能扑空的危险，偶然遭际的种种不如意，瓢泼的大雨和对鬼怪的惧怕，也使“相爱在棕榈树下”变得十分麻烦。

在上述这种完全秘密的恋情和那种完全公开的私奔之间，还有一种介于两者之间的求爱方式，即由小伙子去拜访他所钟情的姑娘。因为这种方式被认为是缔结婚姻的尝试性步骤，所以双方的亲属关系群体在某种程度上都必须赞同这种交往。求婚者和自己的叟阿一起，拎一篮子海货、一条章鱼（或其他鱼）和一只鸡，必须在晚餐之前到达女方的家中。如果女方家里接受了他的馈赠，就表明姑娘的父母同意了他的求婚。他会受到女方户中 68
玛泰的正式欢迎。在整个晚祷中他都得虔诚地低着头坐在那里，然后，他和他的叟阿被留下来吃晚饭。在这种场合，求爱者是不能接近他所钟情的姑娘的。人们说：“如果你想知道谁是真正的情郎，那么别把眼睛盯在那个坐在姑娘身边，任意摆弄姑娘项圈上的花儿，或从她的头发上偷偷摘下木槿花别在自己耳后的小伙子。她的情人不是那个对她悄声耳语‘亲爱的，今晚等着我。当月影西斜的时候，我会悄然而至’的小伙子，也不是那个正取笑她有许多情郎的小伙子。把目光投向那个坐得远远的、正低着头缄默不语的小伙子吧！你会发现他的眼睛总是温存地盯着那位姑娘。他总是注视着她，甚至连她那可爱双唇的微微的翕动也不会放过。她可能会向他使眼色，会抬起弯弯的柳叶眉向他传递脉脉温情，会通过手势给他以某种暗示。他必须时刻关注着，否则就会错过机会。”与此同时，叟阿却在向姑娘大献殷勤，为自己的朋友低声恳求着。晚餐以后，屋子的中央围满了年轻人，或打牌、或唱歌、或坐在那里相互开着粗野的玩笑。这种求爱方式和那种日常的偶然性的拜访不同。在日常的拜访中，你不必每次都带一些食品作为礼物，尽管在西方进行初次拜访时，那是最基本的见面礼。这种公开宣布情侣的方式多少有些勉强。姑娘可能并不希望结婚，也不希望放弃自由的男女交往受制于某次订婚。她也可能并不喜欢那位求婚者，但却成了家庭利益的牺牲品。现在全村的人都知道他在向她求婚了，姑娘只能通过回避和任性来维护自己的尊严。当小伙子晚上来的时候，姑娘到另一家去了；而当他赶到那里时，她又立刻回到了家里。当这种求爱为女方正式接受，并有了结婚的可能时，小伙子就可以和自己所钟情的姑娘同床共寝了。不过，这时双方的结合一般还是十分秘密的。等到男方家里积聚了足够的食物和其他财产，女方家里也攒足了作为嫁妆的土布和草席时，才会正式地举行婚礼。

69 同村和邻村普通年轻人的恋爱都可以这种方式进行。但陶泊是不能参加这种自由而简便的尝试的。人们要求她必须过着严格的处女生活。在她结婚时，新郎那户中的议事酋长要在灯火通明的房间里，当着众人的面，证明她是童贞女。[①] 如果证明她在此之前已经不是处女了，女方的亲属们会用石头砸这个使她们感到羞辱的姑娘，毁坏她的面容，有的时候这种伤害甚至是致命性的。尽管一般说来，一个姑娘首次性交后两三个小时内就可以恢复精力，妇女生孩子以后也很少有在床上躺上几个小时的，但这种对童贞的公开验证有时却会把姑娘折磨得在一二周内卧床难起。虽然规定要在婚礼上当着众人的面进行这种验证仪式，但要回避也很容易，只要小伙子认为这种形式过于无聊，或者“一个已不是处女的聪明姑娘能够说服未婚夫的议事酋长，就可以使她免于当众受辱”。

萨摩亚人对待贞操的态度是十分怪诞的。当然，基督教对贞洁一直是从道德上予以嘉奖的。尽管萨摩亚人对基督教的态度始终怀着恭敬的心情，但是彻底的怀疑主义和禁欲观念对他们毫无价值。不过，贞洁毕竟增添了一位姑娘的媚人之处，人们认为向一位处女求爱要比征服一颗过于放荡的心更为不易，因此，一位频频得手的唐璜式人物也总是会对处女们的魅力垂涎三尺。有一位 24 岁时娶了一位处女为妻的年轻人成了全村人的笑柄，原来他失口谈到，虽然结婚之前他有过无数桩罗曼蒂克的艳史，但在新婚之夜他惊骇地发现，在此之前的那些姑娘竟然没有一个是处女。

一位新娘被证明未失贞操，新郎、新娘以及双方的亲戚都会引以为荣。因此，如果一位等级较高的姑娘想拒绝参加这种痛苦的公开验证仪式，不仅会遭到女方的陪媪们，而且会遭到渴望获得声誉的新郎的激烈反对。一位
70 放荡的年轻人从外村领回一个等级很高的姑娘进了他父亲的住处，但当晚却不肯和她同居，因为他说：“我想，我可能会娶这位姑娘，不久就会有一次大型的麦拉卡聚会和一次大型的典仪活动，我应该等着，让人们称赞我娶了

① 这一习俗现在已经为法律所禁止，但只是在逐步消除。

一位处女。”但是，第二天她的父亲却来了，不同意她嫁给他，那姑娘听了以后大声地痛哭起来。于是他对她说，“好了，现在再等下去是没有意义的。我们逃进丛林中去吧！”可以设想，女方常常宁可放弃眼前的名誉，以免遭公开验证仪式的折磨，但男方常常会因顾及自己的前途，而阻止她那样做。

如果说私下和随意的“相爱在棕榈树下”是那些出身低微的年轻人采取的方式，那么，私奔则是陶泊以及其他酋长的女儿古已有之的爱情方式。人们对这些出身高贵的姑娘严加看管；她们既不能在夜里和情人秘密幽会，也不能在白天和情人偷偷见面。那些等级较低的父母们对自己女儿的行动视若无睹，但大酋长们却把女儿的童贞看得和自己的名声、自己在卡瓦酒宴上的位置以及其他特权一样重要。户中的某些老年妇女被指定为陶泊的永久的陪媪和保姆。陶泊不能拜访村里的其他人家，也不能在夜里擅自离开自己的住处。她睡觉时，会有一老年妇女伴她而睡。在无人相伴的情况下，她是绝对不能去其他村子的。在自己的村里，她要严肃认真地对待自己的工作，无论是在海里洗涤，还是在种植园中劳作，本村的妇女都会留意保护她的安全。她用不着担心会遭到莫托托洛的奸污，因为胆敢染指本村陶泊的人以前是要被打死的，即使现在也会被逐出村庄。她既享有村里的许多特权，也被要求得保持贞洁的名誉，村里很少有哪个年轻人敢于当她的情人。婚姻对她们是不成问题的，但同伴们宁可把她们骂成叛徒，也不会羡慕她们。偶尔也会有一个同村的等级很高的年轻人和她冒险私奔，但这种事情毕竟不多见。因为按照惯例，陶泊必须嫁到外村去，嫁给另一个村子的大酋 71
长或一个有法定继承权的玛拿亚。这样的婚礼往往选择大型的喜庆节日和神圣的礼仪场合。酋长必须带着他的所有议事酋长来求婚，并且亲自将礼物分送给她那户的议事酋长们。如果姑娘的议事酋长们认为缔结这一婚姻是有益的，她的家庭也对求婚者的地位和相貌表示满意的话，就会同意这一婚事。至于姑娘自己的意见人们则很少考虑。那种认为陶泊的婚姻是议事酋长们的事的观念根深蒂固，以致居住在主要岛屿上的多多少少已经欧化的当地人，都不同意女儿去做陶泊，因为传教士们总是说姑娘应该有她自己的选择，而她一旦成了陶泊，就不可避免地丧失了这种权力。订婚仪式结束后，新郎回到村里去收集结婚用的食物和财产。他所在的村子要让出一块名曰“妻子之隅”的土地——这是她和她的孩子的永久财产，并在这块土地上为新娘建造房屋。在此期间，新郎将留一位议事酋长(相当于一般地位低下者的叟阿)在姑娘的娘家，这是一个议事酋长聚敛财富的最好机会。他作为自己酋长的使者，留意新娘的一举一动。他为新娘的家庭而忙碌，每个星期，新娘所在户的玛泰都必须以精美的礼物来犒赏他。作为一个已许配给酋长的未婚妻，她必须越来越谨慎地处理所遇到的事情。如果她以前喜欢和村里的小伙子们开玩笑，今后就不能再开了。否则，让那位议事酋长窥见她有失高雅的话，他将会回去报告自己的酋长，说新娘不配享有这般荣誉。这种习俗给了双方以重新考虑的余地。如果新郎对这桩婚事后悔了，他将暗中指派另一位议事酋长(通常是一个年轻人，而不是那个能够通过婚礼渔利的首席议事酋长)去关注新娘的行为，并且看看新娘家里会怎么对待他。也正是在这个时候，如果新娘感到新郎太不如意的话，就会和别人私奔。这时，她自己的村里不会有哪个小伙子会冒着风险去爱上她，而来自另一个村子的小伙子如果能够拐到有竞争关系的社区里的陶泊私奔的话，将会因此
72 而声誉大增。一旦她与人私奔了，原先计划好的婚姻当然就可能告吹，尽管愤怒的父母会千方百计地阻挠她与自己的情郎结婚，并可能会把她嫁给某个上了年纪的男人以示惩罚。

一个小伙子成功地与一位陶泊私奔，能够给村庄带来如此光荣的声誉，以致人们举办一次麦拉卡聚会的全部目的，往往都是为了劫持一位陶泊，人们对她的贞洁的崇敬程度，与她的家庭和村庄同意这桩婚姻的可能性成正比。因为劫持者往往是地位很高的人，所以姑娘的村庄在大多数情况下只能与之妥协。

陶泊所受的种种约束加之村庄之间的竞争，使她们采取和情人私奔的方式颇具意味，但在并不需要采取这种方式的普通人那里，私奔也十分流行。虽然年长的妇女对一般家庭的姑娘管束不多，但其严厉程度还是足以使生性自由的姑娘们觉得私奔是获得美好爱情的唯一方式。不过，私奔毕竟是惊人之举。小伙子希望获得爱情得志者唐璜那样的声誉，姑娘则既希望以这一方式向人们宣布被她所征服的人，也希望私奔能够导致结婚。私奔的一对儿逃到男方的父母或其他亲属的住处，等待女方的父母找上门来。

一位小伙子这样描述道："我们在雨中急行，到莱昂我父亲的住处要冒着瓢泼大雨走九英里路。第二天，她父亲来找她了，我父亲对我说：'怎么办？你是否希望娶那位姑娘，我要不要请求她的父亲将姑娘留下？'我说，'噢，用不着。'我和她私奔，需要她冒很大的危险，因此与那种秘密的恋爱相比较更为鲜见。这样做等于公开否定了她以往曾常常自诩的贞洁；并会和家庭发生严重的冲突（家里的长辈过去常常会甚至现在也偶尔会狠狠地打她，揪她的头发）。"十有九次私奔，小伙子们的唯一动机就是虚荣和炫耀。正如他们自己说的那样，"姑娘们鄙视、仇恨一个莫托托洛，但她们都会爱一个阿瓦加（*avaga*，私奔的男子）。"

有的时候，当一方家里反对一对已定终身的年轻人的婚姻时，私奔倒也是行之有效的方式。年轻人可以在支持他们的另一方家庭里求得庇护。不
过，除非坚决反对的那方家庭会软下来，并且同意通过正式的财产交换使婚 73
姻合法化，当事人双方对于确立自己的婚姻关系是无能为力的。一对已有几个孩子的年轻夫妇可能仍然属于"私奔者"，即使在经历无数年的磨难之后，最终获得了婚姻的合法性，耻辱也不会因此而消失。对这种事情的指责要比对一般的不正常的两性关系的指责严重得多。因为人们总是感到，整个社区有条不紊的生活被这两个胆大的家伙搅得混乱不堪。

只要婚姻存在一天，男女双方的家庭之间就会存在那种互赠礼物的关系，即使有了孩子以后也依然如此。每一个孩子出生，双方户中的每一个成员死亡，妻子回娘家，或丈夫回夫家（如果他从妻居），都少不了要馈赠礼物。

在婚前的两性关系中，人们都严格遵守着示爱的惯例。其实，这指的是一种交谈的惯例，而不是动作的惯例。一个小伙子宣布，如果一位姑娘拒绝爱他，他将为她而死；但是，萨摩亚人却不相信那种罗曼蒂克的爱情故事，嘲笑那些仍旧痴情于长期不归的妻子或情人的男子，他们坚信新的爱情会很快消除以往的痛苦。虽然男子往往都有许多情妇，但绝不意味着对每一位都情深意笃。不过，如果这种痴情导致了怀孕，人们都会认为这是一种忠贞不渝的爱情。炽烈的情歌，辞藻华丽的情书，徘徊于花前月下，沉溺于绵绵情话，这一切仿佛说明萨摩亚人的恋爱方式和我们相似无异，但其态度却不

尽相同，他们的态度倒更接近于施尼茨勒[1]的心理剧《阿纳塔尔的风流韵事》(*The Affairs of Anatol*)中的主角。在我们文明社会中，浪漫爱情总是与一夫一妻制、排他性、嫉妒以及坚定不移的忠贞相联系的。但在萨摩亚，这一切都属子虚乌有。我们的态度是西方文明、一夫一妻制、骑士制度时代的思想以及基督教伦理思潮的综合产物。即使是一个人对另一个人的炽烈的、不顾别人反对的，但又并不排斥其他关系的爱情，在萨摩亚也极为罕见。萨摩亚人把婚姻视为一种社会的、经济的安排，人们反复掂量权衡的
74 是财富、等级、丈夫及妻子的技能。在许多婚姻中，夫妻双方，尤其是过了三十岁的夫妻，都是非常忠贞的。但这种婚姻和谐的原因与其说是彼此感情炽烈、情深意切，毋宁说是由于性调节的便利以及其他兴趣所导致的升华：男人有他们的社会组织，妇女有孩子，对这些的兴趣远远超越了对性的兴趣。由于在萨摩亚人中不存在能够对基于利益关系的婚姻幸福施以影响的种种限制，以及两性感情的复杂的专门化情况，这就使得用其他因素而不是短暂炽烈的忠诚来维系婚姻幸福成为可能。适宜和便利成了决定一切的因素。

通奸并非必然意味着婚姻破裂。如果酋长的妻子与人通奸，人们会认为她玷污了她的高位，丈夫会因此休妻，尽管他对于自己的妻子改嫁给比自己地位低的男人会公开表示愤懑。如果人们认为她的情郎罪孽更深，全村人都会公开地对他施以报复。在一般情况下，人们对通奸的非议，其严厉程度取决于通奸者和权益受到侵害的一方的相对地位，或取决于他们相互间嫉妒情绪(这种嫉妒并不常见)的强弱程度。如果蒙受耻辱的丈夫或妻子愤怒不已，一定要诉诸武力，那么，那个第三者往往只能求助于一种公开的称之为*易佛加*(*ifoga*)的仪式来息事宁人。即在没有得到某人的宽恕之前，就在他(她)面前进行象征性的蒙耻活动。第三者由本户的全体男子陪同，来到被他的罪孽所伤害的那个男子(或妇女)的住处；陪同前往的每一个人都裹着一张精美的草席(这相当于当地的货币)，哀求者坐在屋外，头上顶着草

① 施尼茨勒(Schnitzler，1862—1931)，奥地利剧作家、小说家，以描写反映20世纪初维也纳市民生活的心理剧著名。——译者

席，双手合拢，置于胸前，头低垂，流露出无限沮丧和羞辱的神色。如果受害者愤怒之至，他将缄默不语，整整一天只管忙碌自己的事：飞快地编织辛纳特，大声地和妻子说话，和路人打招呼，只是对坐在他住处门前地坪上的那些既不敢抬眼窥视又不敢起身而去的人不屑一顾，熟视无睹。过去，如果受害者心中愤怒之至，他也许会手执木棍，同亲戚们一起把那些坐在外边的人统统打死。不过，现在只是对那些人不予理睬，让他们终日坐在外边等候。烈日炙烤着他们；倾盆大雨会把他们从头到脚淋湿；但他却依然一言不发。75
一直到傍晚时分，他才会说："好了，够了，进来喝杯卡瓦酒吧！吃点我为你们准备的食物，让我们把不快丢进大海去吧！"在这之后，受害者会收下精美的草席，这是对遭受伤害的赔偿，这种易佛加会成为村史的内容。村中的闲言碎语会说："噢，路娃啊，她可不是依乌纳的孩子，她的生身父亲是邻村那个酋长。在她还没有出生之前，那个酋长就向依乌纳赔过罪了。"如果第三者比受伤害的丈夫地位低，那么，他的酋长，或他的父亲（如果他是个少不更事的小孩子的话）就必须代替他来蒙耻受辱。如果第三者是女的，她和她的女亲属也得上门进行类似的赔罪活动。但她们所冒的风险要大得多，也许会被痛打一顿，也许受到厉声斥责。基督教教义中的那些要求人们和睦相处的教诲——也许因为这些教诲所针对的只是真正的杀戮而不是相比之下不那么致命的、与女性的接触——在妇女的好战行为中所产生的变化，远比在男性的这些行为中所产生的变化小得多。

然而，从另一方面讲，如果一个妻子（或丈夫）对丈夫（或妻子）深深地厌倦，离婚是一桩极为简易且又不正规的事情。他（她）只需回到自己的家，他们的关系便被认为已经"完结"。这是一种非常脆弱的一夫一妻制，经常有第三者插入，而彻底决裂比第三者插入更为经常。但还是有许多通奸的情形——一个年轻的、不好意思结婚的光棍汉与一个已婚妇女的通奸，或一位暂时丧偶的男子与某个年轻姑娘的通奸——这些都不至于威胁到既定关系的续存。女性对自家的土地也有所有权，这就使她同丈夫一样独立、互不依赖，因而，无论婚姻为时多长或多短，双方都不会感到真正的不乐。只要有一点口角发生，女方就回到自家，回到她自己人身边；如果丈夫并不想抚慰她，那么，双方尽可另觅新欢。

在家庭内部，从道理上说妻子应该服从并侍候丈夫，当然，备受欺凌的
丈夫比比皆是。在身份高的家庭中，妻子对丈夫的服侍由陶泊及议事酋长
接替了，但妻子总是保留着为大酋长施以神圣的个人服务的权利，如理发等
等。妻子的地位永远不会超过丈夫，因为她的地位总是直接地取决于丈夫
76 地位的高低。她自己家也许比丈夫家更富有、更荣耀，也许她因为靠着自己
的血缘亲属而能比丈夫在村中发挥更大的影响，但就家庭和村庄的生活而
言，她只是一名陶希，即议事酋长的妻子，或一名法丽陀（*faletua*），即酋长
的妻子。这种情况有时会导致冲突，例如，普沙的情况就是这样。她的兄弟
当初享有全岛最高的头衔，当然这一头衔现在已暂时取消了。她的丈夫也
是村中地位最高的酋长。如果她的兄弟，即那位继承者，再次占有那个最高
级的头衔，她丈夫和她的地位就会受到损害。帮助兄弟就意味着降低丈夫
的声誉。由于她是那种对进行幕后操纵比对得到公开承认有更大兴趣的类
型的妇女，她便会施以全部影响，去帮助自己的兄弟。这种冲突并非罕见，
它都代表了一种明确的选择，通常带有自己何去何从、居住何方的考虑。如
果一位妇女住在丈夫户中，或丈夫住在另一个村子中，她则更关心丈夫的事
业。但如果她住在自己家里，又在本村的话，那么，她可能会对血缘亲属更
为忠诚，因为虽然从他们那里得不到地位，但却能得到来自亲属那里的荣耀
以及非正式的特权。

第八章　舞蹈的作用

舞蹈是唯一一项男女老幼都参加的活动，因此，要分析萨摩亚人的教 77
育，就必须研究舞蹈这一独特的活动。

在跳舞时，只有行家能手，没有正式的教师。这是一项设置于社会构架之中的高度个性化的活动。萨摩亚的社会活动形式多样，小的像只有12—20人参加的小型舞会，大的像麦拉卡（旅行聚会）那样的大型聚会活动或结婚仪式（在结婚仪式中，村里最大的客厅里坐满了人外面还围着一层又一层的旁观者）。人们根据舞会的规模或主要性质来安排舞会：规模越大、越重要的舞会，安排得也就越正规。一般来说，即使小型的斯哇（舞蹈）也至少要有两至三名外村的陌生青年参加。在跳舞时，人们按照固定的格式：宾主有别，双方轮流奏乐，轮番跳舞。即使当麦拉卡人数只有两个人时，人们也会照例遵守这一模式：一部分东道主会加入来访者的行列中暂时扮演来访者的角色。

儿童们正是从这类小型、非正式的舞会中学会跳舞的。在屋里，前厅坐着一位年轻人，他是舞会的中心和仲裁者。该户的玛泰和他的妻子以及户中的其他长者（有时也会有一位和该户有亲戚关系的其他户的玛泰）都坐后
厅。这种坐法正好和平时相反，在通常情况下，年轻人总是坐在后面。妇女 78
和孩子们挤在四角，那些不参加舞会的年轻人则躲在外面观看，当然，他们随时都可能被人拖进屋里，加入舞蹈者的行列。在这种场合，通常是一些七八岁的小孩子先开始跳。酋长的妻子或一名男子一个个叫着这些孩子的名字，孩子们三人一组站在那里，有时是三个小男孩，有时是三个小姑娘。如果是成人组的话，大多由一个姑娘和两个小伙子组成（按照惯例为该户的陶泊和两名议事酋长）。一群年轻的后生坐在靠近中央的地方，鸣奏乐曲；一位年轻人站在那里，指挥着大家伴随着由岛外舶来的弦乐乐器（这种乐器已经取代了早年用的简陋的竹鼓了）的演奏唱起歌来。指挥者定音调，其他人

或唱歌，或击掌，或用指关节不停地敲击地板。音乐演奏得好或坏的最终裁定者是舞蹈者。如果音乐不理想，舞蹈者会半途停下来，要求重奏，否则他（她）就不跳了。即使如此，人们也不会嫌舞蹈者蛮横无理。人们总是唱那几首歌，村里的年轻人很少有谁会唱十多首歌的；但是，他们胡编的歌词却挺多，有的时候哼进这首曲子里，有的时候哼进另一首曲子里，歌词的曲调完全是根据音节的数目来定的；允许有重音的变化，但并不要求韵律作出相应的变化，这样，任何新发生的事情都可以轻易地运用旧的曲调唱出来，村庄以及个人的名字也可以自由地插进歌词中。从歌词的内容来看，个性特征十分明显，含有许多对个人以及他所属村子的嘲讽。

参加舞会的观众根据舞蹈者的年龄不同作出不同的反应。如果跳舞的是一些年龄很小的孩子的话，人们便会不停地向他们喊道："跳快点！""身子低一些，再低一些！""再来一个！""系紧你的拉瓦拉瓦。"如果跳舞的是一些更为内行、娴熟的姑娘和小伙子，围观者便会不停地低声称颂："谢谢你们，谢谢你们，跳得真好！""真漂亮，真迷人，真可爱，多妙啊！"那情景就像在福
79 音会举行的复生仪式上人们虔诚地祈祷"阿门"一样。如果这位舞蹈者是个有身份的人的话（对这种人来说，跳舞本身就是一种屈尊），旁观者的称颂简直就像是在唱赞美诗一般。

孩子们很小的时候父母就让他们在这种公开场合随意玩耍，事先很少告诉他们该怎样行事。在这样的舞会上，母亲怀抱中的尚未学会走路的孩子也学着用手打起拍子。如此，这种节拍从儿童们的孩提之日起，便在他们的生活中打下了难以磨灭的烙印。两三岁的孩子会站在草席上，和着大人们的歌声拍着手掌。再往后，大人们便会叫他们站在人群前打拍子了。小孩子们睁着大大的眼睛，心里充满了恐惧。他们站在比自己年龄稍大一些的孩子身边，拼命打着拍子；有时也会因一时的冲动，不假思索地跺上几脚。管他呢，豁出去了，其他伙伴不也是这么过来的嘛！但不论怎样，对孩子们的每一点进步，人们都会以热烈的掌声予以肯定和鼓励。在舞会上拍子打得最好的孩子，下次舞会准会让他们再去表演。人们只喜欢享受舞会的欢娱，因此并不关心是否能给每一个孩子以同样的实践机会。这样，自然会有一些孩子很快就远远超过了其他同伴。他们不仅比同伴更具天赋，而且兴

趣也高，获得的锻炼机会也多。不过，由于亲友们之间竞争激烈，纷纷想让自己的孩子去打拍子，这就多多少少校正了那种扬强抑弱的倾向。

当小孩子们正在载歌载舞之时，那些稍大一些的男孩子和小姑娘们却在忙不迭地用鲜花、贝壳项圈以及树叶编的手镯、脚镯装饰自己。间或会有一两位姑娘悄悄溜回家去，穿上精心做成的土布裙子再返回。也会有人从家里的箱子里取出一瓶椰油来，让那些年龄稍大一些的舞蹈者把油擦在身上。如果一位有身份的人光临舞会，并且答应跳舞的话，做东道主的那家人会取出自己最精致的草席和土布作为戏装道具。有时，这种即兴式的装饰也会变得十分隆重，以致会把隔壁的房间腾出做化妆室。有时，这种舞会又非常随便，那些站在屋外，身披床单的旁观者只要向其他旁观者借件衣服或拉瓦拉瓦，就可以加入舞蹈者的行列。

舞蹈本身的形式显然是因人而异的。除了开始的几声轻轻的击掌（宣布舞会开始）和结束时的几种固定的格式以外，人们并没有硬性规定必须采用何种舞步。大约有25—30种舞步，两三种过渡性的步法，至少有三种明 80
确的舞蹈形式：即陶泊舞、后生舞以及小丑舞。这三种舞蹈的区分是就舞蹈本身的形式而言的，和舞蹈者的身份几乎没有什么关系。陶泊舞庄重、超然、飘逸。跳舞者必须把那种矜持冷漠、如梦如幻的精神充分地表达出来。在整个舞蹈中，唯一可以替代上述神情的动作是做几个自鸣得意的怪相，这种怪相并不是嬉闹，而是表现一种蔑视他人的神态，这和那种庄重的舞姿形成了鲜明的对照。而正是因为这种对照，才使这种怪相得到了人们的鼓掌和喝彩。当玛拿亚以其玛拿亚角色出现在舞场上时，人们也要求他遵循同样彬彬有礼、庄严肃穆的舞姿。大多数姑娘以及一部分小伙子也采用这种跳法。酋长以及那些等级较高的老年妇女有权在这种庄严的舞姿和另一种富有喜剧色彩的舞姿之间进行选择。当然酋长一般是不肯屈尊跳舞的，只是偶尔为之。小伙子们比姑娘们跳得更为欢畅。他们自由奔放，活动的范围很大，一边跳着，一边有节奏地拍打着身上裸露的部位，发出噼噼啪啪的声响。这种舞蹈既不淫荡，也无过多的柔情；而陶泊舞通常却带有这两种成分。这种舞蹈敏捷欢快，稍带些许鲁莽，洋溢着热情，它要求舞蹈者能够迅速击拍，互相协调一致，而这种协调又不是随意能够做到的。小丑舞很有特色，跳舞者时而模仿陶泊，时而模仿玛拿亚，其神态惟妙惟肖，令人捧腹。恰恰是这种嘲讽性的模仿增加了人们对陶泊和玛拿亚的尊敬。能够跳这种舞的首先是议事酋长和老年男女。跳这种舞的最初动机是为了进行对比：由小丑为陶泊的娴雅端庄的舞姿提供一种喜剧性的映衬。陶泊的等级越高，就越要求地位高的男女屈尊扮演小丑，以自己的笨拙衬托陶泊的敏慧。这些小丑们的舞蹈带有滑稽、粗鄙以及动作夸张的特点，他们用张开的手掌拍击张大的嘴巴，发出一连串“哇哇哇”的声响，同时不停地在地板上跳动、跺脚。有的时候，小丑的动作十分娴熟，以致往往能够成为这类礼仪活动的中心人物。

81 正在学习跳舞的小姑娘可以从上述三种舞蹈中任意选择，那25—30种舞步也都可由她模仿，更为重要的是她可以观察每一个跳舞的人。关于孩子们是如何掌握舞蹈技巧的问题，开始我曾一度认为，那些年幼的孩子各自选择了一个比自己年长的男孩子或女孩子做榜样，认真地、照葫芦画瓢地模仿他（她）。但事实上我却没有遇见这样的情况，没有哪个孩子承认模仿过别人，也确实没有哪个孩子有意识地模仿过别人；在我和他们十分熟悉之后，我也没发现哪个孩子的舞蹈是完全模仿另一位舞蹈者的结果。村里的每一个人都了解每位舞蹈者技艺精湛的舞蹈，所以，如果模仿的话，往往是故意这么做的。慧陀吉就是这样。她把双手举得与头顶平齐，手掌平放在头上，躬腰前行，嘴里发出嘶嘶的声音，像中国人那样跳舞。这种模仿没有丝毫耻辱，被模仿的人既无反感，但也不以此为荣；观众对此也不会责备。不过，由于对舞蹈者的个性化要求很高，因此，跳一晚上的舞也只能模仿别人一次。即使说两个小姑娘的舞跳得很相像，她们自己也未必会意识到，因为谁也没有有意地模仿对方。当然，和青年男女相比，孩子们的舞彼此比较相像，因为前者已有多年跳舞的历史，他们已有许多机会来改善自己的舞姿，使自己的舞蹈富于特色。

长辈对待唱歌、指挥唱歌和舞蹈等活动中的早熟早慧者的态度与他们对待其他方面的早熟早慧者的态度截然不同。像那种“硬装得比自己年龄大”的可怕的指责，在舞会上是绝对听不见的。在其他任何场合，小男孩如果行为举止过于早熟，可能会遭受责备，甚至会受到鞭笞。但在舞会上他却可以夸耀自己、妄自尊大，可以盛气凌人，出尽风头，而不必担心会有人指责他。如果在其他场合，亲属们会为孩子的行为早熟感到羞涩，抬不起头来，但在这种场合，他们却喜形于色、众口称赞。

正是在这种半正规的场合，舞蹈实际上成了一种教育手段。陶泊或玛拿亚以及他们的议事酋长在婚礼和麦拉卡聚会中跳的那种礼仪性很强的舞蹈，并没有给一般的舞蹈者或孩子们提供多少机会，因为这类舞蹈要求装束 82
华美，必须备有分配给大家的礼物，还要循规蹈矩，不能有任何失礼行为。在这种场合，一般人和孩子都只能簇拥在客室外观看舞蹈。对于那些非正规的场合来说，这样一种极为正规和讲究的舞蹈的存在是有其一定的作用的，他既为那些不正规的舞蹈提供了范例，也使之增添了趣味。比如说，那些不正规的舞蹈就从中汲取了庄重的成分。

舞蹈在萨摩亚儿童的教育以及社会化过程中的意义可以从两个方面来考虑。首先，它有效地冲淡了儿童们在通常状态下由于所受的严格支配而产生的消极情绪。这里，长辈的训诫由“坐好，别胡闹！”变为“站起来，尽情地跳吧！”儿童们不再处于被人们勉强接受的状态，而成了群体活动的实际中心。父母和亲属不断地夸奖自己的孩子比邻居和客人的孩子跳得好，在这种场合父母的夸奖总是这么慷慨大方。平时那种无处不在的论资排辈现象在某种程度上被废弃了，让位于唯才是举。每一个儿童无论他的年龄大小，无论他（她）是男是女，都能够取得自己明确的成就。这种对个性的强调甚至能够达到这样的地步，使舞蹈不再成其为一种艺术表演。在成人的正规舞蹈中，舞蹈者分成两排，每排同样人数，陶泊位于中央，大家以她的动作为指南，其全部目的旨在强调她的舞姿，所有舞蹈者事实上都是她的陪衬；而孩子们的自由奔放的舞蹈却无对称与协调可言。每个人都尽情地跳着，以自己为中心，很少顾及他人；既不要求整齐划一，也不要求以谁为中心。由于每个人都尽兴狂欢，很少考虑他人，因此在舞蹈时相互碰撞是常有的事。这真是名副其实的狂舞，是勃然进取的个性的充分显露时刻。在这类非正式场合，如此这般地炫耀而表现出的这种倾向，丝毫不会损害在特殊场合才跳的那种正规舞蹈的优美，因为那种场合的庄重的气氛使参加者的疯狂有所收敛。那种正规的舞会仅仅对等级高的人和舞蹈能手来说才具有重要的个人意义，对后者来说，这种舞会为他们提供了一个绝好的抛头露面的机会。

83 其次，舞蹈降低了儿童们对羞怯的敏感性。和我们文明中的儿童一样，萨摩亚儿童在羞怯感和自我意识等方面，相互间也存在着巨大的差异。可是，在我们的怕羞孩子会全然回避的大出风头的场合，萨摩亚的孩子尽管神色也很紧张，焦虑不堪，但他们却依旧会在舞场上跳着。萨摩亚人认为，抛头露面是无法回避的，因此，每一个孩子都应尽自己的努力，至少应该站起来，上去走几步。这种在早年生活中适应公众目光所产生的积极效果，以及由此而来的对自己身体的控制，在小伙子身上表现得比在姑娘身上更为明显。十五六岁的小伙子们舞跳得很有魅力，丝毫没有忸怩作态之感，看他们跳舞简直是一种享受。平时，那些正处青春期的姑娘们走起路来笨拙不堪，举手投足极不协调，但她们一上舞场却都成了美丽风雅、灵活自如的淑女。但是，姑娘们的这种怡然自如、端庄娴静的仪态却很难渗透到日常生活中去，而小伙子们则不同，他们不像姑娘们那样，舞场上和舞场下判若两人。

从某种意义上说，这种非正式的舞蹈比萨摩亚教育中的其他形式都更加接近于我们的教育方法。因为在这里，早熟早慧的孩子得到了人们的称赞和重视，并被给予了较多的机会来表现自己的聪明敏慧；相反，愚钝的孩子则受到人们的责备，为人们所忽视、冷落。实践中所存在的这种差异，充分体现在孩子们的成长过程中日渐显露的技艺差异上。在我们的社会中，对自卑感的描述是十分常见的，而这种情形在萨摩亚却非常罕见。在萨摩亚，只有两种事情会使人产生自卑感：其一是性关系上的愚钝笨拙（这种愚钝笨拙对成年男性的影响极大，并且产生了莫托托洛）；其二是舞场上的笨手笨脚。我前面曾提及那位小姑娘的故事，她比同伴们更加腼腆，但她极有希望成为等级很高的人，这种诱人的前景使她成为公众注目的中心，也因此使她感到极为不安，很不自在。

在那些年龄较大一些的姑娘中，最不幸的大概是玛斯纳了。这个青春期已经过去三年的姑娘，还不会跳舞，全村的人都知道这点。她的同龄伙伴们对此深为惋惜，而比她小的孩子则取笑她。玛斯纳缺乏魅力，既不聪明，举止也有失礼貌，见到人总觉得羞怯不安。她先后有过五个情人，但和他们的关系都不过是逢场作戏，有如萍水相逢、朝聚暮散。她只同那些比自己年幼的姑娘交往，十分缺乏自信，也没有人向她求婚。由于家里并不富裕，起 84
码要等家里攒足了钱，能够办得起嫁妆了，她才能够出嫁。

注意到上述现象是颇为有趣的，跳舞是萨摩亚人生活的组成部分，而在这一方面长辈对愚钝笨拙的孩子是极为歧视的，这似乎是使那些儿童产生自卑感的最为关键的决定性因素。

对跳舞的过分重视并没有造成对有生理缺陷的儿童的歧视。相反，任何缺陷在舞蹈中都可以成为一种标新立异的资本，也可以通过舞蹈来矫正缺陷，以此获得某种补偿。我曾见过一个背驼得很厉害的男孩子模仿海龟，他的表演十分逼真，另一个和他一起跳舞的男孩子骑在他的背上，和他配合得很好。易帕是一位患了白化病的小姑娘，舞却跳得轻松自如，酣畅之极，赢得了人们阵阵喝彩；而癫狂的拉基得了狂想症，认为自己是本岛的大酋长，如果谁用对大酋长的虔诚口吻和他说话，能使他兴奋得难以自己，舞跳得更加疯狂。有一个村里的大酋长的弟弟是个哑巴，他跳舞时一面迅速旋转，一面发出聋哑人特有的颚音伴奏；另外一个14岁的智力发育不全的小男孩一面跳舞，他的兄弟们一面朝他抛树枝，象征着牡鹿的角被树枝缠住了，这使他兴奋异常，狂舞乱蹈，但却颇富节奏。在整个塔乌岛上最精通舞蹈的早熟的姑娘竟然是个盲女。由此看来，在萨摩亚人那里，每一缺陷、每一生理障碍在人格的普遍与特殊的塑造中都起到了一定的作用。

在舞场上，每一位姑娘和日常生活中的自我形象总是判若两人。我与她们熟识之后，有时竟能猜测某个姑娘将要跳哪种类型的舞蹈。对那些明显属于假小子型的姑娘作这番猜测十分容易，但你却很难想到一位抑郁愚钝的小姑娘舞会跳得如此娴熟，同样难以想象另一位咋咋呼呼的小泼皮跳起舞来会表现出这般行云流水似的优雅。

正式的舞蹈表演是一种公认的社交性娱乐，因此，一位酋长给予宾客的最高礼遇便是让本户的陶泊为客人翩然起舞。与此相似，小伙子文身之后会翩然起舞，玛拿亚向未婚妻求婚时会翩然起舞，新娘在婚礼上也会翩然起

85 舞。在麦拉卡途中举行的午夜欢宴上，舞蹈往往变得淫秽不堪、放荡不羁，但是，和非正规的舞蹈对个性的发展以及对生活的其他领域中人格的压抑所起的补偿作用相比，这种舞蹈的特点都变得微不足道，并且不过是那种非正规舞蹈的某种特殊发展而已。

第九章　对待人格的态度

由于人格差异能通过改变住所而轻易地加以调节，这就避免了萨摩亚 86
人相互之间的苛刻倾轧。他们对人格的评价既小心谨慎，又充满着宿命观念，二者奇妙地交织在一起。谬素（*musu*）这个词就表达了一种拒绝干某事，又难以驾驭的情形。无论是情人拒绝接待来往至今的相好，酋长拒绝出借自己的卡瓦酒碗，婴儿不愿上床睡觉，还是议事酋长不愿去执行麦拉卡使命，无不如此。人们对谬素态度的出现几乎怀着迷信般的崇拜。在谈到怎样对待情人时，情侣总会不约而同地说："恐怕她会成为谬素吧。"然而一谈到这种既神秘莫测又不遂人意的事情时，恳求者的言行举止又总是小心翼翼，充满着虔诚尊敬。在和别人打交道时，尽管他们时而阿谀奉承，时而威逼胁迫，时而又以权欲相诱，但却不会让对方感到，运用这种种手段都是为了在人际交往中驾驭住对方。他们有一整套行之有效的方法，常常用之一二，以尽量避免对方产生这种既神秘莫测，又无所不在的心理。一旦对方出现这种迹象，每个萨摩亚人都会习惯性地放弃进一步的努力，不再追根求源，亦极少抱怨。从宿命的观点出发，对这样一种莫名其妙的态度予以接
受，容易滋生一种颇为古怪的麻木不仁心理。然而萨摩亚人对人与人之间 87
的差异绝非毫无察觉。但由于他们养成了一种固执的秉性，往往易躁易怒，我行我素，不听忠告，并充满了各种奇特的偏见，凡此种种，无不妨碍了他们对人际关系的充分领略。总之，有许多条道路通往同一种态度——谬素。

由于他们对个人问题习惯于接受一种完全模棱两可的回答，这就使他们对动机的好奇之心荡然无存。对某人动机问题的最典型的回答是"塔伊落"（*Ta ilo*，我怎么知道），有时会加上句"我不知道"，使回答变得具体些。在日常会话中，这样的回答被人们认为是完整无缺并能接受的，然而在各种礼仪性的场合中，人们总觉得它多少带有粗鲁无礼之嫌而避免使用。这种模棱两可的答话习惯是如此根深蒂固，以致为了使最简单的问题得到直接

的回答,我也不得不禁止儿童们使用这样的回答方式。如果这种模棱两可的回答同某人是谬素的话连在一起,其结果便是这样一句再也不愿披露实情的话:“我怎么知道,真是的,我不愿说,就这样。”若逢此时,一切计划都将放弃,孩子会拒绝住在家里,连婚姻也得告吹。村里的闲言碎语只关心事实,在动机面前却唯有耸肩而已。

这种态度却有一个有趣的例外。如果谁病了,人们往往首先从其亲属的态度中寻求解释。在萨摩亚人看来,亲属心中有什么愤怒,尤其是姐妹心中的宿怨,最容易引发灾祸。因此,这时全家人会聚集在一起,举行卡瓦酒仪式,每个人都庄重地坦白自己心中对病人有何怨恨。这种惩戒往往表现为以下两种方式:或者庄重地说明自己对病人毫无愤恨可言,或者坦白详情:“上周兄弟到家里来把所有的东西都吃得精光,我一整天怒气冲冲”;或者“兄弟和我吵了一架,父亲站在他一边帮他说话,我对父亲的偏心非常生气”。但这种特殊礼仪只能使人们把对动机不加探究的漠然态度变成强烈的自我安慰而已。有一次,我参加了一次周末捕鱼聚会,亲眼看见一位姑娘
88 一到目的地就离开大伙,并坚决要顶着烈日,回到六里之遥的村里去。可是她的同伴们谁也不猜测她为什么要回去,对她们来说,她就是个谬素。

只要我们想想他们生活中不受他人干扰的成分是多么微乎其微,就可以明察这种态度对个人的保护作用究竟能有多大。无论是酋长还是孩童,总是习惯于住在至少有六七口之众的住所中。他们的所有财产都卷在一张席子里,挂在椽子上,或胡乱地塞在篮子或箱子里。酋长的个人物品可能会受到人们的保护,起码该户的妇女会这样,但其他人名义下的物品却往往朝不保夕。一个女人用三个星期才织出的土布,可能会在她离家的片刻被送给一个来串门的人。她戴的戒指随时都可能被人索走。财物私有实际上是不可能的。同样,一个人的言行也都是公众的财产。一桩偶然的桃色新闻会很快传开,妇孺皆知;一次偶然的莫托托洛会变得不可收拾。但是全村人对每个居民的行为都只是泛泛了解而已。我永远也不会忘记有一个人曾经义愤填膺地对我说,谁是方莫娜的孩子的爸爸,谁也不知道,简直连鬼也不知道。小镇的压抑气氛笼罩着人们。孩子们一小时内就会根据大人们最秘密的行为编出一首手舞足蹈的歌谣。这种在众目睽睽下的公开化的生活便

滋生了一种强烈而又阴郁的遮遮掩掩习气。西方人说："是的，我爱他，但你绝不会知道其程度如何。"在同样情形下，一个萨摩亚人却会说："是的，我当然和他同居过，但你绝不会知道我是爱他还是恨他。"

萨摩亚人的语言中没有固定的比较级，可由几种笨拙的办法来表达比较级的意思，如用对比"这个好，那个不好"，或用"就仅仅亚于他"这样的惯用语。他们并不习惯运用比较级的言辞，尽管在社区严格的社会结构中，各人会敏锐地意识到彼此的相对等级。但是，相对的好、相对的美以及相对的智慧这些精确的表达方式，对他们来说都是陌生的。我曾屡次试图让他们判断谁是社区中最聪明、最杰出的人。他们的最初反应总是："啊，他们都很好"，或者"许多人都很明智呀"。有趣的是，区别邪恶似乎比区别德行更容 89
易些。这也许是因为他们受传教士影响的缘故吧。如果传教士的影响未能让当地人深知什么是罪恶的话，也起码让他们知道了一系列具体的罪行。尽管我经常听到这样的回答："有那么多的坏小子"，但这种回答通常受到自发的限制："但某某某那小子最可恶了，因为他……"。萨摩亚人把丑陋与邪恶看成是鲜明而独特的人格特征，但对美、智慧和仁慈反倒视之为理所当然。

萨摩亚人对别人的品格特征的描述总是千篇一律，遵循着固定而又客观的模式：性别、年龄、住址、与自己的关系、生理缺陷及其所作所为。在一般情况下，人们不会对性格和人格进行自发的评论。一个姑娘会这样描述其祖母："罗丽吗？哦，她是个老太太，很老了，她是我父亲的母亲。她是个寡妇，一只眼睛瞎了。她太老了，连腹地也去不了啦，只好待在家里织土布。"①除非要求那些特别聪明的成人作出自己的判断，否则，你听到的只能是这种全然不加分析的描述。

当地人对态度的分类只用两对词：好与坏，易与难。说某个孩子好，只是因为容易让他听话，或他的行为好；说一个孩子坏，只是因为难以让他听话，或他的行为不好。"易"与"难"是对性格的评价；"好"与"坏"是对行为的评价。因此，这种用容易或困难来解释的好或坏的行为已经成为判断个人

---

① 其他一些性格描述见附录Ⅰ，第168页。

内在能力的标志。我们说一个人能从容地唱歌或不费力气地游泳，而萨摩亚人却会说一个人容易服从，对人毕恭毕敬，而把“好”或“不错”的词用于表示客观上受到欢迎的情况。因此，一个酋长在评论其侄女行为不端时会说，“但是，图伊的孩子从前总是难得听话”，他对这样一种痼疾以一种非常随和的态度加以接受，就好像说了句“但是约翰以前视力很差”一样无动于衷。

人们对感情表达方式的态度同对行为举止的态度一样不同寻常。各种
90 表达感情的方式被区分为“情有可原”或者“无缘无故”。易动情感、喜怒无常、忧郁寡欢的人被说成是无缘无故地笑，无缘无故地哭，无缘无故地泄怒、好斗。“无端暴怒”一词并非意味着脾气坏，后者是由“易怒”一词来表达的；同时也不意味着对合理的刺激产生一种不成比例的反应；它只能按其字面的意思来解释，即无缘无故地愤怒；或用不太严谨的话表达，即一种不因任何表面刺激而产生的感情状态。这种判断最接近于萨摩亚人把气质同性格加以区别评价的情形。一个全面发展的人，即最接近其同龄群体及性别群体的人，不会受到这样的谴责，即他无缘无故地哭笑泄怒。如果他在某个举止中表现出了应受到严格审查并理应加以藐视的反常气质，大家却认为他的这一行为肯定出于一些特别的、很有道理的原因；而究竟是什么原因，人们却从不加以深究。超度的感情、强烈的偏爱以及过分的忠诚总不为人称颂。萨摩亚人更喜好中庸的方式、适中的感情，并以审慎的方式来表达一种既合情合理又不偏不倚的态度。那些好劳神操心的人总被认为是无缘无故地操心。

同龄人身上最令人厌恶的特征是用费阿斯里（*fiasili*）一词来表达的。它的字面意义是“企图达到顶点”，用通俗的话说，就是“自命不凡”。这是年龄相仿的人对彼此所作的评价，而年长者却会用陶塔拉莱梯梯（*tautala laititi*）一词反唇相讥，意即“装得比你的年龄都大”。这实际上是那些被忽视、被忘却、被抛弃在后面的人们对那些超越他们、忽略他们并把他们丢在后面的人所作的充满怨恨的评价。作为一种责难之辞，费阿斯里不像陶塔拉莱梯梯一样令人生畏和反感，因为人们觉得这种奚落部分是出于嫉妒。

在日常会话中，人们用生理缺陷或客观的不幸代为解释，而从不对动机胡猜乱想，因此“赛拉正在那个房子里哭呢。对了，赛拉是聋子。”“图莉帕在

生她兄弟的气呢。图莉帕的母亲上周到图图依拉的家去了。”尽管这些话带有试图解释的特点，但实际上不过是交谈的习惯而已。人们并非有意援引生理缺陷或最近发生的事件，只是顺便提及而已，并没有多少恶意。其全部 91
注意力旨在把个人作为行为者，而其独特的心理动机仍是一个未加探索的迷宫。

判断总是以同龄群体为基准的，即以说话者的同龄群体与被判断人的年龄为出发点，人们不会考虑一个小男孩究竟是聪明还是愚钝，惹人喜欢还是令人讨厌，笨手笨脚还是手脚伶俐。他只是个九岁的聪明的小男孩，跑跑腿儿的活儿干得还不错，也挺乖巧，长辈在场时从不乱插嘴；或者他是个 18 岁的很有前途的小伙子，在奥玛珈上的讲演真棒，能小心谨慎地带领大伙儿去捕鱼，对酋长们毕恭毕敬；或者他是个明智的玛泰，言辞不多却字斟句酌，鳝鱼网也结得很好。儿童的美德有别于成人的美德。同样，讲话者的判断受年龄所左右，因而对性格的评价亦因人而异。青春期前的姑娘及小伙子们都会不约而同地承认，最可恶的就是那些爱争好斗、易躁易怒、争辩不休、流里流气的少男少女。人们在指责 16—20 岁的年轻人时，认为男孩子最可恶的品质是流里流气、欺软怕硬、大胆放肆，莫托托洛；女孩子最令人生厌的品质则是在性生活上的放纵随意。萨摩亚人对年轻人的性尝试管束不多，他们看不惯的只是那些笨手笨脚、粗枝大叶、不听师长的年轻人；他们最讨厌的是那些懒惰成性、愚钝不化、喜欢争吵以及不可信任的成年人。在成年人的心目中，言行举止的规范应因人而异，即小孩应该保持安静、早点醒来、听长辈的话、干活要多出力，还要心情愉快，只与自己同性的孩子玩耍；年轻人则要努力工作，技术娴熟而不眼高手低、不胡乱择偶，应忠于亲属而不搬弄是非、不给人添麻烦；而成年人则应足智多谋、心平气和、和蔼可亲、慷慨大方、处处为全村的名誉着想，一切言行举止都要检点适宜，堪为楷模。人们对智力及气质中那些更为微妙的事实却考虑甚微。在男女两性中，人们喜欢的不是那些倨傲、轻浮、胆大之辈，而是那些文雅娴静、柔声细语、轻脚慢步的姑娘或小伙子。

第十章　普通姑娘的经历与个性

92 由于我们已经初步了解了萨摩亚人的习俗、教育儿童的方式、社区对儿童的要求以及对性及人格的态度，我们现在便可转而叙述那些姑娘们的故事了。我曾同她们朝夕相处达数月之久，她们都在10—20岁之间，住在塔乌岛避风一面的三个村子里。她们作为群体的生活以及作为个体的反应，成为回答下面问题的关键：萨摩亚人青春期的到来究竟是什么情景？

读者也许还记得，小姑娘们的主要工作是照看婴儿。她们也能在礁滩上捉鱼，会织方球，做玩具风车，爬椰子树，套上自制的浮圈在波浪滔天的海面上随波漂游。她们还能刮净面包果皮或芋头皮，打扫布满沙土的院子，去海边担水，简单地洗洗抹抹，还能跳一种稍带个性的斯哇舞。她们所掌握的有关生与死的生物学知识，已远远超过了她们对社会组织或对她们的长辈
93 所应恪守的有关言行举止的知识。这种情况同我们文明社会中的情形迥然不同，因为我们在教小孩不要碰刀刃或怎样把整钱兑换成二角五分硬币之前，孩子们很少见到过生与死的情形。这些孩子们都不会讲礼节性的语言，甚至连礼节语言中的最基本的形式也一无所知；她们的知识仅限于发出邀请或接受某种东西时所用的四五个词。这种无知完全剥夺了她们在任何礼仪场合中同长者们交谈的可能性。窥探酋长们的集会是大逆不道的事情。对村里的事，她们只知道哪些成年人是一家之长，哪些成年男女是夫妻，除此之外，她们对其村落的社会组织一无所知。她们对涉及亲属关系的词汇的运用是不严密的，也不理解其真正含义。她们经常用“与我性别相同的兄弟姐妹”一词来指与自己不同性别的某个兄弟，或者用“兄弟”一词指一个年轻的叔叔。而她们的长辈则不然。他们虽然也根据同龄群体来运用这些表示亲属关系的词语，但他们十分清楚地认识到这位“兄弟”实际上是父亲或母亲的兄弟。她们的语言运用能力极不成熟，主要表现在对礼貌用语不熟悉，对双数以及包容性或排他性代词用得混淆不清。这一切给她们带来的

困难，不亚于在英语动词 to be 后面跟上一个主格词。由于她们还未学会运用能自由结合的前缀和后缀，因此，她们还没有掌握操纵词汇的程序。一个儿童可能会说法阿萨摩亚(*fa'a Samoa*)，即“以萨摩亚人的方式”，或说法阿塔玛(*fa'atama*)，即“像男孩子一样顽皮的小姑娘”，但却不会用法阿(*fa'a*)来造一个新颖而不陈腐的比喻。相反，她们只会运用某些不怎么方便的话来绕圈子。

这些孩子们都见过出生和死亡，见过许多尸体。她们也都见过流产，并躲在那些一边对发育不全的胎儿进行清洗一边说长道短的老年妇女的胳膊下面窥视过。在这种场合，成年人没有叫家中的小孩出去的习惯，虽然邻居家的小孩如果团聚在四周偷看，那些年长的妇女只要能从那种急切的工作中脱身，都会向那些孩子们投掷石子，以便把他们赶走。但在这种情况下， 94
人们只是觉得孩子们吵吵嚷嚷，会给大人们惹麻烦而已；而绝无害怕他们受惊或力图永远把他们置于愚昧无知状态之意。几乎有半数的孩子们见过未发育完全的胎儿，这些胎儿是从露天坟场的女尸上割下来的，总是奇形怪状，发育不全。萨摩亚人担心，倘若这些发育不全的孩子不流产，而是等到出生的话，那一定是来向人类报仇雪恨的魔鬼。如果这种惊骇是早年经历生死及性活动的结果的话，它肯定会在这种死后剖腹产的情形中表现出来。在这种场合下，对死者的哀悼，对死亡的恐惧，以及因害怕受到污染而产生的怯于接触死者、接触那种公开而毫不掩饰的手术，不敢目睹扭曲变形而令人作呕的胎儿的心情，交织在一起，构成了一生中难以忘却的经历。此外，还有一种经历对人们感情冲击稍微弱一些，那便是人们常常目睹的、为寻找死因而解剖尸体的手术。这些手术通常在挖得很浅的露天坟墓中进行，烈日灼人，旁边站着一大群既胆战心惊又激动不已的围观者。他们恐惧而又着迷地观望着这一情景。当然，这样的手术很难成为传授生理知识以及新陈代谢知识的一种既有条理又不动感情的启蒙课，但它似乎并没有给儿童的感情发展留下任何不良的影响。也许，成年人的态度——这种手术虽恐怖，但却完全是儿童经历中自然、正当的一部分，我们对此无须大惊小怪——足以解释为什么这种经历没有产生什么不良后果。孩子们对生与死所表现的极大兴趣远远超过了成年人，因为成年人觉得年轻的邻居在分娩中死亡就同大酋长在礼遇不周的邻村受到侮辱一样令人恐怖。社会生活的错综复杂不仅是孩提时期的一本深奥莫测的天书，而且在他们以后的生活中也同样是令人着迷的探索领域；可是，有关生与死的事实在早年却被剥夺了任何神秘性。

就性而言，十岁的孩子们也是颇有见识的。尽管他们只能偷偷摸摸地窥视性活动，因为一切情感表达方式在公开场合下都是严格禁止的。一对伉俪的新婚洞房中虽然还睡着其他十个人，可是在公开场合下，他们连碰一下手也会羞得面红耳赤。发生过性关系的男女被认为是“互为羞愧”的，并
95 以不同的方式来表现这种羞愧感。虽然他们表现这种羞愧的方式不同，但却与兄妹间的禁忌几乎同样强烈。夫妻从不在村里并肩而走，因为丈夫(主要是丈夫)会感到“羞耻”。因此，萨摩亚孩子是很少见到父母随便亲热的情景的。当然，人们见面时互相摩擦鼻子以作为问候的习俗就同我们握手一样，已经变得司空见惯，而无男女之嫌了。在公开场合下表达感情的唯一形式，是年轻人彼此间的恶作剧，其实这种形式并不真正涉及相互已产生的情爱。这种嬉戏尤其在妇女群体中最为常见，她们相互间经常以抢抓对方的生殖器取乐。

但由于人们在住所里仅用蚊帐做墙来遮挡已婚男女，这便使性生活毫无秘密可言；而且青年恋人们习惯上在棕榈丛中幽会，这也就不可避免地使孩子们能经常目睹到性交，而且是许多不同的人之间的性交。在许多情况下，他们所见到的都不是第一次性交，因为第一次性交通常使双方很羞怯，因此预防措施也就更为严密。随着公开礼仪的经常举行，寻花问柳便成为萨摩亚青年所掌握的屈指可数的几点生活常识之一。而在村里的棕榈丛中搜索情侣则成为十来岁的小孩子们公认的一种娱乐方式。

在萨摩亚，孩子习惯不穿衣服。成人的衣服也寥寥无几，加上人们常常在海里洗澡，并把沙滩作为厕所，这一切不仅使性生活毫无秘密可言，而且也使孩子们对人体的各部位及其功能了如指掌。此外，他们对性的本质也有生动的理解。手淫是普遍的现象，从六七岁就开始了，在我所在的小组中只有三个小姑娘不手淫。从理论上说，一旦与异性的性活动开始，手淫便停止了，而只有在被迫性的节欲时期才又恢复。在青年男女中间，同性恋现象

是司空见惯的，这也在某种程度上取代了手淫。小男孩们群集手淫，而小姑娘们却赋予这种行为以更多的独特性，行动也更为诡秘。这种习惯似乎不是哪个人的发明创造。一个小孩总是从另一个小孩那里学到，成年人只是觉得在光天化日之下这样放纵有伤大雅，才加以禁止。

成年人对性生活细节的态度可用一句话表达，即它不登大雅之堂，但并 96
非错误。因此一个青年人如果把这样一句话喊得全村都听见，他也觉得无所谓："喂，姑娘，今天夜里在床上等我。"但是，人们总觉得对性生活以及排泄的细节进行评论是不太雅观的。所有在礼貌谈话中予以禁止的词，却被小孩们作为淫秽的珍品而津津有味地咀嚼着。七八岁的儿童从身体的其他功能中所得到的不当满足，较之从性中得到的满足毫不逊色。考虑到萨摩亚人对正常的排泄方式所持的迥然不同的态度，这一点是很有趣的。这里没有私生活，没有羞耻感。然而，儿童们却对种种低级趣味津津乐道，就像我们对别人的粗鲁下流行为兴趣盎然一样。同样有趣的是，无论在理论上还是在实际上，男孩子及成年男子对淫秽猥亵行为总比姑娘或成年女子有着更主动的兴趣。

一个没有什么东西是神秘的和禁忌的民族竟然采取这样猥亵的态度，是很难理解的。传教士们的言传身教对当地人的态度所产生的影响，也许比当地人自己的行为本身对其态度的影响还要大。成年人把儿童视为非参与者的态度也许是另一个重要原因。因为这似乎是对任何支配着儿童的禁令的更为正确的解释。几乎没有证据表明人们希望保持儿童的天真无邪，或为了保持其童贞而试图阻止他们窥视大人们的这种行为，认为这种窥视会导致十恶不赦的罪恶，是一种"陶塔拉莱梯梯"（"装得比自己的年龄大"）。虽然一对情人绝不会在别人面前行云雨之欢，不管这个"别人"是成人还是儿童，哪怕他仅仅是个旁观者而已。但是三四对情侣如果沾亲带故，或是亲朋挚友的话，却会选择共同的幽会地点（当然，这种幽会中不能带有同胞兄弟姐妹这样的异性亲属。因为虽然已婚的兄弟姐妹可以同住一室，但在未婚之前，兄妹禁忌却是每个人都必须绝对恪守的）。以前这里常常在夜里举行舞会（由于传教士的影响，这种舞会现在已取消了），这种舞会总是在公开淫乱的混乱声中结束。儿童及老人是不得参加这种舞会的，因为人们觉得，他们虽不参与，但即便站在旁边无所事事地观看也是有伤大雅的。对旁观者的这一态度渗透到所有带有感情的事件中，例如，妇女们举行的带有正式
97 礼仪性质的编织聚会、某家盖房造屋，或者村里举行燃烧烛果仪式，在这些活动中，如果有旁观者在场，那都是很不合适的。

然而，虽然儿童们对性知识颇为熟悉，但在青春期前的青少年中却没有任何异性恋性实验，也极少存在那种在当地人观念中被认为是对异性间性活动进行模仿或替代的同性性行为。之所以不存在这种早熟的性实验，与其说是由于父母们禁止他们过早性交，不如说是因为少年男女之间存在着强烈的、沿袭成俗的敌对情绪，以及禁止他们进行任何性交的禁令。这种严格的性别对峙也许在决定成人用情不专方面也发生作用。因为存在着严格的对兄弟或堂(表)兄弟的情感回避戒令，加之她们往往将所有的男子都视为敌人——说不定哪天他会成为某个人的情人，在一个姑娘的同龄群体中是没有哪个男子会被她视为与性无关的个体的。

这就是三个村落中 28 位小姑娘们的经验。她们的气质与性格大相径庭。有一位名叫蒂苔的九岁的小姑娘，言行举止还像个七岁的小孩，成天嚷着要吃这吃那，人家叫她递个什么话或干个什么事，她一点责任心也没有，却心满意足地伸出胖胖的小指头，得意非凡地指着自己巡街宣读公告的父亲。有一位叫皮莱的小姑娘，仅比蒂苔大一岁，但却十分早熟。她的姐姐是村子里最放荡的女人，皮莱的大部分时间是给姐姐看孩子。她总是津津乐道地告诉你，谁是这位小孩的父亲还是人们争论不休的问题呢。她模仿姐姐跳舞，跳得大胆而淫秽。尽管她肩负着看管小孩的重任，她经常放在腿上的这孩子又羸弱多病；尽管她家里污秽不堪，50 来岁的母亲还经常偷汉子；父亲膝部有病，备受老婆虐待，在家里无足轻重，过着一种饱受屈辱的生活；然而皮莱对生活的态度却非常豁达乐观，很有理智。她虽然常常跳着那种充满暗示性的舞蹈，可是她更喜欢沿着沙滩寻找罕见的萨摩亚贝壳；或把脚先伸进浮圈，然后再跳到海里，或在月光下捕捉爬上陆地的螃蟹。有一点使她很幸运，那就是她住在卢马帮的中心。如果她住在偏僻的地方，那么她那个不成体统的家，以及她的自然早熟，肯定会使她变成一个与现在截然不同
98 的人。然而，事实上，她与同龄的儿童并没有多大差别，尽管她的家庭是全

村中最臭名昭著的，同她伙伴的家庭比起来有着天壤之别。在萨摩亚的村落中，家庭环境对下一代的影响正不断地被群体活动所抵消，人们通过群体活动而建立该群体的正常准则。这对男孩子们而言是完全正确的，因为他们多年的奥玛珈学徒生涯已成为制约个性差异的绝妙学校。就姑娘们而言，这一功能有一部分是通过奥拉鲁玛而正式获得的；但正如我在关于“姑娘和同龄群体”一章中所指出的那样，小姑娘比小男孩对其邻居的依赖性更大。等她成人以后，她对亲属关系群体的依赖性也大于男子。

皮莱的邻居图娜却处于另一种困境之中。她是萨摩亚人陶塔拉莱梯梯这种大罪的非自愿的小受害者。她的姐姐莱拉在 15 岁时就同一个 17 岁的小伙子私奔了。他们是一对鲁莽的青年，私奔后从未能在社区中彻底地重新立身，尽管双方家庭此后也曾后悔不已，并根据习俗，庄重地交换了财礼，承认这门亲事。莱拉至今伤心不已，因为大家对她的早熟依然耿耿于怀，并时有流露。正因为如此，她对自己的爱哭爱闹的心肝儿子就倍加爱护。小孩终日啼哭不停，被邻居们视为眼中钉、肉中刺。她虽对孩子溺爱非常，但有时厌烦极了，就把他交给妹妹图娜。图娜是个结结实实的小姑娘，大大的脑瓜儿，水灵灵的大眼睛，却往往对人生抱以偏颇的态度。她比其他孩子会用心计，遇事总要问问有什么报答，从不轻易地、无缘无故地给人帮忙。姐姐对婴儿的过度溺爱使她比其他伙伴的担子重得多。但她也得到了报答，因为同伴们深知她的负担很重，因而对她也较为温和；同时，同伴们也使她不致因家庭的苛刻而使自己的性情发生明显的变化。

在稍远的地方住着菲图和尤拉、玛柳和蒲拉两对姐妹。菲图和玛柳大约 13 岁，她们逐渐不同小伙伴们在一起玩耍，而把弟妹们交给尤拉和蒲拉，自己开始干家务了。尤拉很机灵，又漂亮，备受宠爱。她那一户完全可以同 99
我们的家庭相比较；有爸爸、妈妈，两男两女四个孩子。虽然住在隔壁的叔叔是户里的玛泰，但这一小小的血亲家庭却依然有一种强烈的独自存在意识，这种意识在孩子们身上明显地表现了其结果。妈妈拉拉拉是个很聪明的女人，虽然接二连三地生下了六个孩子，却风姿不减当年。她出身于一个等级很高的家庭，因为无兄弟，所以父亲教给她许多只传授给儿子的家谱知识。她对社区的社会结构以及曾用于马努阿王宫中的礼宾细节知识的了解，绝不亚于当地的任何中年男子。她的手工艺品做得很好，脑子里装满了各种新颖的设计，知道怎样因料制宜，不同寻常地利用各种材料。她还颇通医学，能治好几种疾病，因此常常有人来登门求诊。她 15 岁就结婚了，当时还是处女。她的婚姻是以残忍的公开戳破处女膜的仪式开始的，她的性生活经验只限于自己的婚姻生活。她崇拜丈夫，虽然他很穷，但他的贫穷完全是因为他来自另一个岛屿，而绝非因为他好逸恶劳或无能为力。拉拉拉在生活中所作的各种抉择，是充分认识到自己生活的各种事实的。她要做的事太多了，她没有妹妹给她看孩子，没有年轻的后生给种植园中的丈夫帮忙。这也好，她不必为那些不可避免的事情操心了。因此，拉拉拉的家乱七八糟。她的孩子从头到脚没有一处是干净的，身上的衣服沾满了泥水。但她本性善良，为人随和。下午的太阳是非常灼人的，但她却能经常在这样似火的骄阳下编织着草席，孩子们在一边玩着脆而易断的露兜树棕。她平和的性格与孩子们欢乐的玩耍结合在一起，使她干得更欢喜。这一切对菲图却产生了极大的影响，她是个瘦长难看、忙忙碌碌的小姑娘。菲图对母亲热切忠诚，对弟妹们关怀备至。只是对尤拉，她的态度非常复杂。尤拉比她小 15 个月，漂亮、灵巧、随和，但懒惰。菲图经常因为像男孩子而受到母亲的戏弄和她的小伙伴们的责难，但尤拉却女性气质十足。菲图勤劳纯朴，绝不
100 亚于任何同龄孩子，但她总觉得自己的母亲和家庭与别人的母亲和家庭的差异太悬殊了，总要她干更多的活，表现出更多的忠诚。她和母亲就像一对亲密的伴侣，她可以支使母亲，同母亲开玩笑，其方式会使所有萨摩亚人瞠目结舌。如果菲图深夜不回家，母亲总是亲自去找她，而不是派其他孩子去。菲图是长女，由于妈妈对她采取了信任的态度，使她责任感强，办事效率高，这两点使她得以早熟。尤拉总觉得自己是妹妹，又比姐姐漂亮，因此十分清晰地表露出某种优越感，她常常利用自己的魅力，尽可能地少负责任。这些孩子同所有三个村子中的三个血亲家庭中的孩子一样，表现出一种更明显的性格、更强烈的人格。她们都更为早熟，对父母也更有感情，更为亲近。

我们很容易夸大生活在较大的户中的孩子和生活在较小的户中的孩子之间的差异。但要从中引出最终的结论却仍然缺少足够的证据。不过，萨

摩亚人的小家庭的确要求孩子们养成某些素质，而这些素质在整个萨摩亚社会并不为人称道。因为在这里，大型的户是人们的理想，孩子多，干活的年轻人也就多，能各尽其职。然而在小家庭中却需要有责任感和主动性，因而这些家庭的孩子们很早就培养了这种责任感和主动性；可是在一般的家庭环境中，这些素质的任何表现都会受到严厉的呵斥。

马垒与梅塔，易帕与维艺、玛苔，蒂努与拉玛的情形正是如此。她们都是正接近青春期的小姑娘，住在一个由很多不同身份的人组成的大户中。她们已不再看小孩，而是去从事更富有生产性的工作了。她们无可奈何地学一点待人接物的基本知识，并逐渐停止同小孩子们的游戏交往。但这一切只不过是由于受到强制而使习惯有所改变，并不意味着她们的态度有什么变化。她们意识到自己几乎是大姑娘了，身份不同了，人们能够放心地让她们去捕鱼或到地里干活了。在她们短短的衣裙下面，还是穿着“拉瓦拉瓦”，而她们都几乎忘了怎样系这些玩意儿了。这玩意儿在腿上拖曳着，束缚着她们的行动，一走快就自动掉了。她们十分惦念童年时代跟女伴们一 101
起玩耍的生活，因此总带着某种渴望而又怀旧的眼光来打量弟弟妹妹的行为。户里的人那么多，谁跟谁似乎都没有什么关系，因此户里也不会给她们提供任何刺激与驱力，以调动她们的积极性，当然也就不会使她们养成因对事物的关切而产生的责任感。她们只是这样一群小姑娘而已；身子长得结结实实，能干重活儿，岁数够大的了，要学做细活儿了，因此再没有多少时间玩了。

在一般态度上，她们同陀罗、图莉帕、路亚或拉苔毫无区别。刚刚提到的这些小姑娘的第一次月经是几个月前刚来的。谁也没有举行任何礼仪以标志这两个群体的姑娘有何区别。人们对姑娘们的社会态度并不因其月经是否来临而有所不同。人家告诫她们来月经时不要做卡瓦酒。但是，虽然别人禁止她们这样做，但她们从以往的经历中知道，做一点也无妨。她们中的有些人在青春期前做过卡瓦酒，有些人没有做过。这完全取决于酋长叫人做卡瓦酒时，旁边有没有闲着的姑娘或小伙子可以替换。但在最难受的几天中，姑娘却不能做卡瓦酒，也不能结婚，要等经期过去才行。但为了图方便，原先的那种禁令后来却很少有人严格执行。经期中的姑娘一般不会感到有什么疼痛；倘若痛得厉害的话，她们可以大声叫唤，以让大家知道自己已及豆蔻之年。所有姑娘都反映有腰疼或腹疼，但这些疼痛都微乎其微，很少影响到她们的正常活动。当然，也有少数姑娘月经来临时疼痛难熬，不能从事正常工作。但这些个案与我们文明社会中经痛的剧烈程度是不可比拟的。她们并没有经历过头晕、昏厥，或足以使人呻吟或扭曲的疼痛。当萨摩亚妇女听到我向她们进行这番描述时，她们都觉得这样的疼痛既稀奇古怪，又滑稽可笑。人们对经期中的姑娘从不予以任何特殊关照，无论是心理上的还是生理上的。她们从外国医生的告诫中知道了月经期间不能去洗澡，因此母亲有时会吩咐女儿不要去洗澡。就青春期而言，没有什么可羞耻的，因而也不必遮遮掩掩。青春期前的孩子们对哪个姑娘达到青春期了，哪位妇女生小孩了，或有一只船从俄福岛开来了，有块石头掉下来砸死了一头猪等等，都同样持漫不经心的态度，所有这一切充其量不过是消闲时的谈资
102 而已。任何姑娘都能够精确地证实邻居或亲友中的其他姑娘的发育情况。同样，青春期的到来并非是性经验的最直接的先兆。也许要等一两年，甚至三四年后，姑娘们的害羞感才会渐渐消除，她的身姿才会对某位比她稍大的男子产生吸引力。人们认为，谁要做一个黄花少女的第一个情人，那将是一件快乐无比的事，会给他带来柔情少女的绵绵情愫。处女的第一个情人通常不是与她同龄的小伙子，因为这种男孩子也同样羞怯，同样缺乏经验。这一群体中的姑娘又可以分成两类：一类是像路亚和陀罗这样的少女。陀罗愚蠢笨拙，长得又粗又大。这两个孩子坦率地说，她们不想同男孩子出去散步。另一类小姑娘像帕拉，她们虽然还是处女，却对自己的地位有所不满，因此急于寻求爱情的经验。她们之所以长期以来一直处在这种被动的、无人染指的地位，主要是因为谈情说爱有一定的规矩。虽然一个小伙子喜欢追逐一个含苞欲放的少女，但他也害怕别人笑话他，说他迫不及待地跟一个乳臭未干的黄毛丫头结婚；而姑娘们也担心受到那种令人不寒而栗的指责："陶塔拉莱梯梯"（"装得比自己的年龄大"）。较有经验的中年男子若染指这些小姑娘，也会受到人们的斥责。这一切都使那些情窦初开的小姑娘有充裕的时间去适应新的工作、适应此时的孤寂、适应以往未曾经历过的身体的迅速发育。

年龄再大一些的姑娘以她们是否住在牧师的户中来划分。在那些青春期已来临好几年的姑娘中间，住在家里与贞洁之间存在着反比例关系，只有爱拉例外。她事后得到宽恕，又回到牧师所在的户中，因为那儿人手缺。爱拉的最好的朋友是她堂妹苔罗，后者是这一群体中唯一在月经还没有来就发生过性关系的女子。但苔罗肯定是属于滞经的情况，因为青春期的所有其他特征在她身上都很明显。在苔罗的那种显而易见的老成和日益诱人的魅力面前，婶婶只是耸耸肩而已，而从不有意识地控制她。这两位少女之间的友谊在整个群体的少女间的友谊中确实屈指可数。她们直言不讳地表露对对方的喜爱，她们的同性恋行为毫无疑问地使苔罗得以早熟，同时也给爱 103
拉很大安慰，这对牧师所在户中的甚为苛刻的生活是一补偿。

姑娘们之间的这种随意的同性恋关系绝不会长久地发展下去。对那些在一起干活的正经历发育的姑娘或那些成年妇女来说，这种随意的同性恋关系只是一种愉快而自然的娱乐而已，稍带一点淫秽的色彩。在那种异性关系如此随便，几乎不加以规范的情况下，对同性关系是没有任何制约可言的。当地人的观念和词汇中虽然承认有对异性不能作出正常反应的真正性倒错者，然而，这种类型的人实在罕见，这也许是岛上人口特别稀少的缘故吧。我只见到一个叫沙西的人，正在读书，准备将来当牧师。他的外表看起来有点像女孩子，但不很明显。他能干一手漂亮的女人活儿，他的同性恋冲动很强，驱使他不断向其他男孩发动进攻。和岛上其他男孩子相比，他同姑娘们随便玩耍的时间更多，跟她们的友谊也更为随和。他曾向一个住在远村牧师户里的姑娘求过婚，但遭到了拒绝。不过由于有这样一条规矩，即神学学生必须在被授予圣职前完婚，因此这件事也就无足轻重了。我找不到证据，证明他曾有过异性关系，或者姑娘们对他的随便的态度有何意义。被他进攻过的男孩子对他充满了厌恶和鄙视，可是姑娘们并没有产生这种十分明显的反应，她们只把他看成是有趣而又异常的怪人。尽管下一章中将要论及的三个异常的女孩子明显属于混乱的类型，但却没有任何令人信服的证据能够证实她们是真正的性倒错者。

当地人对同性恋行为的这种态度主要是出于对性的普遍专注以及下面这样一种态度：即小打小闹的性活动、暗示性的舞蹈、富有刺激性而又淫秽的谈话、猥亵性的歌曲以及出于明确动机的扭斗，这一切都是完全可以接受而且颇为诱人的娱乐活动。这些活动只是**游戏**而已，人们对此既不会皱眉蹙额，也不会产生过多的疑虑。两性关系的意义不在情爱或用情笃注(这两
104 种因素却是使同性恋关系得以持久或赋予其重要意义的力量)，而在能否生育，以及某种婚姻在本村的经济、社会结构中所能占据的地位。我们如果意识到这一点，便能毫不费力地理解为什么这种极为普遍的同性恋行为没有产生更为重要、更为惊人的后果了。使同性恋行为没有产生任何重大影响的另一个因素，是人们在异性恋关系中承认并运用于性活动的所有可能方式，而这些附带方式在同性恋关系中则变成了主要行为。儿童时期出现的各种偶然性的性倒错现象，如孩子们对特殊性感区的过分关注，以及随之产生的性感转移，即性感离开其通常的中心，再加上人们对性感区从未有过明确而既定的区分，凡此种种不良现象，倘若出现在只承认一种狭窄性行为方式的文明社会中，势必会导致各种不良后果，如令人失望的婚姻，毫无节制的同性恋以及随处可见的卖淫行为。可是在萨摩亚，却并没有产生任何有害的后果。萨摩亚人把这种情场成功的重任赋予了男子。他们认为，女人需要男人争取主动，需要较长的时间才能产生成熟的性感受。一个不能让女人的情欲得到满足的男人被人们看成是笨拙无能的傻瓜，只能成为村里人讥讽取笑的对象，成为被人们所鄙视的废物。反过来说，女人们都意识到，她们的情人肯定有一种征服女人的法宝，一套魔术般的、无往而不胜的锦囊妙计。她们正是带着这种宿命论的观点来观察男人的，仿佛所有男人都是一样。情场角逐的秘诀只在男人之间传授，因此男人用一种比女人更自觉的、更具有分析性的态度对待这种知识。做父母的在与儿女们谈论性问题时总是东拉西扯，不着边际。当然，这种随便交谈所涉及的范围也远比我们文明社会中的随便交谈广泛得多。因此，明确的性知识是由 25 岁的男子传授给 18 岁的男孩子的，而不是由父亲传给儿子的。姑娘们从男孩子中学到这一切，而她们之间对此却极少窃窃私语。一个男人的所有朋友对他的某些特殊性经历的每一个细节都了如指掌，可是女方却守口如瓶，丝毫不愿向别人透露。其部分原因是她除了亲友外，毫无知心朋友；即使对亲友，也总存在着某种保留或限制(我曾见到一位姑娘耸耸肩，不愿当姐姐的使者)。

既然人们对男性无所不教，而对女性只是为了防止惊愕才使之对性稍微加以了解、熟悉，可是为什么却能使男女双方都能进行正常的性适应呢？这是因为萨摩亚人都有性尝试的自由，况且男女恋人也很少都是初上情场 105
的新手。就我所知，只有一例这样的情形：一个是 16 岁的男孩子，一个是 15 岁的小姑娘，两人都在另一个岛上的寄宿学校读书，后来一起私奔了。由于年幼无知，他们把事情弄得一团糟。两人都被学校除名，男孩子现在 24 岁了，非常聪明，也很有魅力，但成了一个臭名昭著的莫托托洛，村里的所有姑娘都憎恶他，不愿与他为伍。由于人们对性知识了如指掌，并且意识到要将性生活当成一门艺术来对待必须掌握一定的技术，就形成了这样一种个人关系的构架，在这里没有神经官能症，没有性感缺失，没有阳痿（除重病后的暂时情况外），如果某人一夜只能进行一次性交，就会被认为衰老不中用了。

在已过青春期的 25 个姑娘中，11 位有过性经验。法拉、陀芦和娜姆是三位堂（表）姐妹。她们不仅备受本村男孩子的青睐，而且和离本村很远的菲提乌塔村里来的小伙子也混得烂熟。法拉家里的女人都是水性杨花：陀芦的爸爸早死了，她跟瞎子妈妈住在娜姆的家里。娜姆父母拖着六个不满 12 岁的孩子，又不愿意失去一个干活的能手，只好睁一只眼、闭一只眼。这三位女孩子经常在一起和自己的情人幽会。她们联系频繁，也很快乐。陀芦是三人中年龄最大的，像这样随随便便的日子已过了三年，现在她感到厌倦了，表示很想结婚。她后来搬到一个具有举足轻重地位的酋长的户里去住了，以希望能得到更多的机会，来结识几个对婚姻生活感兴趣的陌生男子。娜姆同一个来自费脱塔的小伙子交往密切，对他倾心相爱；可是他们只秘密幽会，因为本村有个小伙子在公开追求她，而她父母又很喜欢这个小伙子。有时，她和村里的其他男子也幽会频频，以打发她所钟情的情郎不来幽会时的单调生活。法拉是其中最年轻的一个，满足于随波逐流的生活。她的情人是她堂姐情郎的朋友和亲戚。她自己依然孩子气十足，抱着不介入的态度，因而从堂姐的情场角逐中得到的快乐绝不亚于自己所得到的。三个姑娘干活都很卖力，做的事毫不比成人少。她们整天不是捕鱼就是洗衣服、下地、编草席或织窗帘。陀芦擅长纺织。三位姑娘都是家中宝贵的经济

106 来源，男人们当然也乐意找这样的姑娘做妻子，因此家里并不急于为她们物色丈夫。

在邻村住着路娜，一位懒惰而善良的姑娘，青春期已过三年了。她母亲死了，爸爸又续娶了后妻，这个后妻不久又回到自己家中去了。路娜在牧师的户中住了几年，继母离开她的父亲出走时，她便回到了家中。父亲是个年事已高的酋长，一心只想着自己在村里的声望和地位。他有着重要的头衔，又是个很有技术的手艺人，全村中就数他最精通古老的知识以及礼仪程序的细节。女儿很能干，对他也关怀备至，体贴入微，这就够了。路娜对原先住在牧师户中时曾一起玩耍的小姑娘已不感兴趣了，便在亲属中找了两位已婚少妇做伙伴。其中一位曾离开丈夫，同一位情郎暂时姘居，现在搬到路娜所在的户中来住了。她和路娜经常在一起玩。路娜总是轻率而不能自拔地四处寻觅情郎，而且也很容易，一个不够，再找一个，然后第三个——她与他们都只是逢场作戏而已，并无过深的感情。她总打扮得比实际年龄小得多，以示自己还是个小姑娘。将来嘛，总会成家立业的，还要成为教徒；可现在嘛，“莱梯梯奥”（“我还年轻呢”）。要不跳舞，那她会变成什么样子？

她的堂姐卢托是个教徒，曾上过神学院的寄宿学校。她至今只接纳过一个情人。小伙子是酋长的私生子，想继承父亲的头衔，因此不敢贸然同她结婚，以免把这种本来就很渺茫的希望彻底断送。她是家中九个孩子中的老大，她的家是村里三个严格意义上的血亲家庭之一。在家里，她责任心强，表现出一种娴静的成熟，以及处事的干练；同时，她所受的学校训练又使她比别人思路更敏捷、更细致。虽说她的行为已经越轨，但年长的教会成员都十分宽厚，对她的事置若罔闻，对她的情郎在家里所处的窘境也深表同情。此外，她只有过一次性经历，对方是一个莫托托洛，也是她的一个亲戚。如果她对情郎忠贞不渝的爱情会使她受孕的话，她也许会留住孩子的（如果
107 一个萨摩亚妇人不准备要孩子的话，她便会非常激烈地按摩身子，并咀嚼卡瓦。但这种情况较为罕见，因为即使是私生子，人们对他的降临也会表示热烈的欢迎）。与同龄的其他姑娘相比，卢托的态度更为审慎，也更为老成。如果不是考虑到情郎的社会地位岌岌可危，她也许早就结婚了。可实际上，她却辛辛苦苦地在家看管弟弟妹妹，并在这个全岛最大的家庭

中对各位家庭成员尽着一个年轻姑娘所应尽的责任。她后来重新加入教会，在夜深人静之际，对自己的失贞也不无反思。但她总这样告慰自己：如果可能的话，她一定早就结婚了，因此她的错误基本上不是她自己造成的。

在一位大酋长的户中，住着一位老处女，这是我们忠贞的未婚姑妈的萨摩亚版本。尽管她温厚、勤劳、责任心强，可是因为几个姑娘比她漂亮迷人，故使她显得黯然失色。她的任务是照看刚刚出生的婴儿，并处理最为棘手的外交问题。尽管这些又累又苦的工作使她终日劳累、辛苦备至，但她还是任劳任怨。而当人们邀请她跳舞时，她却跳得漫不经心、无精打采。既然别人跳得那么好，舞姿翩翩又兴致勃勃，自己为什么要去凑热闹？她总带着欣赏、崇拜的神情；然而这种神情比陀芦的花容月貌、法拉的风流韵事、阿罗菲新生的宝贝儿子更使人关注。她弹四弦琴让别人跳舞，织花项圈让别人戴，为别人搭桥牵线、缔结良缘，既不感到蒙耻受辱，也没有表露出任何殉难者的痛苦。她承认自己只有过一位情郎，他是从遥远的地方来的，连她自己也不知道他来自哪个村子，他一去后便再也没有回返。是的，只要酋长希望她结婚，她也许总有一天会结婚的。哦，那是小孩在哭吗？看，她就是那种人，生性善良，好像天生就是给人家当姑妈似的。身边所有的人都依赖她、敬爱她。她以前要是到别的村子去执行麦拉卡使命的话，也许会彻底改变自己的生活，因为萨摩亚男孩子追逐陌生的姑娘，仅仅因为她们是“陌生的”而已。但家里总有人需要她，因此，比她年轻的姑娘代替她做了这种差事。

也许莫娜的故事是富有戏剧性的。她是不住在牧师户中的那群姑娘中
的最后一位。莫娜是一个贪图虚荣、老于世故的孩子，多年来一直利用异父 108
同母的姐妹对她的溺爱，姑息纵容自己，自己把自己宠坏了。她的情场追逐生活早在15岁时就开始了。一年半后，她的父母担心她放荡不羁的生活和越来越坏的名声可能会严重妨碍她的婚姻，因而把她托付给叔叔，让他来管教她，禁止她任性胡来。这位叔叔是位鳏夫，也是位精于世故的情场老手。当他意识到侄女早非黄花少女时，也就利用了她的任性胡来。由于在萨摩亚很难瞒得住什么事，所以碍于名声，人们很少干这种丑事。正因为出乎人们意料，所以，如果不是莫娜的姐姐赛拉也爱上了这位叔叔并把这事抖搂出

去，谁也不会注意这事。这是我在三个村子里所发现的唯一的历时长久、感情强烈的情爱例子。萨摩亚人的忠贞是以天计算的，最多按周计算，他们对终身相爱、坚贞不渝的爱情颇不以为然，甚至奚落嘲笑(她们听到罗密欧与朱丽叶的故事非但不信，还嗤之以鼻)。但赛拉对穆图——她继父的弟弟——的爱简直达到狂热的地步。她一直是他的情人，现在还住在他所在的户中，但是他对她只不过是逢场作戏而已，对她那种不合礼仪的强烈爱恋颇不感兴趣。当她发现他又与妹妹相好时，恼怒非常，愤怒之情不可抑制。她打着对妹妹深表同情的幌子，在三个村子里到处谴责穆图，说他是个人面兽心的家伙，竟然蹂躏了一个天真无邪的姑娘。莫娜的父母只好怒气冲冲地把她接回了家，两家的仇恨由此而生。全村沸腾了，但人们对穆图是否有罪、莫娜是否在撒谎以掩盖某种过失，或者赛拉是否为泄私愤而散布谣言，都众说纷纭、莫衷一是。这种事情直接违反了兄妹不亲的禁忌，因为穆图还很年轻，莫娜可以称他塔甘(*tuagane*，即兄弟)。但两个月后，家中另一位姐姐在怀孕期间死去，急需找一个胆子大的人进行必要的死后剖腹手术。经过一番激烈的家庭争论，最后还是从实际考虑选择了穆图，由他解剖被其奸污过的姑娘的姐姐的尸体，因为在当地的外科医生中他的医术最为高明。嗣后，他宣布将同邻岛的另一位姑娘结婚。此时，赛拉又一次表现出了一种
109 无法抑制的悲伤和绝望，尽管那时她自己也在和他人谈情说爱。

同住在自己户里的、较少受管教的姐妹以及堂(表)姐妹相比，住在牧师户里的姑娘却过着一种颇为不同的生活。这主要表现在这样一种事实中，即她们没有谈情说爱的经历，过着更正规、更有条理的生活。她们以群体活动来取代月光下幽会时的绵绵情话，让愉快的友情来充实其很少的闲暇时光。她们对淫秽事物的兴趣比可以自由谈情说爱的姑娘们稍微浓一些。她们的推心置腹的朋友大多不是自己的亲属，也比较容易相信其他姑娘，但是和其他姑娘相比，她们对自己在户里所处的地位却缺乏足够的认识。

如果我们撇开下章将要讨论的几种例外的情形，那么我们便可以说，在萨摩亚，青春期的青年男女并没有表现出任何危机或压抑；相反，他们却有条不紊地发展了一系列日趋成熟的兴趣和行为。姑娘们的头脑不因任何冲突所烦恼，不因任何哲理所迷茫，也不因任何不着边际的雄心大志所忧

心忡忡。如果说她们有什么得以使她们心满意足的雄心或宏愿的话，那么，这种唯一的宏愿就是在做姑娘时尽情地谈情说爱，结交情郎，然后在本村找个丈夫，安家立业，尽量住得离亲属们近一些，并多生几个孩子，以此打发一生。

第十一章　冲突中的姑娘

110 果真不存在任何冲突、任何与正常情形明显相悖并能避免任何抵触的气质差异吗？辐射的感情，大家庭中分散的权威，从一家移居另一家的便利，对性的了解以及进行性尝试的自由，难道这一切足以保证所有萨摩亚姑娘们都能得以理想的调适吗？几乎在所有的情形中，答案都是肯定的。然而，在本章中，我们却要讨论几个例外的情形。有少数几位姑娘，其气质和行为与众不同，尽管在大部分情况下，这种气质及行为上的差异仅仅表现为冲突的可能，并没有导致任何真正令人痛苦的后果。

14—20 岁的姑娘处于本户压力的中心，她们对长辈的怒气只能发泄在她们能够施展权威的弟妹身上。逃跑的可能性似乎助长了她们对权威管制的不满，同时也使她们对长辈们更容易产生愤怒。当父母们担心得力的劳动力出走，担心女儿会和情人公开私奔（这会降低其婚姻价值）时，便会尽可能地不使用强权对待姑娘们。虽然父母们偶尔也会勃然大怒，对子女施以体罚，但总的说来，却不存在任何经常而持久的惩戒性措施。每次发脾气
111 后，父母们接着便对女儿好言开导，给以慈爱与安慰。当然，这仅仅指姑娘们与长辈的关系而言。在通常情况下，同户中年龄相仿的年轻人之间的人格冲突，并不能如此轻易地得到解决。此时，通常的解决方法是把冲突中的一方，即对家庭依赖最弱的一方打发走。早在青春期到来之前，同龄群体的小伙伴们便不在一起玩了；以后，只有在非常正式的情况下，她们才会聚在一起。这一事实，连同对本户团结（而非对群体团结）的明显重视，便是这里很少产生冲突的原因了。孩子们离开同龄伙伴而待在户里干活，也就避免了因大人们诸如“她为什么不出去同其他孩子玩”之类的问话而烦恼。另一方面，儿童们对生理缺陷或微小的气质差异所表现出的容忍态度，也使每个孩子都不会遭受过分的排斥。

住在村子边缘的孩子们才是真正的“流放者”。如果同龄群体的伙伴关

系能持续到 8—10 岁，那么，这些“流放者”要么因此而受苦，要么可能随着其年岁的增长，胆子变大而离家走到更远的地方去猎险。但由于在儿童们能壮着胆子走十间屋远之前，同龄群体就自然解散了，这就使上述两种情况都没有能够出现。

在个人与社区之间，并不存在任何重要的、习以成俗的关系，这也许是萨摩亚人很少产生冲突的最重要的原因。一般说来，除非偶然在年龄稍大一点的妇女们开会时要年轻姑娘们去做些礼仪性的服务工作外，社区对姑娘们毫无要求。倘若她们在这些工作中失职的话，那主要是她那户的事儿，因为她所在户的声誉会因此受到影响。而一个男孩子如果拒绝参加奥玛珈，或拒绝参加社区的工作，那么他就会受到群体的强烈非难和敌视。但姑娘们对社区应承担的责任是如此之少，以致社区对这种责任都无暇顾及。

由于萨摩亚人具有进行性尝试的自由，姑娘们对性了如指掌，再加上不存在那种激烈的情爱争斗，这一切都使她们在性经历中可能产生的冲突，要比在一种更为严格、更富有自我意识的文明社会中可能产生的冲突少得多。虽然激烈的争风吃醋事件也偶有所闻，但这类事件仅仅为人们提供了评头论足、惊奇诧异的笑料而已。我在岛上的九个月中，只听说过四件这样的事：一位姑娘谴责其不忠的情郎犯了乱伦罪；一个姑娘咬掉了情敌的半只耳 112
朵；一位妇女因丈夫抛弃她另觅新欢而不顾一切地同情敌扭打，并严重地伤害了对方；一位姑娘诬陷情敌是小偷。但总的说来，嫉妒现象绝不如我们文明社会那样司空见惯，也不像我们这里那样受人同情，因此，在萨摩亚不存在需要人们共同遵守的行为规范。也许，使这些条件得以简化的另一个因素是萨摩亚人承认并容忍对情敌大吼大叫并损毁其声誉等报复性行为。这里既没有任何妥善的行为准则来规定人们应该怎样违心地接受失败，也没有任何要求人们恪守的缄默准则或道德规范。因此，即使谁有什么轻微的愤懑，也会迅速得以宣泄，使人们很快就能握手言和，而不会酿成悲剧。她们交朋结友非常随便，朋友也经常变换，因此既不会导致嫉妒，亦不会产生冲突。谁要是有什么不满，只是小声地嘀咕几声而已；如果谁把愤怒过于强烈地表现出来，谁就会离开本户，甚至离开村庄。

在姑娘们的宗教生活中，传教士的态度对她们起了决定性的作用。由于传教士要求教会成员恪守贞洁，因此妇女们结婚前很少加入教会。当然这不包括那些在教会寄宿学校就读并受到传教士不断监督的年轻姑娘。宗教权威人士对婚前不正当性行为抱以消极的接受态度，这对消除姑娘们的耻辱感也起了很大作用。自我节制成为人们通往教会学校而非通往天堂的通行证；而这些教会学校又转过来被人们视为一种社会的，而非宗教的事业。沉溺于性尝试的姑娘常常被驱逐出当地的牧师学校；然而，值得注意的是，社区中几乎每一位年龄较大的姑娘，包括那些在两性关系上名声最坏的淫乱者，都曾在牧师的户中住过一段时期。教会学校的严格监视所产生的一般结果，似乎不过把对性的体验向后推迟了两三年而已。住在当地一位牧师的户中的七位姑娘以及住在另一位牧师户中的三位姑娘，尽管早已成人，但还都过着节制的生活，她们的生活方式与同龄姑娘们形成了鲜明的对比。

113 在那些希望女儿住在牧师户中的父母与不愿意住在牧师户中的孩子们之间，以及希望住在牧师户中的孩子与不希望她们住在牧师户中的父母之间所产生的冲突，其表现形式是丰富多彩的。[1] 然而，住在牧师的户中不会对孩子们在自己家里所享有的地位，产生任何实质性的影响，这一事实便是减少冲突的主要原因。姑娘只是卷起草席、带着枕头和蚊帐，从自己家搬到牧师的户中去住而已，她家里向牧师提供的食物定额中已经包括了她本来要在家里吃的那部分食物。她在牧师的户中吃晚饭，也睡在那里；每星期抽一两天为牧师干活，洗涤、编织、除草或打扫庭院。其余时间，她都在家做着她这种年龄的大姑娘所应做的各种事情，因此很少有父母会强烈反对把女儿送到牧师的户中去住。这样做不但不会增加开支，还可能减少女儿的越轨行为，并能使她们掌握几门外国人的技艺，如缝纫、烫熨、刺绣等。她们能够从牧师那技术熟练、受过教育的妻子那里学到这些技艺，从而提高她们的自身价值。

从另一个方面来说，如果父母希望女儿住在家里，而女儿们执意不从的

① 见附录，第178页。

话，这也是很容易解决的。如果女儿们独自前往，这就严重侵犯了牧师的户规，旋即便会被驱逐出来：此时，如果她们不敢返回父母身边的话，总还有其他亲戚可以投奔。

虽然教会要求姑娘们恪守贞洁，但由于失贞几乎是不可避免的事实，因此，教会便采取了一种非常灵活的态度。这种态度只是控制住了冲突的发生而已，因为这种冲突很少成为事实。到女子寄宿学校就读是一种诱人的前景。和许多年轻人生活在一起，比在本户生活更加自在、更加惬意。这种诱人的生活往往能使她们举止端庄，至少稍微谨慎、娴静一些。在萨摩亚，招供罪过是十分罕见的现象。根据传教士作的规定，一个男生如果在学习期间违背了贞洁规定的话，那么，从犯罪之日起，他必须在预备学校留级两年才能到神学院深造。原先的规定，是从发现犯罪之日起
留级两年，但后来发现，这一条款必须更正，因为经常出现这样的情况，即 114
在发现这一违法行为时，该生在神学院已经就读两年有余，若仍根据原先的规定，他便会逃之夭夭，全然不会受到任何惩罚。如果给青年人灌输神谕，使他们意识到必须对天命而非对条款负责，必须对记载人间善恶的天使而非对喜欢说三道四的邻居负责，那么，宗教也许会为情感冲突提供一个真正的场所。与此同时，如果强令所有青年男女入教并使他们的生活充满宗教色彩的话，那么，青年人的生活便很可能出现危机。事实上，整个宗教场所只是形式主义与折中调和而已，没有人一丝不苟地恪守教旨。由于为数众多的当地牧师们都根据各自的理解来解释基督教教谕，这就使他们不可能建立起西方新教的严格性（在西方新教中，性罪与个人对罪恶的意识是浑然一体、不可分割的）。宗教环境对姑娘们没有束缚，同样，姑娘们对这一环境也没有反应。她们满足于遵循长者的忠告：等几年再入教。“莱梯梯奥，费呀斯哇”（“我还年轻，喜欢跳舞”）。教会成员被禁止跳舞或观看大型夜间舞会。在三个村子中，有一个村子竟然连一个入教的姑娘都没有。另一个村子只有一个少女教徒，然而她也早就违背了自己的诺言。但由于她的情郎在户中的地位不甚确定，使他们不能结婚，邻居们也就没有揭他们的隐私，反而对他们充满了同情，这样卢托才继续保持着其教徒身份，大家也心照不宣。还有一个村子，只有莉塔和安娜这两

个未婚女子是教徒。

莉塔已在牧师的户中居住了多年，另外还有一个姑娘同她住在一起，她身上十分明显地表露出由于住在稍带异乡情调的环境中而产生的种种变化。她聪明、能干，喜欢跟姑娘们在一起玩，而不愿跟男孩子泡在一起，她能充分利用各种机会学习英语，在学校读书也很用功，并希望到图图依拉去当一名护士或教师。假如我们对美国任何一所女子学院的一年级学生进行抽
115 样调查的话，我们便会发现，莉塔的理想同这些姑娘的理想没有什么差别。它对自己的未来抱有很大的希望，同时对自己的虔诚的父亲也非常忠诚，两者融为一体；父亲希望她入教，她二话没说便入了教。离开牧师的户后，她继续上学，并把全部精力投入到学业中去。她生活中的另一兴趣便是维系和堂姐的友谊。堂姐比她稍大些，会讲英语，曾在另一个岛上受过较高的教育。尽管这种友谊已经陷入了迷恋的境地，并偶尔会出现同性恋的行为，然而，莉塔的动机则更加明确地出于个人雄心，出于这样一种愿望：尽可能全面地掌握外来文明中的每一个细节，以便在这种文明中找到自己的立足之地。

索娜比莉塔小两岁，也在牧师的户中住过几年，因此与莉塔的情形非常相似。但她举止傲慢，对比自己小的人颐指气使，然而对长辈们却唯唯诺诺，言听计从。她并没有任何超人的天赋，但却有一种惊人的毅力，通过坚持不懈的努力，终于成为全校的佼佼者。莉塔远比索娜聪明敏捷，但因为老师打过她一次而辍学一年。尽管莉塔天资聪颖，远非索娜可匹敌，但现在索娜毕竟远远超过了她，使她无力抗衡。索娜来自另一个岛屿，双亲早逝，住在一个由各种身份的人所组成的大户中，许多亲戚对她指手画脚。出于无奈，她只能埋头于自己的目标，对其他工作都很冷漠，对大部分亲戚也极不热情。然而，在这些亲戚中，她却钦佩一个人，那是她的表姐玛尼苔。表姐27岁了，尚未结婚。她是全村中最标致的姑娘，有许多合适的人选，几乎也有同样多的情郎，但由于她生性傲慢，目中无人，故值得她去爱的男人却又害怕她的世故及她那专横的举止。她是公认的村花，她那可爱的金发曾多
116 次成为礼仪场合的装饰。由于叔叔没有女儿继承世袭的陶泊，因此便宣布她将成为陶泊，这一事实更加强了她在户中举足轻重的地位。村里也没有

其他陶泊与她抗衡，那些窃窃怨语正在逐渐消失；村童们却直率地称她为陶泊。在舞场上，她的花貌月容、翩翩舞姿也很容易吸引来访者的注意。家里也不催促她结婚，因为她结婚越迟，声誉就会越高。她最近的一位情郎是个鳏夫，一位才华横溢、风度翩翩的议事酋长。他爱玛尼苔，但又不愿意同她结婚。他希望妻子温存娴静，然而她恰恰缺少这种素质。因此，他离开了玛尼苔，到其他村子中去寻找年轻天真、举止娴静而性格又尚未定型的姑娘了。

所有这一切对索娜产生了十分深刻的影响。索娜，这位其貌不扬的小陌生人，已经开始着意寻觅情郎了。“她的表姐”与婚姻无缘；而索娜，外貌毫无女性的柔美，且又野心勃勃，结局也许会一样。她只好从美貌、任性的表姐那里寻求安慰了，并费力地在女孩子中寻找一些伴侣，同时孜孜不倦地保持着对事业的执着追求。她的视力已在衰退，这使她的雄心颇受挫折；倘若没有这种安慰的话，她的雄心壮志也许早已荡然无存。可是，她依然坚忍不拔，并炫耀自己多么执着地干事业；而指责同伴们多么平庸无聊、浑浑噩噩。索娜与莉塔并非朋友，她们的人生目标迥然不同，她们在学校的成绩以及强烈的对立情绪使她们分道扬镳。索娜不是教会成员，即使她入教的话，也绝不会改变她的行为。她的人生目标之一就是尽可能长久地当一名学生，从而逃避任何责任。所以，她也会像其他人那样，经常这样回答别人的问话：“莱梯梯奥。”莉塔主动接近她的堂姐，尽量从她那里学习另一种生活的每个细节；而索娜却执着地把自己同牧师的那种稍带欧化的家庭紧紧连在一起，总是声称这个家庭与新型文明有着更为密切的关系。她把约安尼斯的妻子称为琼斯太太，并矫揉造作地模仿琼斯太太那帕帕拉济(充满洋味的)言行举止，以期为未来的人生作准备。

在修法加村还有一位姑娘是教徒，她就是 19 岁的安娜。她的动机则完全不同。她生性温柔、恬静，非常聪明，也很能干。她是一位私生女，父亲是 117
位酋长。她的生母后来多次结婚，最后定居到另一个岛上。安娜与母亲已失去了任何联系。父亲是一位鳏夫，住在一位兄弟的户中，安娜则是在父亲的另一个兄弟的户中长大的。这个家庭很像一个血亲家庭，有四个女儿结婚了，都比安娜大，一个儿子和她差不多大，一个 14 岁的女儿，还有一大群小孩子。这位父亲是位憨厚、沉默的人,在村外盖了幢房子,他说是为了“逃避噪音”。两位长女很早就结婚了,住在丈夫的户中。安娜和堂弟都住在牧师的户中,而大妹则住在家里。婶婶对所有男人都极不信任,尤其是本村的青年男子。她认为,安娜长大后应同牧师结婚。她不很壮实,不能像一般萨摩亚女人那样从事繁重的劳动。婶婶成天唠唠叨叨,总是强调这一点——这主要是因为婶婶对她母亲不喜欢,并且担心她也会步其母亲的后尘——这使安娜确信,自己过于羸弱,不能过一种正常的生活。这一看法从医生的结论中得到了充分的证实。医生检查了所有报名上护士学校的学生,却把她刷了下来,理由是她的心脏有杂音。由于受到婶婶那种悲观预兆的影响,安娜更坚信自己身体太弱,不能生孩子,最多只能在遥远的未来生个孩子。她入了教,放弃了跳舞,整天不是和牧师学校的年轻姑娘厮守在一起,便是待在婶婶的户中,生理缺陷、孤独的小家庭群体和牧师学校,导致了她患上了神经衰弱症。

这几位姑娘都代表了那些与萨摩亚人单一生活模式相背离的异常者。她们都抛弃了传统的生活方式,生活在一种与过去大相径庭的人为的环境中。同所有异常者一样,她们随时都可能同群体产生真正的冲突。她们目前之所以没有产生这些冲突,只能归结于环境的某些偶然性因素。对那些在牧师学校中读书的更为年轻的姑娘来说,虽然她们也生活在一种人为的环境中,但却没有像上述几位姑娘那样受到如此严重的影响。这些小姑娘
118 还都是处女,假如她们不来读书,也许早就失贞了;她们在亲属关系之外也交结朋友,倘若她们一直待在家里,她们也许会对这些朋友投以怀疑的目光。她们对功课兢兢业业,一丝不苟。但她们并没有任何企望,也还不想用任何事业来取代传统的婚姻。这一点应部分归结于这一事实,即在牧师学校读书仅仅是她们生活的一部分。除睡觉外,这些姑娘的大部分时间还是在自己户中,在传统环境中度过的。除非一个姑娘受到某些意外的刺激,例如不同寻常的家庭环境,或其有着某种特殊的怪癖,否则,她虽受到教育,但其生活态度轻易不会发生变化。她可能会对教会更为敬重,更倾向于某种稍带限制的生活方式,对其他姑娘或许会更为信赖。但从另一个方面说,牧师学校向她们提供了一种崭新的、与传统的生活模式迥然不同的生活模式,

这种生活模式足以作为她们“离经叛道”的基础。尤其是那些离开家庭、在寄宿学校跟着白人老师读过几年书的姑娘，她们所受的影响是异常巨大的。她们中有许多人成了护士，多数人同牧师结了婚。这些姑娘的生活态度正在发生变化，包括——正如已经发生变化的姑娘那样——接受一种全新的生活方式。

因此，虽然宗教本身并没有给她们提供多少可能使她们与传统社会产生冲突的因素，但那些由宗教创设的机构却很可能给她们以种种影响，使她们选择新的生活。如果充分强化这些影响，这些宗教机构就很可能造就一批与其同龄人差异悬殊的年轻姑娘。当然，大多数萨摩亚姑娘至今还没有完全为这些影响所左右，并依然不假思索地追求着传统的生活方式。这一事实只能证明，土著文化有着极强的抵抗力（这种文化目前正处于逐渐欧化的状态，但它仍然能对各种冲突提供简便的解决方法）；此外，还证明了这样一种表面的事实：在萨摩亚，青春期姑娘绝不会自发地产生冲突，任何冲突都需要一种强大的刺激才能产生。

以上讨论的都是小姑娘的冲突。她们的“离经叛道”并非是堕落，而是希望得到更多的传统文化所不允许的生活抉择，抉择的结果导致了种种有背习俗、令当地人诧异的结果。这些违背习俗的抉择受到了由传教士们建立的教育机构的鼓励，包括接受教育、追求事业、不在当地群体中择偶（这主要是对当地的牧师、教师和护士而言）、要与自己性别相同的人交朋友（这些 119
朋友关系是通过长期、密切的学校生活而建立起来的）、在自我意识的支配下对生活进行评价与选择。所有这一切都有利于增强职业专门化，使她们更为成熟、更富有个性；通过这一切，她们便可在交流和对抗的行为之间作出有意识的选择。就这群姑娘而言，有一点是十分明显的，那就是，仅仅向她们提供互为冲突的选择是不够的。真正的冲突要求有一种为选择所需的催化剂，而良好的文化教育正好能起到这种作用。

现在，我们有必要讨论另一种举止异常者，即逆向变异者，或称为越轨者。在下文中，我将用越轨者一词来描述那种与社会准则背道而驰的姑娘。这些姑娘与群体之间产生了真正的冲突，究其原因，并不是因为她们遵循着某种独创的标准，而是因为她们违背了群体准则，而这些准则本是她们应当遵守的。①

任何萨摩亚家庭或萨摩亚社区也许很容易把索娜和莉塔的行为及其奉行的准则看做是反社会的、令人厌恶的。她们两人所遵循的生活标准都不会导致结婚,也不会生儿育女。当然,在人类社会的各个地方,女性作出这样的选择都很可能使人们皱眉蹙额。那些以索娜和莉塔为榜样、对婚姻作出同样反应的姑娘们,将来也会冒同样的风险。

120 但是在这个小小的原始村落中,有没有真正的越轨姑娘,即那些既不能创造出新的行为准则,又不能与旧的行为准则相适应的姑娘呢?在我所在的群体里有两个姑娘也许可以被划入这一类。其中一个正处在青春期,另一个姑娘青春期已过两年了。她们的越轨行为绝不是什么骇人听闻的事,这些行为可以追溯到几年以前。她们各自群体的伙伴们都一致地把她们称为“坏姑娘”,同龄姑娘都避之三尺,亲友们也都为她们惋惜。由于萨摩亚社会没有法律机构来处理这类案例,我们权且把她们看做是最接近我们社会中“违法少女”的情形。这样,我们便可把萨摩亚社会中个人与群体之间格格不入所产生的冲突,比作在我们社会中个人与法律(这种法律确定了违法的含义)相抵触的情形了。

罗拉 17 岁,身材纤细、楚楚动人,既聪明伶俐,又顽皮不驯。这位姑娘感情炽烈,热情奔放,对他人能作出强烈的感情反应,她似乎天生就有这种非凡的才能。罗拉很小便失去了父亲,是在一个没有父亲的家庭环境中长大的。她的叔叔是玛泰,有好几处房子,把一大群依附者分散安置在村子的

---

① 在我们文明世界,也很有理由在对待犯罪的态度上作出同样的区分。即使在同一文化中,也不能仅仅根据行为本身来确定某人是否犯法,还必须考虑越轨者的动机。因此,假若一位姑娘深知偷窃是错误的行为,但为了买聚会所需要的食品或去舞厅所需要的衣服,她往往不能,也不愿抵制行窃的动机,以致把手伸进母亲的口袋。那么,如果把她带到某司法权威机关,并用法律准绳来衡量她的行为,她无疑会被判决有罪。然而,如果有一名信仰基督圣旨的年轻共产者把自己及兄弟姐妹的衣服都送给他人,她对自己的家庭以及建立在财产私有基础上的社会便构成了威胁,但她并不是同样意义上的罪犯,她只不过是选择了某种不同的行为准则而已。一个姑娘如果犯了性罪,她自己也知道这种行为可耻而有罪,然而却在这种“错误”行为中越陷越深,不能自拔,直到最后给社会造成了麻烦,或未婚先孕,或甘当妓女,毫无疑问,她便是一名罪犯。但若一名姑娘鼓吹恋爱自由,并在自己的行为中表现出这种思想与信念,那么,她或许会受到别人的责备,但从这一讨论的角度看,却不属罪犯之列。

各处。因此罗拉同两位姐姐、两个妹妹、一个比她大一岁的哥哥一起住，他们都是由母亲一人带大的。母亲心地善良，但缺乏能力。在罗拉八岁时，大姐就结婚了，嫁到另一个村子。二姐莎密像母亲，温存宽容，柔声细语，偶尔也流露出对生活的轻微不满。她不喜欢，甚至厌恶这位妹妹，但又无力与之抗衡。哥哥尼托倒是一位高尚、聪明的青年。如果没有那种兄妹禁忌的话，他也许能给这位妹妹一点帮助。阿苏比她小两岁，很像莎密，只是没有莎密那种对生活的不满，她决意不与罗拉打交道。小妹斯娃很像罗拉，聪明而热情，易冲动，虽然才 11 岁，却已沾染了姐姐的坏习气。罗拉好斗，不服管教，粗鲁无礼；她只有利己之欲，毫无助人之心，对活计总是能躲则躲，终日不是与姐妹吵架，就是嘲讽母亲，或者肩披棕榈叶，在村里到处乱窜。到 14 岁 121
时，已经无人可以管束，叔叔只好把她送到牧师的户中去住。她在那儿待了充满着暴风骤雨的一年，最后，因同另一个越轨少女玛拉打了一架而被驱逐出来。她以前在牧师户中之所以没有被立即驱逐，只是牧师对她的地位有所敬畏，因为她的叔叔是一位颇有影响的酋长。叔叔意识到，如果把她打发回她母亲家，是一种愚蠢行为。她快 16 岁了，身体发育得特别好，因此，随时都可能在她那令人皱眉的行为中再加上性罪。于是，他把她带到自己的户中来住，让妻子普莎对她严格监督。普莎是一位意志坚定、精明强干的女人。罗拉在那儿待了又近一年。

这一户比她以前住过的所有住户都更为有趣。她叔叔出于自己的等级，不得不经常训诫她。她学会了做一手好酒，舞也跳得潇洒自如、翩跹多姿。后来，两个住在其他岛上的堂兄来访，使户中充满了欢声笑语，给她单调乏味的生活增添了色彩。随着性意识日益萌生，她对自己的举止也稍有收敛，同时也跃跃欲试。普莎是位严厉的主人，终日让她忙个不停。有一段时间，她不仅觉得婶婶很有权威，似乎也朦胧地意识到这种权威后面隐藏着一种坚强的意志，所以对此钦羡不已。但时隔不久，这种新奇感便消失殆尽。堂兄们在这儿待了一月又一月，时常把她当成孩子耍逗。她厌倦了，时而愠怒，时而嫉妒。最后，她终于投奔另一户亲戚去了。

那一户住在另一个村子里，玛泰是一位大酋长。因为当时户主在图图依拉，户中只剩下一大群妇女：酋长的妻子、母亲及两个孩子住在一幢很大的客室里。大家对她来干活表示欢迎，而她却另有所图，不久便向大酋长求宠觅爱了。起初还不难，因为酋长对她有勇气从一个与她不睦的酋长户中逃出来表示赞赏。这一户中虽然也有许多姑娘，但她们不是比她大得多，就是比她小得多。罗拉得到了她梦寐以求的宠爱。其他姑娘虽然在公开场合下不时表现出对她的憎恶，可是私下里却对她的翩翩风度以及毫不退让的性格羡慕不已。然而，好景不长，她在这户中才待了一个月，另一位酋长就带着他那年轻美貌的陶泊小姐来拜访她的新主人了。两位客人被安置在她
122 自己住的房间里。此时，她只得忙不迭地应酬来客，最糟糕的是，她还得侍候那位比她还小一岁的漂亮的陌生人。但人家是客人，又是陶泊，自己寄人篱下，地位又低，窝了一肚子的火，罗拉又开始惹麻烦了。她同小姑娘们争吵不休，对堂姐们粗暴无礼，终日游手好闲，以十分藐视的口吻谈论着那位陌生的来客。如果不是出现了一件更为不幸的事的话，也许她的这一切失礼行为会是暂时的，也不会产生什么可怕的后果，至多不过是在这新户中暂时失宠而已。这个村有一位名叫富迪乌的唐璜式人物，是一位丧了妻的玛泰。此人风度翩翩，老于世故，极善花言巧语，办事老练缜密，往往片言只语便能赢得别人的好感。此时他正在寻找后妻，便立即把注意力移到邻村大客室中的这位客人身上。但富迪乌是一位处事谨慎、工于心计的情场老手。他想对未来的新娘作一番仔细的观察，因此，只是到她的户里随便拜访了一下，丝毫不露心迹。他注意到罗拉已经是一个体态丰盈的翩翩少女了，因此便轻易地占有了她，但对那严肃的婚事依然犹豫不决。

虽然罗拉惯于使用暴力，但也不乏似水柔情。富迪乌是一位经验丰富、对人体贴入微的情场老手。很少有姑娘的初恋如此幸运，同时也很少有姑娘在初恋失败后会感到如此失意惆怅。富迪乌轻易地得到了她，可是三个星期以后——这三个星期对他来讲无足轻重，但对她来讲却极为重要——他又向新的来客求婚了。求婚本身虽然严重地伤害了罗拉的自尊心，但还不至于使她悲愤至极。不管怎么说，要同从那么远的地方来的一位姑娘结婚的计划随时都可能破灭。富迪乌追求的那位姑娘也竭力拒绝这桩婚事，以致那些议事酋长们感到惊恐不已。因为富迪乌是一个富翁，结婚仪式会给他们带来很多赏钱。如果姑娘回家向父母求援，或伺机同别人私奔的话，

婚礼便可能告吹，酋长们也就分文赏钱也得不到了。公开戳破处女膜的礼仪已经受到法律禁止，此外，富迪乌在政府供职，倘若他违法行事，就会使他陷入尴尬的境地。所以，焦虑不堪的议事酋长们和心急如焚的求婚者进行 123
了密谋，酋长们允许他私下里直接向姑娘发起进攻。罗拉怒不可遏，立即采取了报复性措施。她公开指责情敌是小偷，使全村老幼骇然侧耳。东道主户中的妇女们千诅万咒，把她驱逐出户。她只好逃回自己户中，回到母亲的身边，这样便结束了历时四年的流浪生涯。如果在我们社会中，罗拉该是不折不扣的越轨者了。她不断地破坏群体准则，极尽报复之能事。没有哪家的大门会再向一个撒谎的孩子、一个惹是生非之徒、一个小偷（因为她所到之处，无不顺手牵羊、偷偷摸摸）敞开了。倘若她只是同父亲吵了一架，或受到姐夫凌辱，那么，要找一个避难所还是轻而易举的。但她的人格从本质上讲是和萨摩亚社会格格不入的。回到母亲的户中，她虽不像从前那样对姐妹飞扬跋扈，但还是使她们难以忍受。她愠怒、尖酸，成天骂骂咧咧。村里的年轻人称她为*罗塔雷阿加*（*lotu le aga*，“坏心肠”）。她孤独寂寞，一个伙伴也没有。那位年轻的情敌离开了小岛，回去准备婚事了，倘若她没有回去的话，下章就得描述罗拉会怎样在肉体上对情敌施以暴力了。在我离开的时候，她还是那样终日无所事事、游手好闲、愠怒阴沉、目空一切，无可奈何地继续住在母亲的户中。

玛拉的过失稍有不同。罗拉泼辣凶蛮，玛拉不守信用；罗拉乐于与人为敌，玛拉善于阿谀奉承。玛拉比罗拉小几岁，年初才刚刚到青春期，那时我在岛上才待了四五个月。她是个清瘦干瘪、其貌不扬的小姑娘，总是衣衫不整。她双亲俱殁，跟叔叔住在一起。叔叔是个坏脾气、郁闷不乐的人，而且地位很低。他的妻子来自另一个村子，对现在的家境颇为不满。他们已婚多年，尚无子嗣。户里的另一个成员是同丈夫离了婚的侄（甥）女，也没有孩子。没有谁会疼她、爱她，户里的人只是把玛拉当作苦力来使唤。在萨摩亚，如果哪个户中只有一位小姑娘或小男孩的话——当然这种情况很罕见，但如果确实这样的话——那么，她（他）的日子总是很难熬的。而玛拉在这一户中更是苦不堪言。要是在通常情况下，左邻右舍的其他亲友们一定会把孩子托付给玛拉，让她在那些较为幸福、人口也多的户中分担一部分工 124

作。但她在很小的时候，就被人们当作贼了。在一个无门无锁、人们经常终日外出、房间空无一人的乡村，哪家要是收养她，无异于引贼入室。她第一次做贼时偷了酋长小儿子的洋玩具。酋长的妻子愤恨不已，痛骂了她一顿。那天正好是出船日，所有村民都聚集在沙滩上。当人们提到她的名字，并说她是个小偷、撒谎精时，就像听说某某某是斗鸡眼儿或聋子一样漫不经心。其他小孩都对她避而远之。她的隔壁住着蒂努，一个并不聪明但很友善的小姑娘，比玛拉小几个月。要在通常情况下，她们俩一定会成为好朋友，玛拉总是坚持说，蒂努是她的朋友，但蒂努却愤怒地否认与她有任何关系。玛拉似乎觉得小偷的名声还不过瘾，又染上了另一个不端行为。她同男孩子们一起玩耍，一起做游戏，还把自己的拉瓦拉瓦扎得像他们一样。她的这种行为全村老幼无不知晓，也无不对她大声呵斥："真是个坏姑娘，偷偷摸摸，到处撒谎，还和男孩子乱疯。"就像在别的地方一样，她成了众矢之的，因此男孩子对她不避讳了。他们逗她，欺负她，把她当差使，什么重活累活都让她干。与她同龄的较为早熟的某些男孩子甚至开始在她身上寻找其他娱乐方式了。也许她终究会堕落成这样的女人：无论谁叫她干什么，她都有求必应、乐于从命。她在村里的名声会越来越坏，村里的妇女、姑娘们对她的看法也不会好了，尽管她内心是那么热切地渴望能够得到她们的认同和爱护。

罗拉与玛拉似乎是缺乏爱抚的牺牲品。她们对别人超乎寻常地忠诚，但也同样超乎寻常地易于嫉妒。无论谁对她们稍有爱的表示，她们都会作出令人可怜的迅速回报。她们似乎极力使自己处于求爱天平的这一端，然而她们都被不幸地置于天平的另一端，以致从未得到过爱的赏赐。罗拉的气质是那样的糟糕，而她的三个姐妹都是那样的和蔼可亲，这便使她陷入双重的困境。在她的直属户中，对她谁也没有任何不可动摇的权威，这就使她
125 的气质缺陷更为恶化。她那温存的莎密大姐又担负着照料婴儿的重任，无暇顾及也没有责任来挽救这位桀骜不驯的妹妹。这些因素就像她对爱的要求以及接受爱的能力一样不同寻常。同样，也很少有哪个孩子像玛拉这样孤苦伶仃，被丢弃在一个毫无同情心的成人群体之中。因此，似乎可以把她们的越轨行为看成是由两种偶然因素促成的：不同寻常的感情需要和不同寻常的家庭条件。生活在同样的环境中但对感情要求不那么强烈的孩子，

或生活在较为有利的环境中的同样的孩子，也许都不至于像她们那样被社会所抛弃。

在这三个村子中，只有一位姑娘可以运用越轨这一概念进行讨论。当然，人们对她的谴责绝不会如对上述两位姑娘那样多。她叫莎拉，住在第三个村子里。她所在的户有七口之众，守寡母亲、10 岁的弟弟、奶奶、叔父和其妻子及一个两岁的儿子。这是一个相当协调的家庭群体，此外，还有许多亲戚住在附近。莎拉曾被送到牧师的户中去住，但由于不久便犯了性过失而遭驱逐。她对这位牧师至今耿耿于怀，只不过不敢表露罢了。她看上去十分笨拙，实际上阴险狡诈、惯于欺骗，连最简单的活儿都干不了。她的笨拙已成为全村人的谈话笑柄，她的情人既多又杂，有生过私生子的男人、妻子暂时不在家的丈夫，以及一些愚不可及、只会寻花觅柳的男孩子。村中的姑娘们流传着这样一句话：莎拉只精通一门艺术，那便是性。人们还说她连草席都不会编，连窗帘都不会织，将来绝对找不到丈夫。人们对她所持的态度只是鄙视，但并没有敌意。她对此当然深有觉察，从她的深陷的眼眶中你便能一览无余。她的举止愠怒阴郁，行踪诡秘，谎话连篇，总是夸奖自己如何多才多艺、学识渊博，谁要对她稍有怠慢、言辞略有不恭，她都能机警地觉察出。她与社区并没有产生什么严重的冲突；父亲时常半真半假地打她，但她的愚蠢却成了她的救星，因为萨摩亚人对软弱无能比对心术不正的人要宽容得多。莎拉如果对性生活不加收敛，迟早会受孕，那就会增加家庭的负担。那时家里必然会对她的行为暂时加以限制。她不会干任何体力活儿，126
经济上完全依赖家庭，这必然使家里难以承担，最起码会迫使她在性生活方面收敛一些。她也许很难嫁出去，也许终生都会被人瞧不起，认为她太无能，不能承担起妻子的重任。

还有一个孩子正朝越轨的方向发展，不端行为日益增多。这位姑娘叫斯娃，她是罗拉 11 岁的小妹妹。她生性也桀骜不驯，总是同其他孩子拳脚相见，或者望着别人逃跑的背影，说着种种污秽不堪的下流话。对于爱，她同样怀着热切的渴慕。但是叔父已从罗拉那不幸的经历中汲取了教训，在她 10 岁时就把她带到自己的户中来住。因此，她正在一种极为严密的监视（比她姐姐当年所受的监视更为严密）下，打发着青春期前的岁月。她与姐姐有一点不同，这也许会救了她。罗拉毫无幽默感，也不聪敏伶俐，但斯娃却两者皆具。她是个卓越的模仿家，一位逗人发笑的小舞蹈家，一位天生的喜剧演员。她那令人产生好感的滑稽动作，不时给人们带来欢乐，仅仅为了这点欢乐，大家也能够原谅她的鲁莽易躁以及争强好斗的秉性。如果她能保持这种姿态，能继续得到婶婶及堂姐妹们的好感——她们对她的恶作剧和坏脾气已经够宽容了——她以后也许不会步姐姐的后尘。任何一句柔情的话都能使她受宠若惊，对于感情的敏感，斯娃有着天生的禀赋。在一次舞会上，我特意请求孩子们学乖点，不要为区区小事而无休止地争吵、嫉妒。我选了三位小姑娘——这是萨摩亚人习惯的数目——来跳舞。其中一位叫梅塔的，说自己的脚踝有点酸痛。我立即把目光转向斯娃，让她来填补这个空缺。她欣然应允，并没有因为是第二个被选中而生气。突然，梅塔站了起来，冲向前去。原来，她之所以迟迟不跳，是想让我再邀请她一次。斯娃好不生气，攥紧拳头，正准备向梅塔的脖子击去。正在这时，我的目光制止了她。尽管她满腔怒火，但还是咽下了这口气，只是用力把脖子上的花环拽
127 下，向梅塔的头上扔去。如果她比姐姐幸运的话，她将不会同她所处的社会产生持久的冲突。

那几位与群体准则严重冲突或严重背离了这些准则的姑娘们的故事就讲到这里。其他姑娘彼此大同小异，其区别仅在于她们是否住在牧师的户中、是否受到更好的监护、是出生在有身份的家庭还是地位较低的家庭；尤其重要的是，她们是生活在血亲家庭中，还是生活在成分混杂的户中。但是虽然她们的气质相异——就像我们中间也存在着气质差异的情况一样——虽然她们智力发育不同，但她们在知识技能以及态度上却表现出了惊人的一致，并在一种灵活但又受到严格限制的环境中呈现出了一幅有条不紊、有规律的发展情景。

第十二章　壮年与暮年

由于社区对未婚姑娘的要求与对已婚但是丈夫没有头衔的妇女的要求 128
没有任何区别，由于这两个群体之间很少存在着性生活经验方面的差异，因此，妇女们的分界线并不在于她们是否已经结婚，而在于她们是成年妇女还是从事工艺劳作、正在发育成长的姑娘，在于她们是玛泰的妻子还是那些在礼仪事务中微不足道的姐妹。到二十二三岁尚未婚嫁的姑娘，其言行举止都会有所收敛，不像从前那样自由放任。来自家庭的压力对促成这一变化起了很大的作用。倘若姑娘已经成人，并且与已婚的姐妹或嫂嫂同样能干，那么，人们便期望她从事繁重的劳动。姑娘们生活在一群同龄人中间，婚姻的责任对她们提出了越来越高的要求，竞争与角逐由此而生。同时，她们对自己的婚姻大事也焦虑不堪。她们对初次性经验的关注与兴趣已逐渐消失，开始潜心于提高自己作为妻子的价值。根据当地的传统，姑娘在婚前应该懂得怎样编织茅草制品，但却不必付诸实践。事实上，未婚的成年女子所从事的家务及农活丝毫不亚于她们的已婚姐妹。处在怀孕或育婴阶段的年
轻妇女只好留在户中，但未婚的姑娘们却可以自由自在，或到遥远的海域捕 129
鱼，或深入腹地寻找编织材料。

已婚男女既可住在男方户中，亦可住在女方户中，这完全取决于各自的地位或两户的劳作需要。住在男方或女方户中，对姑娘倒无关紧要，但对男子却颇有影响。已婚妇女的生活圈子很窄，与之交往的只是户中的妇女。住在丈夫的村子里而不住在自己的村子里，也不会缩小女方的生活圈，因为在丈夫取得头衔——这一头衔也会提高她的地位——之前，她对村中事务的参与总是微不足道的。如果丈夫所在的户与她所在的户同在一村，她的责任还会得到某种程度的增加，因为不仅她自己的直系亲属会不时地叫她干这干那，丈夫的直系亲属同样也会如此。

人们不希望在婆婆与儿媳之间产生任何冲突。儿媳必须尊重婆婆，因

为她是户中的长者之一;媳妇若粗暴无礼,那是绝对不能容忍的,就像不服管教的女儿或侄女一样不能容忍。我们文明社会中至今尚存的、习已成俗的婆媳不睦现象,在萨摩亚人看来不啻为一种可鄙的笑料。在萨摩亚,父母与孩子之间的感情纽带非常脆弱,因而,他们不可能意识到这是一个男子的母亲与他的妻子之间的对峙,也不可能意识到导致这种永久矛盾的部分原因是嫉妒。他们仅仅认为这是青年人或地位低下的人对长辈们缺少应有的尊敬所致,当然他们也承认总会有些老人性情暴躁,如果是这样的话,年轻人干脆离开他们好了。如果年轻人住在岳父家里,事情也是如此。如果岳父是玛泰,他对女婿可以行使全部权威,即使岳父只是一介平民,女婿对他也得恭恭敬敬。

但若一个年轻人搬到其他村子里去住,那么情况就不相同了。因为他必须在一个新的奥玛珈中安身立业,同陌生人一起劳作,而不再同那些从小
130 就与他一起劳作、一起玩耍的伙伴们一块干活。在新的群体中,他可能永远不会像在原先的村中那样被彻底地认同。他更顾及自己的尊严。他可以和新伙伴一起劳作,但却不会同他们一起娱乐。奥玛珈的社会生活集中体现在走访姑娘时所表现出的群体礼节中。在自己的村中,已婚男子在这种场合可以每年陪同年轻小伙子去相亲,但在妻子的村中,他虽可以比较容易获得玛泰的头衔,但他也更容易衰老。此外,偶尔的爱情历险也会招致更大的危险。虽然他在妻子村中能赢得人们更大的敬意,但却失去了许多爱。

对大部分新婚夫妇而言,另起炉灶是没有意义的。无论是丈夫搬到妻子户中去住,还是妻子搬到丈夫户中去住,都不需要另立家业,两家的互惠关系也不会产生多少影响。年轻的夫妇通常住在大家大户中,无论在哪个户中住,他们所得到的仅仅是一个竹枕、一顶蚊帐及一卷草席,都是些床上用品。只有酋长或酋长的儿子才会为结婚盖新房子。妻子同家里的所有女人一起干活,侍候家里的所有男人。丈夫分担其他男子的工作。无论是为他人服务,或是他人为你服务,都不把夫妻当成一个整体来看待。同样,在兄弟姐妹中,任何人的婚姻嫁娶也不会使有关的兄妹回避规则有丝毫松动,它仅仅意味着家里增加了一位新成员,或嫂嫂、或弟媳、或姐夫、或妹婿;无论是谁,都必须遵守这一系列的回避规则。只有在性关系这一点上,人们才把

夫妻作为一个整体来看待。即使在照料婴儿、规划未来这些事中，叔（舅）父、叔（舅）母、祖（外祖）父、祖（外祖）母也都同当父母的一样能够积极参与。一个男人只有既做了玛泰又当了父亲以后，对自己的孩子才有权予以控制，而在这时，这种关系却又颠倒了，因为他对许多小姑娘、小伙子也有同样的支配权，而这些人与他的关系又不如他同自己儿女那样密切。

正在怀孕的年轻妻子受制于一系列严格禁忌，其中绝大部分是禁止她独自行动。她不得独自散步、独自坐着、独自去跳舞、独自去采撷食物、独自吃饭，即使丈夫在场也不行。所有这一切禁忌都用慈善的教义加以解释，即只有错事才会独自去干，而即将成为母亲的女人所做的任何错事都会伤害 131
婴儿。似乎禁止独自做事比禁止做坏事要容易些。萨摩亚人认为还有各种妖魔鬼怪，最容易伤害孕妇，因此人们也告诫孕妇不得在鬼怪出没的地方行走。人们警告她不得干太重的活计，不能着凉受热。虽然，在萨摩亚社会孕妇绝对享受不到我们文明社会的孕妇常常享受的种种照顾，但是，在他们的社会中，妇女第一次怀孕能够获得一定的社会尊敬。这种尊敬与她的社会地位是成正比的。如果腹中的胎儿可能成为某种高级头衔的继承人的话，那么，人们总会带着极大的关注来注视着她。分娩时，亲朋挚友会从遥远的地方赶来参加出生宴席，这种宴席称为“母亲宴”，顾名思义，这是为母亲而不是为婴儿或父亲举行的宴席。

第一个孩子出生以后，其他孩子便会接踵而至，从此人们再也不表示过多的关注了。只有那些乐于说三道四的人会数着哪位妇女生过多少胎了，几个活着，几个死了，几个流产了，等等。在出生宴上要烤猪吃，此时只邀请近亲参加。人们对多子多女的母亲只是视为当然，并无赞许之意。无子无女的妻子则受到人们低声的诅咒，她的不幸被认为是放荡不羁的结果。塔乌岛上有三位年龄较大的妇女，终生未育。现在都成了催生婆，大家都认为她们非常聪明。现在她们早已过了生育年龄，一心一意地给人家接生。她们对接生术精益求精，并藉此自慰，权且作为对自己无子无女的一种补偿。

20—30岁的年轻已婚女子，是一个忙碌而又快乐的群体。她们入了教，戴着礼帽去教堂。如果没有婴儿要喂奶的话，她们或在地里干着繁重的体力活儿，或去捕鱼，或织桑皮土布。对她们来说，再也没有其他重要的事情了。如果丈夫去世,她们也许会再嫁,后夫的等级只能比前夫低,如果丈夫已成为玛泰,她们在妇女福努会中也会赢得一席之地。但只有那些具备进行幕后政治操纵天资,或其亲戚、丈夫身居要职的幸运的妇女,才能在村子的社会组织中获得一些真正的权威。

132 青年男子不会这样早就生活在一种既定的模式之中。对男子来说,获得头衔就像妇女生头胎一样重要。所不同的是,妇女们以后所生的每一个婴儿对她的生活越来越不重要,但在男子的生活中,每获取一个新的头衔都会比原先的头衔更高一级,也更为重要。很少有男子能在30岁以前获取头衔的,到40岁时仍旧默默无闻的仍大有人在。在加入奥玛珈后的一段相当长的岁月里,他都得奋力拼搏,才能进入福努会。每一个头衔都有许多竞争者,因此,任何人都不能一有声誉就故步自封,否则,其他竞争者便会利用他的因循守旧,在这种激烈的竞赛中捷足先登,遥遥领先。能捕一大网鱼并不能说明他是捕鱼能手;同样,用斧头清清爽爽地劈出一根房屋桁条也不能证明他是个能工巧匠。人们的全部兴趣在于他能否不断表现出日益精湛的技艺,只有这样,才能显示出他出类拔萃。只有那种好逸恶劳、得过且过、胸无大志的人,才不会对这种竞争作出积极的响应。这种情况只有一个例外,即大酋长的儿子或继嗣可能在20岁时就被封以玛拿亚。但在这种情况下,他的高位早已迫使他严于律己,比其他年轻人受到更为严格的训练。玛拿亚是奥玛珈的正式头领,因此他必须出色地领导奥玛珈,否则便会失去自己的声誉。

一旦获得玛泰头衔,成为福努会的一员,气质上的差异就会起决定性的作用。他所取得的玛泰头衔也许微不足道,小得使他没有权利在公开的会议上占一席之地,也没有其他任何特权。他的玛泰头衔也可能小得可怜,以致他都不想领导一户,而企图在某位更为重要的亲眷庇护下苟活。但他却有希望成为福努会的一员,与村中的长者平起平坐,以后再也不会同年轻人一起从事各种欢快的群体活动了。如果他丧妻并希望再娶时,便只能放弃玛泰头衔,以这样一种假设身份——他依然是个青年——进入她家。他的主要工作是处理村务;他的主要娱乐则是在各种会议上花上好几个小时讨论礼仪事项。他总是随身携带一把锤打过的椰毛纤维,一边谈话,一边把纤维在光溜溜的大腿上搓来搓去。

胸无大志的人会就此止步不前了，而那些雄心勃勃的人则不甘罢休。他们为了争取更大的声誉、更高的头衔而拼搏着，有的想当上享有更高声誉的工匠或演说家，还有一些人想在政治游戏中取得更大的操纵权。人们以才量人，甚至可以藐视长子继承法或直接继承法，把头衔赐予才华出众的 133
人。可是，也正是出于这种对才能的偏爱，以后人们还会把头衔从他那里夺去。到他壮年已去，行将暮年之际(55—60 岁左右)，他的头衔就被剥夺，并赋予另一个人，而他则被授予小玛泰的称号；这样，他以后还可以同其他玛泰们坐在一起，喝着卡瓦酒，安度晚年。当其他人到腹地种植园劳动时，他们则留在户中，看护庭院、照料孩子、编织辛纳特，或给人以忠告。当然也有反常的情形，如果某位老人对失去头衔耿耿于怀，他会郁郁不乐，拒绝帮助、教诲年轻人。有一位年轻的酋长(他父亲在世时就把头衔交给了他)曾对我抱怨说："没有老人帮助我。我父亲把他的头衔传给了我，但他后来很不高兴，什么也不肯告诉我。我母亲倒很聪明，可是她是从另一个岛上来的，对我们村子里的规矩又不太明了。家里没有老人能在晚上同我聊天，告诉我从前的事情。一个年轻的玛泰身边总该有个老人，即使他是聋子，听不到别人的问话，也能够告诉你好多事情啊。"

妇女们的生活则更为平静。酋长和议事酋长们的妻子必须花一定时间来掌握礼仪知识。已成为催生婆或医生的老年妇女则专心致志地从事于自己的职业。但这种专心致志并不常见，况且接生治病也总是偷偷摸摸地进行，极为诡秘。停经期来临时，妇女们会表现出微弱的情绪波动，易躁易怒、挑剔食物的症状，也常常会产生一种突如其来的幻想和无可名状的迷恋。一旦停经期过去，妇女们则又会把全部精力投入到种植园的农活中。村里最重的农活都是 45—55 岁的妇女们干的。随着暮年降临，她们便待在家里，从事各种技术性强的家务工作，诸如纺线、织土布等。

当一位男子由于关节炎、象皮病或全身乏力而不能从事体力劳动时，他作为教导者的作用也就随之削弱。他可以向上进心强的年轻渔夫传授捕鱼的知识，但却不能教给他们捕鱼的技能。而老年妇女则不然，她们是家庭技术活的主将，任何希望能纺一手好纱的姑娘都必须向她们请教。别人可以

134 去为她采集药草，但她却独占着配药的秘方。只有那些十分老迈的妇女才有权举行燃烧油果提取黑色染料的仪式。这些老年妇女在家中也通常比老年男子要更有权威。丈夫的统治部分是基于其头衔所赋予的权威，但他们的妻子或姐妹的统治则出于人格的力量以及对人性的洞悉。终生生活在这一小小的群体中，既使她们无所不知，也使她们专断蛮横。她们不会因为声誉衰落而忧心如焚，当然，她们的技能也总有丧失殆尽的一天，她们无法避免这一天的到来。

怀着对子孙后代至死不泯的感情，那些即将告别尘世的老人们坐在阳光下，轻声而无拘束地交谈着，现在他们已经不必顾及各种禁忌和性别界限了。

第十三章　从与萨摩亚的对比中看我们的教育问题

我们已经用了许多章节来描述萨摩亚姑娘的生活，描述她们如何从呱 135
呱坠地的婴儿长成照看婴儿的孩童，从逐渐学会生火做饭、编织漂亮的草席，到告别友伴间的嬉闹生活，成为户中能干得力的成员，并尽可能地延迟婚姻，在青春期内尽情地谈情说爱，但从不过于认真，只不过是逢场作戏而已。最后，结婚生子、抚养小孩，而她们的孩子也会重演上一代人的生活经历。就目前所允许的材料，我们做了这个实验，发现了在一个与我们的文明迥然不同的社会中，人们的发展过程究竟是什么情形。由于每个人的生命都很有限，加之我们的社会错综复杂，使我们不能在我们自己的社会中进行实验，不能在这里选择一群小姑娘，把她们置于实验条件中，看她们如何长大成人。因此，我们不得不借助于历史为我们创造的处在这样一个阶段的民族，在那里进行我们的研究。我们发现，那里的姑娘们同我们的姑娘们经历了同样的身体发育过程：乳牙破肉而出，尔后又一一脱落，然后又长出又长又难看的第二批牙齿；她们月经初临，步入豆蔻之年，渐渐身体丰盈：不久，她们已发育成熟，能够生儿育女了。可以这样说，这里有着实验所需要的合适条件。无论在美国还是在萨摩亚，正在成长发育的少女是该实验的固定因素。然而，美国文明毕竟与萨摩亚文明大相径庭。在生理发育过程 136
中，孩提时代的小姑娘会长成体态丰满的婷婷少女；在青春期，身体变化来得是那么突然，又是那么明显。此时，生理变化伴随着显著的心理变化。少女们思绪恍惚、感情冲动，时而掺杂着被唤醒的宗教意识，时而又放射出理想主义的光芒，时而表现出反叛权威、表现自我的强烈愿望——或者与此相反。难道青春期之于日臻发育成熟的少女，犹如乳牙破肉之于儿童，是一段无可回避的精神及感情的苦难时期？难道我们能够认定，如同生理发育变化一样，青春期是每个姑娘生命历程中一段不可避免而且必然意味着冲突和压力的时期？

我们一直在试图通过描述萨摩亚姑娘生活中的每一个侧面来回答这一问题。我们发现，在其生命全程中，我们必须对这一问题予以否定的回答。已达青春期的萨摩亚姑娘同她们尚未成年的妹妹们的主要区别，仅限于在姐姐身上已经表现出的某种生理变化尚未在妹妹身上出现而已。但除此之外，在那些正经历青春期的姑娘们与那些还要过两年才达到青春期的少女们，或那些两年前就达到青春期的女性之间，并不存在着其他巨大的差异。

如果一个已过青春期的姑娘长得又矮又小，而她的堂（表）妹却又高又大，能比她干更重要的活，那么，她们之间由于生理发育不同，无疑会出现某种区别，但这种区别远非青春期所致。那位高大结实的姑娘将和同龄的伙伴们分手，被迫从事时间更长也更像成人才做的工作，衣衫不适亦使她羞赧不堪，而她那发育缓慢的堂（表）姐却仍被人作为孩子看待，基本上仍然从事孩提时代的工作，只不过少一些而已。那些建议在对青春期姑娘进行教育时采用特别策略的教育家们所惯用的方法，如果用萨摩亚语言来表达，就会成为：身体高大的姑娘与其同龄的身材矮小的姑娘是不同的，因此我们的教育方式必须以身材而定，即"因体制宜"。

在回答了我们所力求得到解答的问题之后，我们对这一问题仍未尽其
137 究竟，而另一个问题又骤然而生。假如我们能够证明，青春期在女孩的生命中并非必然就是一个特别艰难的时期——如果我们能够找到任何一个这样的社会并且证明这一点——那么，美国青少年在青春期中出现的风暴和压力又该如何解释呢？第一，我们可以十分简单地说，两种文明中必然存在某种东西可以解释这一差异。如果两种不同环境中的同一过程呈现出不同的表现形式，我们就不能用过程本身来进行任何解释，因为两者的过程本身是同一的。但是，由于社会环境迥然不同，因而我们就得从那种社会环境本身寻找答案。那么，能够对这种区别进行解释的、那种存在于萨摩亚但不存在于美国，或存在于美国但不存在于萨摩亚的因素究竟是什么？

这一问题具有重大的启发意义，任何对此进行解释的企图都可能得出许多错误的结论。但是如果我们缩小问题的范围，只考虑那些对青春期姑

娘的生活产生不可替补的影响的萨摩亚人生活的种种侧面与对我们文明中正在发育的姑娘产生影响的各种因素有什么区别，那么，还是可能对这一问题作出解答的。

这种区别产生于一种极为广阔的背景之中，其间包括两个重要的组成部分：一是萨摩亚人固有的特性，二是原始人类所固有的特性。

萨摩亚的文化背景之所以能够使成长发育成为十分容易、十分简单的事情，究其原委，主要归结于在整个萨摩亚社会所充溢着的那种普遍的随和性。在萨摩亚这块土地上，没有人孤注一掷，没有人愿作大牺牲，没有人蒙受信仰的磨难，也没有人为了某种特别的目的而殊死拼搏。父母与子女之间若有不睦，只要孩子搬到对街居住便可万事大吉；男人若与自己的村落产生隔阂，只要迁居他村便一了百了；一位丈夫与勾引妻子的情敌之间的仇隙，只需几张精致的草席便得以弥合。无论是贫困潦倒，还是天灾人祸，都不能威胁人们，使之特别珍惜生命，或为了苟且求生而时刻胆战心惊；也不存在任何易怒好罚、毫不宽恕的上帝来打搅他们平静的日日夜夜。战争与相互蚕食早已成为遥远的过去；现在，除了死亡以外，最为催人泪下的悲戚，莫过于一位亲戚远足于他岛。任何人的生活的步履都不会被别人所催促不停，也没有人因其身心发展缓慢而受到严厉的责罚。相反，那些富有天资、早熟早慧的人却每每受到扼制，以期他们当中最为迟钝缓慢的人能够赶上他们。在人际关系中，相互的关切实属微乎其微。爱恋与憎恨、嫉妒与报 138
复、悲痛与丧亲，都不过是数周即过之事。婴儿初降人世后不几个月，就被从一个女人手中漫不经心地递到另一个女人手中。这样，人们出生不久就学会了既不对任何人过于关切，也不对任何关系寄予过高的希望。

正如我们觉得西方社会往往对那些出生在西方文明世界，却乐于冥想而憎于行动的不幸儿动辄惩罚一样，我们也可以说，萨摩亚社会对于那些学会了不对别人过于关切的人非常友善，而对那些未能学会这一点的人却苛刻严厉。罗拉、玛拉和斯娃（罗拉的妹妹）都比她们的同胞们具有更大的感情需求。罗拉和玛拉热切地追求感情的满足，在她们未能如愿以偿、深感失望惆怅之际，便向他人猛烈地发泄怨恨，因此成为社会中的越轨者，成为不为公众所容忍的人。这种情况之所以会出现，主要是因为这个社会只把所有的奖赏赐予那些不计较失败，而且能在蒙受失败后依然面带微笑另找目标的人。

由于萨摩亚人能够以一种随和的态度对待人生，由于他们对任何冲突、任何过于强烈的情境都能顺利地回避，这就使萨摩亚文明不仅与美国文明，而且与绝大多数原始文明形成了鲜明的对照。不管我们对这种态度如何惋惜，也不管我们对在这样一个简拙的社会中不会产生杰出的领袖以及伟大的艺术家这一事实会发出怎样的哀叹，但是，我们必须承认，这一因素在女子从童年到长大成人的毫无痛苦的过程中却起了举足轻重的作用。在一个没有强烈感情撞击的地方，青春期的姑娘是不会受到任何过于强烈的心理折磨的。这里不存在任何灾难性的选择：既不像中世纪的欧洲，青年人若要对上帝尽忠，就必须永远抛弃现实世界；也不像大平原上的印第安人那样，要砍去自己的手指作为宗教祭品。所以，我们必须把萨摩亚人缺少深情厚爱这一情形作为所有解释的第一条，因为他们对那种情境早已习以为常，以致这种习惯已经成为他们人生态度中的基本成分。

其次，在所有孤立的原始文明与许多不同于我们文明的现代文明之间，社会对每个人提供的选择往往大相径庭。我们的孩子一旦成人，就会发现有无数的选择在熠熠发光，把他们尚未适应的眼睛弄得眼花缭乱。在宗教
139 方面，他们可以成为天主教徒、新教徒、基督教科学派教徒、唯灵论者、不可知论者、无神论者，甚至也可以对宗教不屑一顾。这对没有接触过异国影响的任何原始社会来讲都是不可想象的。在他们看来，只有一种上帝，一种为人们接受的宗教实践；倘若一个人不信宗教，他唯一的办法便是比同胞们信得少些；他可以嘲弄、藐视宗教，但却没有任何新的教旨可以信仰。目前，马努阿群岛上的情况与此十分相似。在那里，所有人都是同一派别的基督教徒；尽管教会成员与非教会成员在实践上有所区别，但在信仰上却没有冲突。我们曾说过，对那几位正成长发育的姑娘来说，她们必须在两种实践中进行选择，有朝一日，这种选择的需要也许会产生冲突。但就目前来说，教会对年轻未婚的成员要求甚微，尚不致迫使青少年们作出任何决定性的抉择。

同样，我们的孩子面临着多种道德准则：对男人和女人而言，既存在着

双重的性标准,也存在着单一的性标准。即便就单一性标准而言,也存在着极大的差异。有些群体认为,单一的性标准应当是自由放任的;而有些群体则认为,单一的性标准必须是绝对的一夫一妻制。试婚、伴侣式婚姻、合同式婚姻,所有这一切解决社会困境的种种尝试,都一一展现在日臻成熟的儿童面前。但是,社会的实际情形,以及电影、杂志都告诉他们,每一种准则都遭到了人们的普遍践踏。这种践踏行为至今仍然有增无减,公然进行,用不着打着任何社会改良的旗帜。

然而,萨摩亚儿童并不处于这种进退维谷的情境中。对他们来说,性是一件自然而又令人愉快的事情;充分享受性快乐是一种自由,这种自由只受制于一种考虑——社会地位。酋长的女儿及妻子不得沉湎于婚外性尝试。肩负重任的成人、户长及家庭主妇终日忙于许多重要事务,不得脱身,因而也很少有时间从事随意性的爱情尝试。社区中的每一个人对此都深信不疑,只有传教士们颇不以为然。然而,由于人们对他们的反对一概置若罔闻,使得他们的抗议变得无足轻重。但是,一旦传教士的态度以及欧洲人的性行为准则为人们所接受、所赞许,那么,在萨摩亚社会,选择不仅会为人们 140
所需要,而且同样会不可避免地发生。

我们的年轻人面对着一系列不同的群体,他们的信仰不同,实际行为也不同;他的一个十分信赖的朋友或亲友也许正是某个群体的成员。比如,一位姑娘的父亲可能是一位长老会会员、一位帝国主义者、一位素食家、一位零售商;他可能非常喜欢读埃德蒙·伯克的作品,拥护自由雇佣职员制度以及高关税政策;认为妇女应当待在家里,年轻姑娘应该穿紧身胸衣,不应穿长筒丝袜,不应抽烟,晚上不应同年轻男孩驱车外出。但是她的外公可能是一位低圣公会会员,向往一种奢侈的生活,竭力倡导州权和门罗主义,爱读拉伯雷的作品,喜欢看音乐表演和赛马。她的婶婶可能是一位不可知论者、女权主义的积极鼓动家、一位把全部希望寄于世界语的国际主义者,并崇拜萧伯纳,把业余时间全部花在反对活体解剖运动中。她最为崇拜的哥哥又可能刚刚在牛津待过两年,是英国国教高级教会会员,热衷于中世纪的事情,爱写神秘诗,读切斯特顿的作品,打算用毕生精力来寻找已经失传的中世纪染色玻璃的秘密。她的舅舅可能是一位工程师,一位严格的唯物主义者，至今依旧沉溺于早年所读的海克尔的著作；他鄙视艺术，认为只有科学才能拯救世界，对 19 世纪以前的一切言论与思想都嗤之以鼻，在用科学方法进行免除睡眠的实验中损坏了自己的身体。她的母亲可能信仰寂静主义，对印度哲学很感兴趣，是一位消极主义者，一位严格不介入生活的人；尽管女儿对她一片忠诚，她自己却不愿采取任何行动来激发自己的热忱。这各种各样的人还都只限于她的家庭成员。如果再加上各种朋友、老师或她偶然读过的书籍中所代表、所捍卫、所倡导的各种群体准则，那么，各种可能产生的然而又相互排斥的热忱、各式各样的忠诚，必将令人触目惊心，无以相对。

萨摩亚姑娘的选择则截然不同。父亲是教会成员，叔叔也是教会成员。
141 父亲村上捕鱼业兴旺，叔叔村里椰子蟹成群。父亲是捕鱼能手，家里不愁吃喝；叔叔是议事酋长，给他送土布的人络绎不绝，用这些布料裁成的舞服鲜艳夺目。和叔叔住在一起的奶奶，向她传授了许多治愈外伤的祖传秘方；和母亲住在一起的外婆则是织扇子的行家能手。叔叔村子里的男孩子很小就参加了奥玛珈，但是他们的来访却使人趣味索然；她自己村子里倒有三个男孩子使她颇有好感。最头痛的就是不知道是住父亲户中好，还是住叔叔户中好。这是一个非常坦率而又直接的问题。既不涉及伦理上的纠缠，也不涉及与亲友孰亲孰疏的问题。她的选择不会被人看做是出于对谁的偏爱；可是在美国却不然，要是一位姑娘赞同一位亲友的观点，那么，其他亲友往往把这件事解释为她更喜欢这位亲友。萨摩亚人总是相信，她选择在这一户住而不是在那一户住是有充分理由的，或许是在这户吃得好些，或许是她在这个村里有情人，或许是她与另一个村里的情人吵了一架，如此等等。无论她决定在哪儿住，她不过是在一个为人们公认的行为规范中作了具体的选择而已。绝没有人会要求她作出任何涉及对她的社会群体准则进行真正否决的选择。然而，在我们社会中，倘若父母是清教徒，那么女儿要是不加选择同别人拥抱接吻的话，她就必须在遵循还是背弃清教教旨的问题上作抉择了。

我们的正在发育的孩子面临着一系列这样的群体，他们所倡导的准则不仅风马牛不相及，而且还互相排斥。这些孩子们还面临着一个更为令人

困惑的问题。由于我们的文明像是由许多不同色质的纱线编织而成的锦
缎,因此任何一个群体所接受的思想都包含着许多矛盾。即使一个姑娘对
某一群体表示全心全意的忠诚,并对他们的声明——只有他们的信仰才是
唯一正确的,所有其他的人生哲学都有悖于基督圣旨因而该受诅咒——深
信不疑,然而,她的麻烦也还远没有结束。不太善于思索的姑娘们所受的最
大的打击莫过于发现父亲的想法是正确的,而爷爷的想法是错误的;或者发
现在家里允许干的事在学校却受到禁止;可是那些善于思考的孩子面临的
问题却更为棘手。即使她已经在哲理思想上接受了这一事实:她必须在几 142
种并存于世的准则中作出选择,但是,她对自己选择的哲学是否存在一致性
或许并不那么清楚,只是盲目地、幼稚地相信而已。她真诚地希望这一选择
会给她带来安宁,虽然这种选择是那样地令人惶惑、令人难以确定;更有甚
者,这种选择也许会伤害父母的感情、疏远要好的朋友。但是,她还没有考
虑这一事实,那就是,她所面临的每一种哲学本身也许只不过是一种折中
的、妥协的、半生不熟的涩果。如果她选择了基督教,她旋即会对福音书中
关于和平与人生价值的教诲,以及教会对战争的衷心拥护感到迷惑不解。
距今 17 个世纪以前,罗马哲学主张战争与征服,然而,在教会的早期教旨
中,那种哲学又与和平与谦卑妥协了,这一妥协至今仍然在困惑着我们的孩
子。如果她接受美利坚合众国独立宣言赖以奠基的哲学前提,那么,她又发
现自己面临着这样一个窘境:她相信人们都是生而平等的,也深信我们的制
度所保证的机会均等准则是极其正确的,然而,每当她想到我们对待黑人及
东方人的行为,又觉得两者毫无共同之处,使她无所适从。在现代社会,社
会准则的最显著的特征便是其多重性,这种多重性就连最为迟钝、最缺乏好
奇心的人也难以忽略。然而,这种多重性又是那么古老、那么模糊不清,融
汇在我们称为基督教、民主或人道主义的种种哲学之中,以致连那些最为聪
颖、最为好奇、最富有分析头脑的人也茫然不知所措。

因此,如果我们要想了解为什么萨摩亚姑娘在青春期的选择中没有遇到令人痛心的经历,我们就必须从那种轻视强烈感情的萨摩亚文明的气质中寻找答案;而若了解她们为什么没有产生冲突,我们则必须着眼于两种文明之间的区别,以期在这些区别中寻找答案:其中一种是简拙的、同族相居

的原始文明，这种文明发展得如此缓慢，以致对每一代人来说，它都似乎是静止不变的；另一种则是形形色色、斑驳陆离的异族杂居的现代文明。

在进行这种比较时，我们还须考虑第三点因素，即在萨摩亚没有人患精神病，而在我们社会中却存在着各种各样的精神病患者。只有对萨摩亚儿童早期教育的各种因素加以考察，我们才能知道他们为什么能够得到一种
143 正常的、无精神病症状的发展。行为主义者以及心理分析家所作的研究，都十分强调环境对儿童的发育成长所起的巨大作用。人们经常发现，从小就没有受到良好教育的孩子们在面临重要选择时，往往表现出令人失望的行为。我们知道，越是严肃的选择，产生冲突的可能性就越大；对个人的要求越是严格，就越可能使人患精神病。在我们的历史上，曾出现过一次世界规模的大战。这次大战的残酷杀戮，留下了成千上万的残疾人。他们四体不全、残肢断腿，人数之多，令人惊骇。然而，他们的缺陷全然是在非常特殊、非常可怕的压力下才表现出来的。我们没有理由相信，如果没有那场大战的话，许多被枪林弹雨惊吓得丧魂落魄的人会度过自己的一生而不表现出种种缺陷；童年生活的恶劣起点、种种忧伤愁虑、种种变态心理和种种不良心理作用等等，是不能不产生一些足以引起社会注目的消极作用的。

这一观察带有双重的启发意义。在萨摩亚，我们见不到上述种种令人困惑的情形。这里不存在互相冲突的选择，也不存在任何非刀枪相见不得解决的激烈的恐惧、痛楚或忧愁；这一切都在很大程度上解释了为什么他们不存在心理上的不良顺应。正如一个愚钝至极的低能儿在萨摩亚不会成为毫无希望的废物一样（而在美国城市中，这样的低能儿却会成为人们公开嘲弄的对象），稍患精神紊乱病症的人在萨摩亚也能获得有利的生存条件，而在美国则是极为艰难的。此外，个性化以及变异现象在萨摩亚也小得多。由于我们的偏离行为范围太大，这就不可避免地把软弱与不抵抗的气质也纳入其中。虽然我们的社会能使个性得到更大的发展，但我们的社会也使更多的人在现代社会生活的复杂而苛刻的要求面前屈服败北。

然而，在萨摩亚儿童的早年环境中，很可能存在着某些有利于保持精神平衡的因素。在我们的社会中，人们总认为出生在优裕家庭环境中的孩子在各种情形中都能得到更好的机会；同理，我们可以设想，萨摩亚文化不仅

在态度上对儿童更为温和，而且，整个文化都赋予他更好的准备，使他能够顺利地克服他所遭遇的各种困难。

这一假设被下列事实所证实，即萨摩亚儿童能够安然经过各种历程，丝 144
毫不受损伤；而在我们的文明中，同样的经历却经常对个人发展产生了极为严重的影响。我们的生活史充满着这样的情形，即后期生活中所遇到的困难都可以追溯到某种在早期生活中与性或生死有关的感情动荡的经历。在萨摩亚，人们早在孩提时代就对这种经历习以为常，因而也绝不会产生任何灾难性的后果。在萨摩亚儿童的早年生活中，很可能存在着某些特别因素，这些因素为他们走完人生旅程而免受精神紊乱的折磨作好了十分充分的准备。

为了证明这种假设，我们就有必要更为仔细地考察在萨摩亚儿童的社会环境中有哪些因素与我们儿童的社会环境是迥然不同的。诚然，绝大部分因素都集中于家庭环境，这一环境在儿童的意识中打下了最早也最为深刻的烙印。萨摩亚的家庭组织几乎在所有情境中彻底消除了可能导致不良感情倾向的特殊因素。由于每家每户都有很多孩子，因此人们很少会想到有幼子、长子或独子之分；他们对所有孩子都一视同仁。很少有孩子被责任压得直不起腰来；很少有孩子像一般长子那样被怂恿得盛气凌人、傲慢专横；也很少有孩子像一般独子那样孤独无伴，只能同大人们待在一起，从而被剥夺了同其他孩子接触的机会；而正是这种接触，才能使他们顺利走上社会。没有孩子被过于娇惯溺爱，以致不能对自己的优缺点作出公允的评价；而在我们社会，一般家庭的幼子往往被这样娇惯坏了。当然，在萨摩亚的家庭生活与我们的家庭生活酷似的几个罕见的例子中，也存在着一些特别的态度，这些态度是与出生先后以及孩子与父母的感情纽带的密切程度直接相关的。

在萨摩亚，父母与子女之间没有密切的联系；而在我们的文明中，这种联系对许多人都产生了决定性的影响，以致对父母的遵从或藐视可能会成为决定终生生活的模式。在那些有六七个成年妇女关心她们、为她们揩泪擦涕，并有六七位成年男子能对他们行使合法权利的户中成长起来的萨摩亚儿童，并不像我们的儿童那样仅仅依靠父母。那种哺育婴儿的慈母形象，

145 或令人羡慕的严父形象——这种形象也许能决定后期生活中的感情选择——在萨摩亚是一个综合性的客体，包括姑（伯、舅、姨、婶）母、堂（表）姐、嫂嫂、奶奶；酋长、父亲、伯（叔、舅、姑）父、兄弟以及堂（表）兄们。婴儿的第一课不是辨认谁是对他无微不至地关怀的慈母，谁是他的必须绝对遵从的严父；相反，萨摩亚婴儿知道，这个世界是由一系列的成年男女组成的，他都可以依赖，但也都必须遵从。

男女儿童之间存在的禁忌进一步加强了这种由于一户内部分散的爱抚所陶冶的非专一性感情。一个孩子可以把与自己异性的孩子看成是禁忌亲戚，而不管其个性如何；同样，也可以把他（她）看成目前的敌人、未来的恋人，同样不管其个性如何。在交结朋友时，孩子们往往根据的是对方与自己的性别异同，而不是根据双方是否情投意合，这就使童年男女格格不入。当姑娘们到达青春期时，她们便知道了在选择朋友或恋人时必须遵循某些规矩。朋友必须是与自己同性的亲戚；而恋人则必须是非亲戚。异性亲戚之间任何形式的相互吸引、情投意合都是绝对不允许的。这一切都意味着性关系是很随便的，并不带有深厚的感情；同时，也意味着出于经济利益和社会地位考虑的婚姻易结易解，绝不会缠缠绵绵、难分难舍。

对普通美国家庭来说，没有任何东西比上述讨论的情况具有更强烈的对比。美国家庭一般只有几个孩子，父母之间关系密切，从理论上讲其感情纽带是永恒的。从婴儿呱呱坠地之际，父母便把更多的精力倾注于这初降人世的婴儿，而其哥哥姐姐则得不到从前那般的爱抚了。在这里，正在发育成长的姑娘学会了依赖几个人，也期望这几个人能给她带来生活的酬赏。她正是带着这种对人际关系有所厚薄的态度步入人生的。在成长过程中，她既同女孩子玩耍，也同男孩子嬉戏，对兄弟姐妹、堂（表）兄弟姐妹、同学都逐渐处得很熟。她不把男孩子作为一种类别看，而是作为个人看，像她所喜欢的兄弟那样的男孩子都是好的，而像老与她闹别扭的兄弟那样的男孩子则是蛮不讲理的讨厌鬼。她们对体格、气质、个性的偏好也逐渐发展起来，
146 并构成成年态度的基础；这种成年态度与早年态度是大相径庭的，因为选择起着鲜明的作用。虽然萨摩亚姑娘从来未体验过我们所感受的浪漫爱情，但也不会饱尝从未爱过人，或从未被人爱过的老姑娘的痛楚；同时，她们也

不会因为婚姻没有如愿以偿而心灰意懒、失望沮丧。

在我们对把性感情疏导到受整个人格所赞许的特殊渠道的艺术有所了解以后，我们将比萨摩亚人更善于评价自己的实践了。为了获得一种我们认为更为高尚的人际关系准则，我们甘心情愿地付出这种代价：在美国和英国到处是索然无味的婚姻，到处是带着失望表情的不育不婚的女子。但是，即使我们承认这种对人格采取敏感且加以择别的反应是可取的，即使我们承认这种抉择对宝贵的人生来说远远优越于对性吸引采取一种机械的、不加择别的反应，然而，鉴于萨摩亚人的实践，我们依然认为，我们所付的代价实在太大了。

对萨摩亚社会在互为联系的男女儿童之间所采取的严格分离，以及青春期前异性儿童之间习以为常的敌视等独特的文化特点，我们是绝不赞同的。为了清除这种态度的遗迹——表现在单性学校上——我们正努力用男女同校的方法取而代之，并尽力使一种性别与另一种性别充分适应，从而使性别的差异消失在更为重要、更为明显的人格差异之中。萨摩亚人的禁忌及分离制度，他们只对群体而不对个人的反应方式，这一切都没有给他们带来明显的得益。但如果我们把另一种因素也加以对照，则我们的结论就不会这样肯定了。那种微型的、在内部成长的、用封闭的慈爱圈来对抗令人生畏的世界的血亲家庭，那种父母与子女之间从生到死毫不松动的人际关系纽带，到底能给我们带来什么报偿呢？感情的专门化固然不错，但它却是以昂贵的代价换来的：许多人终生保留着儿童式的依赖性态度，与父母的纽带彻底挫败了孩子们进行其他选择的尝试，某些十分必要的选择也由于涉及了与自己感情至诚、关系密切的某些人而变得过于复杂棘手。这一切对于 147
仅仅获得专门化的感情来说未免代价太大了，这种感情也许可以通过其他途径来实现，尤其是通过男女同校的方法。如果我们认识到这一点，那么，再来考虑下述情况则是很有意思的：一个包括几位成年男女在内的稍大一些的家庭共同体，似乎保证了孩子们不致发展出某些残缺性态度，诸如俄狄浦斯情结（恋母情结）、厄勒克特拉情结（恋父情结），等等。

萨摩亚人的生活情景表明，让孩子对父母寄予太深的感情是没有必要的；它还提示我们，虽然我们应该否定萨摩亚模式中对我们毫无意义的部分

(即青春期前的两性分离),但是我们依然可以从该文化中学到许多东西,主要包括:家庭不应支配孩子们的生活,更不应对他们的生活加以扭曲。

在我们这里,有许多观点得到了人们的支持,而这些观点本身却自相矛盾;同时,父母对其子女的生活又产生着巨大的影响;这两点互为作用,便产生了那些充满着感情痛苦的情形。在萨摩亚,一位姑娘的父亲专横教条,而一位堂姐的父亲敦厚明达,另一位堂妹的父亲活泼多才而又固执,这一事实对她们的影响仅表现在下述这个方面:如果这三位长者谁是户长的话,她们可以选择自己的居住地。但是三位姑娘对性、对宗教的态度却不会因其父亲气质的不同而受到影响,因为她们的父亲在她们生活中所起的作用是微不足道的。对她们进行教育的不是一个人,而是一群人;这种教育使她们同其他人协调一致,而其父母的人格对这种一致性所产生的影响却很小。由于存在着一条无限的因果链,孩子们便不会只坚持父母的立场而使个体的准则差异代代相传,永远存在下去;同时,孩子们也不会被抛进任何可能成为离经叛道、稀奇古怪的态度中。在我们的文化中,存在着许多供人选择的余地。也许,减少父母在孩子生活中所起的巨大作用,或最起码的某种小范围内对这种作用加以控制,是一种可取的办法;这样,便可使一种偶然的因素不复存在,而这一因素同其他许多因素一样,在任何人的生活选择中产生着极为重大的影响。

148 在萨摩亚,父母们把任何以个人感情为出发点而对孩子作的伦理要求都看做不合时宜的。“乖乖的,听妈的话。”“去教堂吧,为了爸爸。”“不要对姐姐这样胡闹,这会让爸爸不高兴。”谢天谢地,在人们持有一种,而且只有一种行为准则的情形下,那种把伦理与感情加以混淆的不体面情形已经一去不复返了。但是,如果有许多行为准则,而且所有成人都千方百计地使自己的孩子遵循他们自己所选择的某些特殊行为准则的话,人们便会诉诸某些不光彩的狡诈方式了。各种信仰、各种方式、各种行为准则都以孝顺父母的名义强加于孩子。如果我们意识到,在我们的那幅关于个性自由及高尚的人际关系的理想模式中,我们已经发展了一种使感情生活瘫痪,并使许多人的生活能力发展常常受到歪曲和混淆的家庭组织,这并不是一件令人愉快的事情。

萨摩亚的文化模式中缺乏人际关系和专门化感情的第三个因素，是有关友谊形成的方式。在这种情形中，个人尤其被置于类别中，人们只对类别作出反应："亲戚"或"我丈夫的议事酋长的妻子"，"我父亲的议事酋长的儿子"或"我父亲的议事酋长的女儿"。人们对情趣相投、志同道合的考虑，都让位于某种类别的联想。毫无疑问，我们对于这些态度理应全部否定。

如果我们对上述讨论中的各种线索加以整理，理出头绪，那么，我们也许能这样说：萨摩亚社会与我们社会的突出区别，就在于萨摩亚人缺乏专门化感情，尤其是缺乏专门化的两性感情。正是基于这种区别，才使他们能够在基于利害关系的婚姻中毫不费力地进行婚姻调整；也正是基于这种区别，才使他们不会出现性欲冷淡或心理性的无能等现象。缺乏专门化感情必须归结于下列因素：成分复杂的户、青春期前的两性分离以及为了使友谊沿亲属关系发展而对此所作的严格控制。虽然，我们对种种不良顺应、种种令人失望的生活代价遗憾不已（这是我们社会为获得更专门化的感情而必须付出的代价），但是，我们却认为，这种专门化感情的发展是一种不可或缺的获益。然而，通过对上述三方面因素所进行的考察，我们已经发现，我们可以 149
通过男女同校以及自由而不受限制的友谊，来获得我们所希望得到的结果，发展一种自觉的人格，并可能消灭那种过于密切的家庭结构中固有的恶魔，从而铲除由于我们适应力不强而产生的部分不良后果，而不必牺牲任何以昂贵代价换来的收益。

萨摩亚文化与我们的文化的另一点巨大差异，表现在对性的态度以及对孩子进行生死知识的教育方式上。正是由于这种差异，萨摩亚社会中顺应不良的人远比我们社会少得多。在萨摩亚，人们绝不会把任何关于出生及死亡的知识看成是孩子们不能接触的东西；孩子们也不需因害怕惩罚而竭力掩饰这方面的知识；更没有孩子会对这些似懂非懂的问题苦思冥想。秘密、无知、罪恶的知识，由于某种怪诞的概念（这种怪诞概念也许具有深远的意义）而产生的错误推测，仅对性的生理知识有所了解而对伴随着性功能的激动一无所知，以及仅对婴儿出生的事实有所闻睹而对分娩的痛苦一无所知，所有这一切都是我们哲学中的致命缺陷（这种哲学不择手段地阻止孩子们获取令人惊骇的真理）。但是，在萨摩亚，这一切都是绝对不存在的。

此外，萨摩亚儿童同一大群成年人亲密地交往，这使他们能够获得丰富多彩的经历，并从这些经历中确立自己的感情态度。我们的孩子却囿于一个小圈子里（这种局限性日益普遍，因为城市日益扩大，人们只能住公寓，而住公寓的人们来往匆匆，时常搬迁，因而不能形成持久的邻居关系），他们所见过的出生只是弟弟妹妹的出生，所见过的死也只是父母或祖父母的逝世。他们对性的了解，除彼此闲聊外，主要来自对父母性行为的偶然窥视。这就带来了诸多十分明显的不利因素。首先，孩子们对生死的知识完全囿于自己的家庭；其次，如果一个家庭没有人逝世的话，那么这家的幼子也许到长大成人都会缺乏对死亡的深刻了解，缺乏同其他孩子交往的经历。

150 许多关于生与死的片面的零星概念必然会在那些既无知又无经验的头脑中化脓腐烂，并为今后的不幸态度的发展提供肥沃的土壤。再则，这些孩子从一个感情太浓郁的领域中吸取经验；一个婴儿的出生也许是他们到 20 岁为止所实际接触到的第一个新的生命。他们的整个态度就取决于这一特殊分娩的偶然侧面。如果新生婴儿会侵占哥哥或姐姐的地位，如果母亲在分娩中去世，如果婴儿是先天性畸形，那么，婴儿们的出生就会成为只是令人痛苦和恐怖的事情。如果一个人只见过一次分娩死亡，而且死者又是自己的母亲，那么，无论他以后见到任何人的死亡，都会唤起他丧母时的悲哀，并对他产生一种持久的不良影响。如果一个孩子只见过一两次性交，而这一两次性交又恰恰发生在他怀有复杂感情的亲属之间，那么，这种窥视的经历也许会导致无数错误的假设。在我们对顺应不良的孩子所作的记录中，这样的例子举不胜举。这些孩子误解了性行为的本质，认为它伴随着愤怒的挣扎或认为是一种惩罚性的行为。在窥视过这种使他们为之惊心的行为之后，孩子们会畏首畏尾，心中充满了恐惧。因此，我们的孩子有关生死的经验完全是从偶然性的事件中获取的；他们所被赐予的经历仅仅囿于亲属家庭的小圈子，而这些经历对于了解一般事实则是最为可怕的方式。重要的是对这些事实应该采取一种泰然处之、完全实事求是的态度。对于在那些我们认为与美国生活准则相吻合的生活条件下成长起来的儿童来说，一般只是见过一人死亡、两人出生、有过一次性经历而已。为了使孩子知道怎样给一个 14 英尺长、12 英尺高、8 英尺宽的房间糊上纸，为了让孩子懂得划分一个英语句子的语法成分，我们会不厌其烦地给他举例，让他知道怎样计算纸张的平方尺数目。这是一种低标准的展示。也许有人会争辩说，这些经历的感情色彩极浓，根本不需要重复。那么我们还可以这样争辩说，如果孩子在上那堂糊房纸课前被痛打一顿，并且还看到爸爸拿着火钳打妈妈，那 151
么，孩子就会永远记住这堂算术课。但是，孩子对糊房间所涉及的计算到底有多少了解，便令人怀疑了。仅一两次经历是不能使孩子对生命程序中的那种奇异而陌生的生理细节得以正确了解的。如果某种事实只在强烈的感情压力下，在一种不利于孩子获取真知的气氛中经历过一次，那么，对这种事实便会产生各种错误的、片面的印象，产生某种反感、某种极端的厌恶甚至恐惧。

那种禁止孩子对其经历进行讨论的缄默原则只能使各种错误的印象、各种起妨碍作用的情感态度延续下去。“奶奶的嘴唇为什么这样铁青铁青?”这样的问题一出口就立即被大人阻止了。而在萨摩亚，人死后几乎立即解剖尸体，而所有参加葬礼的人对腐臭的尸体所表露出的那种率直、天真的反感，便使死者的身体构造失去了任何特殊的意义。而在我们的精心安排中，孩子不得重复自己的经历，也不得讨论这种经历以改正自己的错误。

对萨摩亚孩子来说，这一切都是截然不同的。性交、怀孕、出生、死亡，这一切都是司空见惯的事情。萨摩亚孩子对这些事情的经历并无孰先孰后之别，而我们却认为这种严格的先后次序对于扩大孩子的知识视野是必不可少的。在一个从不对隐私过于关注的社会中，如果一个家庭的家长正要断气或妻子正在流产，邻居家的孩子完全可以来随便看看，而不带有任何感情色彩。对于生命程序中的事情，无论它是正常的还是病态的，他们都该知道。这样，一个接一个的新印象就能不断地改正以前不正确的印象，直到他们能够像成人一样正确地对待生与死，正确地对待感情问题，而不对纯生理器官的细节予以过分的关注。

然而，我们不应该认为仅仅让孩子们接触生与死的情景就足以保证他们不发展那些不利的态度。也许，比对他们展示大量事实更有影响的，是长辈们对待事物的心理态度。对孩子来说，生死及性关系都是生活中自然的、不可避免的组成部分，因此，他们分担这种生存的责任是理所当然的。在孩 152

子们看来，我们的那句老生常谈，即让孩子接触死者是“不自然的”，就犹如我们说让孩子看别人吃饭睡觉不自然一样，是全然不近人情的。如果允许孩子们对这些事情耳闻目睹，对此以坦诚、实事求是的态度加以接受，就可以把孩子置于一种保护性的氛围之中，使之不致受到恐惧，并使之更接近于那种能够使他们接受的普遍感情。

就像在所有情况下一样，在这里也不可能把态度与实践截然分开，更难以指出哪一方面更为重要。这一区分只有在我们的文明中对我们来说才有意义。如果有哪位美国父母坚信萨摩亚人的实践是正确的，并允许他们自己的孩子正视自己的赤身裸体，使孩子们对身体功能的了解超出我们的文明所普遍允许的程度，那么，他们只是在沙滩上建筑高楼大厦。对孩子来说，一旦离开家庭的保护圈，他们便会被另一种态度所侵蚀，因为这一态度认为儿童获得这种经历是邪恶而有悖于天理的。父母给孩子带来的损害很有可能远胜于收益，因为与这一态度相抗衡的是整个社会的态度。这正是我们这一各家各户彼此不同的社会中固有的顺应不良的另一个事例；因为这种紧张的关系不是存在于差异的性质中，而是存在于差异的事实上。

随着萨摩亚人年龄的增长，他们在对客观生活事实进行默默接受的基础上，开始了对性的接受。同样，我们有必要把他们的行为中那些我们绝不欣赏的部分同那些我们称赞不已的部分区别开来。这样，我们便可以从两种角度上分析萨摩亚人的性行为：其一是从使人际关系能够得以发展的角度；其二是从排除各种具体困难的角度。

我们已经看到，萨摩亚人对人格差异并不欣赏，对人际关系的观念也比
153 较淡漠。人们对男女乱交的默许无疑使这一态度得以强化。种种经历同时并举，但又都为时短暂；对任何感情纠葛都极力回避，对任何良机都不错过(例如丈夫离家远走，妻子的失贞完全是意料中的事)，这一切都使性本身成为一种目的，而不是一种手段。性的价值就在性行为本身，任何用性来把一个人与另一个人束缚在一起的企图都为人们所鄙视。我们尚不清楚他们对人际关系的这种漠视是否完全受制于他们的性习惯。也许，这是一种更为一般的文化态度的反映，在这一态度中，人格不断受到人们的漠视。但在另一方面，这些行为本身却可能使人们承认人格(而在我们文明中，许多人

却常常得不到这种承认），因为萨摩亚人对性、对性的各种可能情形与报偿一清二楚，因而他们能根据性的真正价值来判断性行为本身。如果说她们没有把享受性活动的权力留给重要亲属的偏好的话，她们也不会仅仅因为某人能够满足她们的性欲而把他们看成是重要的亲属。一个萨摩亚姑娘如果能够对某个年轻放荡者施展的杰出勾引技能毫不动情，那么，同那种在父母的保护伞下长大，却盲目地钟情于第一个吻她的男子的美国姑娘相比，显然更接近于把性看做是一种不受个人感情影响的力量，它本身并没有任何固有的合法性可言。由于他们对伴随着性激动的各种反应非常熟悉，从而她们能认识到性吸引实质上是不受个人感情因素所左右的。在这一点上，他们很值得我们羡慕；但由于他们认为性行为是微不足道，并可以随意进行的，这又使他们对人格漠然视之；这种漠然的态度在我们看来却是不足取的。

我们已经谈到，萨摩亚人性行为的方式减少了产生精神病的可能性。由于他们在实践中不承认有我们意义上的反常类别，只承认有偶然几个不正常的个人而已，因而他们便使整个精神病症存在的可能性消失殆尽。人们对手淫、同性恋以及异性间的异常性行为既不予以取缔，也不使之习以成俗。这林林总总的性生活形式，使他们不致产生任何纠缠不清的犯罪感；而正是这种犯罪感，常常成为我们社会中许多人顺应不良的原因之一。在萨摩亚，异性间所允许的更为繁多的性行为形式，保证了个人不因任何特殊原因的制约作用而受到惩罚。他们把这种更大范围内的性行为看做是“正常”
的活动，这就提供了这样一种文化氛围：性感缺乏以及心理上的性无能都是 154
不存在的。这也保证了他们总能在婚姻中建立一种能够令人满足的性适应。但是，如果我们仅仅接受这样一种态度，而不愿对男女混交方式有任何程度的接受，那么，要想解决许多陷入僵局的婚姻，减少靠公园冷板凳度夜待晓、到妓院排忧消愁的人，依然是非常困难的。

在萨摩亚人的生活模式中，有许多因素对造就性情稳定、顺应良好、身强力壮的人产生了影响；在这些因素中，家庭组织与对性的态度无疑是最为重要的。但我们也必须注意到一般的教育观念，因为这种观念对早熟并不赞赏，对那些迟钝、懒散、笨拙的人却百般迁就。在一个生活节奏太快、报酬较为丰厚、能量扩张较大的社会中，聪明的孩子就会表现出厌倦。但是，那种由气候、由自足平和的社会以及由舞蹈形式（这种舞蹈中明显地表露出个性的早熟，从而消除了聪明儿童所产生的某些不满）所决定的较为缓慢的生活节奏，却能使孩子们不至于过于厌倦。人们对笨拙的人既不鞭策，也不寄予过高的希望，否则，他便会对力所不及的努力深恶痛绝，从而彻底放弃任何努力。这种教育方针也往往模糊了人与人之间的差异，并最大限度地消除了由于天资不平而产生的，并对成人人格有重大影响的种种不良的社会态度，诸如嫉妒、敌视及竞争等。

这是解决个体之间差异问题的一种途径，这种解决方式对一个严格的成人世界来说是极为适宜的。孩子被置于无首创精神的从属状态的时间越长，他对一般文化态度的接受就越多，他也就越难以成为一种介入因素。如果给笨拙者以充足的时间，他们也能学会许多知识，足以成为一大群强有力的、能够安然肩负文明重任的保守主义人士。对年轻人赐予头衔，是对精英的奖励；但对 40 岁的人赐予头衔——他们终于受到了保持这种头衔的足够
155 训练——却保证了才华平平的人们能够继续生存下去；这也挫伤了英才的积极性，使他们不能对社会作出更大的贡献。

我们正在慢慢摸索解决这一问题的方法，至少在正规教育中是如此。迄今为止，我们的教育体制仅仅提供了两种极其片面的方法，以试图解决在天资不同、发展速度不同的儿童之间存在的巨大悬殊中所固有的困难。前一种解决方法是在每一个教学阶段中允许有足够长的时间，以便仅仅使那些在智力上有缺陷的孩子能够得以成功；这一方法同萨摩亚人的方法极为相似，只是没有诉诸他们那种作为一种补偿方式的舞蹈而已。聪明学生的智力受到禁锢，不能得到正常的发展，终日埋头于令人厌倦的作业，除非他能有幸找到某种缺口，来宣泄自己尚未使用的能量，那么，他很可能以逃学或一般性的恶作剧行为来发泄这种剩余能量。我们唯一的替换方法，便是让学生“跳级”。但是，能够跳级的学生必须具有超群的能力，能弥补两个年级之间的差距。这一方法同美国人对流星般的职业变迁所持有的热情是一脉相承的。美国人总希望今日的运河船夫、小木屋里的平民，一觉醒来能成为白宫大亨。这种教育方式的种种弊病，如只给孩子们某些轮廓性的、断断

续续的背景知识等等,已常常受到人们的抨击,在这里毋需赘述。值得一提的倒是,虽然我们对个人能力的判断与萨摩亚人截然不同,但在我们的正规教育中,却多年来一直沿用了一种与他们的教育方法相似的解决方法,只不过我们的方法不如他们的方法那样成功而已。

为了改变这种令人失望的教育现状,实验教育家正殚精竭虑地寻求各种替代方法,如道尔顿计划、速成班等等;在速成班这样的班级里,一群孩子能以同样快的速度前进,而无论对自己还是对稍微迟钝的同伴都不会造成任何伤害——这一切都有力地证明了我们已经在自己的社会机构中运用了理性,并取得了丰硕成果。从前的那种红房子学校,不啻为一种几乎同萨摩亚人的舞蹈场地一样不幸而又意外的现象。它是这样一种机构,其产生是为了响应一种被人们所模糊感触到、却没有得到人们深剖细析的需要。它的方法与原始人类所使用的方法是非常相似的,是对紧迫问题未加理性分析而作出的种种尝试。但是,用制度的形式把对天资不同、发展速度不同的
孩子的不同教育方法固定下来,却是我们在萨摩亚或任何其他原始社会中 156
都找不到的。它是对人类机构所进行的有意识的、明智的调整,这种调整是与被人们观察到的人类需要相适应的。

在萨摩亚的教育中产生了不同态度的另一因素,是劳作与玩耍在儿童生活中所处的地位。萨摩亚孩子并不像许多其他原始人类的孩子那样,在学习玩耍中学习劳作。他们也不像我们的儿童一样,被允许有一段无需承担责任的时期。从四五岁开始,他们就从事着明确的工作,这些工作与他们的体力与智力是相称的;这些工作在其整个社会结构中依然是有意义的。但是,这并不意味着他们比那些每天从上午九点到下午三点待在学校读书的美国儿童玩耍的时间要少。在上学以前(上学便意味着打乱他们正常的生活方式),萨摩亚儿童花在跑差、扫院子、担水、看孩子上的时间,也许比美国学校中的儿童花在学习上的时间要少些。

区别不在于他们在干什么事情中花多少时间,或有多少时间用来玩耍,而在于态度上的差异。随着教育的职业化以及工业劳动的专门化(这使每个家庭都失去了原先的活动种类),我们并没有使孩子认识到,他们真正用于在成人监督下的活动时间与成人的活动世界在功能上有什么联系。虽然

这种缺乏联系的现象与其说是真实的，倒不如说成是表面的，但是，它毕竟是非常生动的，足以成为儿童态度中的一种强大的决定因素。那些照看婴儿、担水、扫地的萨摩亚姑娘，或那些挖鱼饵、采椰子的萨摩亚小男孩，并没有遭遇过这样的困难。他们所从事的工作的必要性是显而易见的。让孩子做力所能及的工作，而不允许他们随意地盘弄大人的器具——而我们在这方面却不管孩子，所以孩子能毫无目的地、破坏性地敲击着爸爸的打字机——便产生了对工作的不同态度。美国儿童在学校往往花许多小时来学习某些功课，而要辨析出这些功课与父母们所从事的工作究竟有多大程度
157 的联系，却往往是相当困难的。他们对成人活动的参与通常表现在下述方面：要么玩玩具、敲茶几、摆弄洋娃娃及玩具汽车，要么拨弄电灯系统。这种拨弄不仅毫无意义，而且充满着破坏性（读者请注意，无论是这里还是在本书的其他地方，我所说的美国人不是指那些刚刚移居到美国的欧洲人，这些人的教育传统与我们的教育传统依然不同。这些人，如南意大利人，他们依然期望孩子能够从事生产性的工作）。

因此，我们的儿童作出了一整套错误的划分：工作、游戏和学校；为大人而工作，为自己的快乐而游戏，而学校则是与某种补偿相连的既莫名其妙又令人讨厌的东西。这些错误的划分很可能导致各种各样的奇怪态度，如对学校漠然冷淡，认为它与生活没有明显的关系；或把工作与游玩错误地对立起来，认为它们是风马牛不相及的两件事。这种区分导致了两种情形：要么害怕工作，认为它总带有令人厌倦的责任；要么在他们成人以后鄙视娱乐，认为任何娱乐都是幼稚的，是娃娃们的事。

萨摩亚儿童的两分法迥然不同。工作由那些使社会生活得以持续下去的必要任务所组成：栽种、收割、准备食物；建造房屋；编织草席；照看孩子；为举行婚礼、婴儿出生、继承头衔、招待客人而聚积财富；所有这一切都是生活的必要组成，社区的每一位成员，包括年幼的孩子，也得参加这些活动。工作并不是获取悠闲的途径；在他们那里，每户都生产着自己所需的食物、衣服、家具；没有大量的固定资本；高贵门户的特点仅仅在于他们更加勤劳，负有更大的责任而已。因此，我们社会中的那幅节俭、投资、延宕享受的图画在他们那里是全然不存在的（他们甚至没有一个界限明确的收获季节。

收获总会带来特别丰盛的食物，随后便是庆丰宴席。食物总会是很充裕的，除个别村庄要度过几周贫困的生活，但随后便是一段时间的大吃大喝）。相反，工作是每人每时都必须从事的活动；没有人例外，也很少有人过度工作。勤劳的人会得到社会的嘉奖，而得过且过的人也会得到社会的容忍。人们也总是优哉游哉——请注意，萨摩亚人的悠闲不是努力工作或资本积累的 158
结果；恰恰相反，它仅仅得自于温和的气候、稀少的人口、结构合理的社会环境，以及没有巨大的开销。娱乐是人们在工作之余所做的事情，一种在不令人生厌的工作结构中填补广袤空间的自然途径。

娱乐包括唱歌、跳舞、游戏、编织花项圈、调情、妙语巧辩以及性活动的各种形式。也有一些社会风俗既包含工作又充满着娱乐，如各村之间礼仪性的互访。在萨摩亚，没有人会把工作与娱乐截然分开，认为工作是不得已而为之且又令人厌恶的事，把娱乐看作人人乐而为之的事；也没有人会把工作看作大人的主要活计，而把娱乐看作孩子们的主要兴趣所在。在种类、兴趣及与工作的比例方面，儿童的娱乐与成人没有什么不同。萨摩亚儿童也不希望把成人的事务变成自己的娱乐，把一种领域的活动转变成另一种领域的活动。在萨摩亚时，有人给我寄来一盒吹肥皂泡用的白色的陶土制的烟斗。萨摩亚的孩子们对吹肥皂泡很熟悉，但他们吹肥皂泡的方法却很落后，根本不用陶制烟斗。她们用这种烟斗吹了几分钟，肥皂泡又大又美，于是，高兴极了。但不久，小姑娘们纷纷向我请求，能不能让她们把烟斗拿回家给妈妈，因为烟斗是吸烟用的，而不是玩的。外国人的洋娃娃她们不感兴趣，虽然她们自己并没有那玩意儿。尽管其他岛上的孩子用棕榈树叶编洋娃娃，但是她们却用棕榈叶编小球。他们从不做玩具房子，不做玩具小帆船，也没有儿童游艺室。小男孩会爬到挂在大船船舷外的装有桨叉托架的真正的小木船上，在环礁湖的安全范围内练习划桨。这种态度给他们的生活带来了高度的和谐，而这却是我们无法提供给自己的孩子的。

在我们这里，一个孩子的生活能否得到人们的理解，完全取决于其他孩子的行为。如果其他孩子都去上学，那么，不去上学的孩子在他们当中就会感到很不协调。如果邻居家的小姑娘在学音乐，那么，玛丽为什么不学？换言之，如果邻居家的小姑娘不学音乐，玛丽为什么要学？由于我们把孩子们

所关注的事同大人所关注的事看成是风马牛不相及的，因而孩子也就不会
159 尝试着从与大人生活关系的角度上来判断自己的行为了。所以，孩子们常常会把游玩看做不体面的事，等他们长大成人后，也会把本来就很少的一点闲暇时光糟蹋掉。但是，萨摩亚儿童却以整个社区的标准来衡量自己的工作和游戏；他们所做的每一件事，对自己了解的唯一的生活准则来说，对萨摩亚人的村庄生活来说，都是高尚的。而我们的社会是这样的复杂，层次是如此参差不齐，使我们不能希望它会自动成为任何像他们那样简单的教育模式。同样，我们也很难为孩子们设计出参与各种活动的方法，设计出把学校生活与其他生活连接起来的途径，以使儿童们享有萨摩亚儿童所享有的尊严。

对儿童的感情稳定产生影响的最后一点文化差异，也许是他们缺乏一种在生活中进行重大选择的压力。在萨摩亚，大人们敦促孩子要好好学习，要懂规矩，要勤快，但是从没有人催促他们尽快地进行选择。人们对这种态度的最初感受便是兄妹禁忌。它是表现谦虚和体面的要点。但是究竟在什么阶段上才应开始遵守这种禁忌，这总是由年幼的孩子来确定的。当小一点的孩子能谨慎从事，能听懂别人话的时候，他（她）就会自动感到“难为情”，并建立起正式的屏障；这种屏障要一直持续到老年。同样，没有人敦促青年人进行性活动，也没有强迫处在微妙年龄中的青年男女缔结姻缘。只要与公众准则相背离的可能性不大，那么，早几年或晚几年对社会是不会构成威胁的。如果一个孩子对兄妹禁忌的认识稍晚一些，实际也不会带来任何危险。

这种自由放任的态度已经渗透到萨摩亚的基督教教会中。萨摩亚人觉得没有必要对未婚的青年男女过于苛刻，强迫他们作出不利于享受生活欢乐的重大选择。等他们结婚了，或更晚一些，当他们对自己所采取的行动有明确的认识，而不会每个月都可能面临不体面的危险时，便会有足够的时间对付这些严肃的事情的。那些传教士中的权威人士们一方面认识到节奏缓慢的好处，一方面又对怎样把萨摩亚的性伦理与西欧性伦理协调起来甚感
160 苦恼，觉得如果不把未婚的教会成员锁在教会学校是极其不利的。所以，当地的牧师不仅不催促青年姑娘认真反省自己的灵魂，反而建议她们过几年

再入教，而这正是姑娘们所希望的。

但是，我们，尤其是我们的新教教会，却有一种感染青年人的强烈偏好。宗教改革虽然强调个人选择，却不愿意接受那种属于天主教模式的、缄默而又充满传统气息的教会成员身份，因为这种身份虽然标志着更多的圣礼馈赠，却不要求突然的转变，也不要求宗教感情的更新。但是，新教的解决方法是仅在必要的情况下延迟选择，一旦孩子达到了所谓的"审慎年龄"，它便发出了强烈的、戏剧性的要求。这种要求又得到来自父母及社会压力的支持，孩子们被告知，现在该选择了，而且必须明智地作出选择。虽然从历史上看，这种来自宗教改革的、极力强调个人选择的教会态度是不可避免的，但是，这一代代相袭的传统却延续至今，未免令人遗憾。这一立场甚至被无派性改良团体所采纳，他们都把青春期的孩子看成是最佳的宣传对象。

在对萨摩亚与美国文化所进行的种种比较中，有些地方仅仅能对我们自己的解决方法提供一种注意点而已，而其他方面却能给我们提供进行变革的启迪。不管我们对其他民族所作出的选择是否羡慕，我们都必须考虑这些民族是怎样解决同样问题的。这样，我们便可大大地开拓并加深我们对自己的选择所采取的态度。通过对其他文明的历史进行考察，我们得到了很大的慰藉。它使我们认识到，我们自己的方法并不是人类所不可避免的，也不是由上帝确定的，而是由长期而激烈的历史所酿成的。这样，我们便可回过头来，对我们的一切制度、机构进行检查，予以总体的权衡，而不必害怕我们究竟有何不足。

第十四章　为选择而教育

161 我们一直在逐条对比我们的文明与萨摩亚人的文明，以便从这种对比中获得某些启迪，来改善我们的教育制度。如果我们现在撇开那幅萨摩亚人的生活图景，只从中汲取我们所获得的主要教训（即青春期并非必然是一个危机四伏的紧张时期，任何心理紧张都来自文化条件），那么，我们能否得出一点关于如何培养我们的青年人的行之有效的结论呢？

乍看起来，答案似乎再简单不过了。如果青年人陷入困窘和苦恼的汪洋大海，只是因为社会环境的条件使他们别无选择，那么就让我们尽一切可能改变这种环境、减少这种压力、消除这种适应过程中的紧张和痛苦好了。然而，不幸的是，那种使我们的青年人困惑不已的社会条件正是我们社会的血肉躯干，远非我们所能直接操纵的，就像我们对自己的语言无能为力一样。我们可以这儿换一个音节，那儿换一个句法结构，但是语言结构本身（如同所有文化结构）的伟大而具有深远意义的变化却是时间的造化。在这种造化中，每个人所起的作用是无意识的，同时也是无足轻重的。我们的青少年之所以感到困难重重，主要是因为存在着互相冲突的行为准则，以及这样一种看法：每个人都应当作出他（她）自己的选择；与这种看法相连的又是
162 这样一种感觉：选择是一种非常重要的事情。由于存在着这些文化态度，青春期现在已不被看成是一个生理变化的时期（因为我们知道，生理上的青春期是无需产生冲突的），而被看成是思想及感情成熟的起点；因此，青春期势必充满着冲突的困窘。一个吵吵嚷嚷要求选择的社会，一个充满着许多有发言权的群体而每一个群体又都竭力倡导自己的拯救理论和自己的各种经济哲学的社会，是绝不会赋予每一代新人以宁静安逸的，除非他们全都作了选择，或由于他们无力承受选择的条件而沉沦失败。这种紧张存在于我们的文明本身，而不是存在于我们的孩子所经历的身体变化之中；然而，在20世纪的美国，这种紧张既无夸张之嫌，亦无回避之策。

如果我们再看一看这种选择所要求采取的特殊形式，那么，青年人的困窘只能得到更进一步的证实。因为我们的讨论主要限于姑娘们，因此，我将从她们的角度讨论这一主题。诚然，在许多方面，青春期男孩子的困窘也是非常相似的。在14—18岁之间，一般美国男女青年毕业离校。他们现在已经为工作作好了准备，只是必须对他们所希望从事的工作作出自己的选择。也许有人会说，他们常常没有多少选择可言。他们所受的教育，他们所居住的地点，他们的操作能力，所有这一切都会交织在一起，决定他们是当百货公司的出纳员，还是当电话接线员，或是当职员或矿工。但是，尽管对他们敞开的机遇事实上寥寥无几，可是，这种机会十分缺乏的事实却被我们美国人理论上所存在的机会的无限性所模糊、所掩饰。电影、杂志、报纸，所有这一切都以这种或那种形式复述着灰姑娘的故事。人们对第456号出纳员成为采购部主任后同她店主举行婚礼的兴趣绝不亚于她是通过什么途径成为采购部主任的。我们的在职阶级并不是固定不变的。许多孩子比父母受到更好的教育，所占据的职业也更有技术性，这就使得男女机遇的永远不平等状态甚至存在于一位姑娘同自己兄弟的竞争中，而不复存在于她同她那没有技术的父亲的竞争中。如果有人还坚持认为，所以会产生这些状态，主要 163
是因为早先的那些条件(尤其是那曾为我们的职业选择提供了长久可能性的未开发边远地区以及大量可供自由开发的土地)已不复存在，那这种争辩是毫无意义的。人们在先驱者的时代中所思考的种种问题已通过其他形式延续了下来。只要我们还有来自从非英语国家的移民，那么不讲英语的父母与讲英语的孩子之间在机会面前的不同境遇就将永远是鲜明而富有戏剧性的。在我们的教育标准变得比目前更为稳定之前，强制性的就学年龄以及就学年限的不断提高将造成许多父母与其子女之间的更大的教育差距。目前，农民及农业工人正涌入城市寻找职业，这种职业变动向我们展现了相同的情景。当农业工人把到城市找工作看做在社会台阶上又向上迈了一步，当科学种田方法的普及迅速减少了农业所需要的人员时，出生在农村的人势必会涌入城市寻找工作，这起码在下一代人的生活年月里会使我们以农为主的各州倍感困惑。以机器取代非熟练工人，把许多工人及其子女吸引到操作机器的职业中，这便向我们提供了历史沿革的又一例证，这种沿革使那种我们掌有无限机会的神话得以永存。除上述讨论的各种特殊情形外，我们还需考虑其他因素，如从南方玉米地出走的大批黑人对其孩子前途的影响，或对新英格兰工厂工人子女的影响。这些孩子被剥夺了按部就班地从事其父母原先从事的工作的机会，因此，他们如果找不到更好的工作的话，就不得不去新的环境中闯荡。

对这些事实进行缜密研究的学者也许会告诉我们，阶级界限正变得日益固定；虽然移民的孩子比父母取得了更大的成就，可是父母们的地位在步步上升；现在，他们中间取得杰出成就的人已不如从前多了，这就使我们更有可能从父母目前的地位来预测孩子未来的地位。但是，统计学家的这种字斟句酌的评论既没有体现在我们的文学中，也没有体现在我们的电影中，我们也无法根据他们的研究去估价孩子们与其父母相比生活条件有了哪些
164 改善。尤其在城市，并没有任何迹象表明，对哪个阶级、哪个地区的孩子来说，条件的改善是一种规律，而不仅仅是这样一种事例：约翰·赖利在渡口工作，每周挣 20 美元，而他的女儿玛丽由于上过商业学校，虽然工作时间更短，可是每周却能挣 25 美元。函授学校招生广告的吸引力、一举成名的观念的诱惑，所有这一切都充分体现了美国男女青年的职业选择同英国青年的职业选择是不一样的。在英国的社会中，等级制度古已有之，根深蒂固，这是连最愚蠢的人也不会怀疑的。因此，经济条件迫使青年人去工作，而各种情况纵横交错，使选择变得异常困难。他们要么放弃无忧无虑的生活，去过一种备受限制、毫无惬意可言的生活；要么猛烈地反对他们所必须作出的那种选择；相比之下，美国青年却拥有数不胜数的机会。

妙龄姑娘的谋职就业给家庭又带来了其他影响。从前，她们对父母的依赖表现在父母对她在每个领域里的自发活动所采取的限定和抑制的态度中，从用钱、服饰到行为举止的标准无一例外。由于我们的社会本质上是一个金钱的社会，所以，用津贴的形式对孩子进行限制比用纯行为的限制有效得多。过去，如果父母对女儿的服饰不满意，觉得太过分，乃至于有失体统，母亲便会把女儿的衣领做得高一点，袖子做得长一点。而现在，这种不满情绪则是通过金钱控制的形式表现出来的。如果玛丽再买雪纺绸长筒袜，那就不给她钱，让她什么长筒袜都买不成。同样，对烟酒的嗜好也只能通过钱

来满足；去看电影、去买那些父母不同意买的书和杂志，都取决于女儿有没有钱，当然也要看她能否躲开那些更为直接的控制形式。用提供金钱的方法来满足女儿对衣饰和娱乐的一切愿望，其重要性已经使金钱成为父母们行使权威的最简易的手段。它是那么容易，以至于那种断绝津贴、不给女儿每周看一场电影或买她朝思暮想的帽子所需要的钱，已经取代了上个世纪 165
父母们管束孩子最得心应手的方法，诸如鞭笞体罚或不让女儿吃饭喝水的种种惩罚。现在，父母们已经学会运用金钱控制的方法。女儿们现在也已充分认识到，她们必须检点自己的道德心、宗教观以及社会行为；必须遵循各种伦理准则，甚至连个人费用中最微小的规定也得小心谨慎，因为稍有出轨，便会蒙受经济威胁。可是，女儿在 16 或 17 岁时便找到了工作，不管她会怎样认真地分担家庭费用，也不会把全部收入上缴父母。也许只有在欧洲传统的家庭中，有收入的女儿才会把所有收入交给父母（当然，这要排除女儿赡养父母的情形。在这样的情形中，女儿掌握了经济大权，而把父母控制的状况颠倒了过来）。她有生以来第一次有了自己的收入，怎样花这笔钱再也不会受道德伦理和行为举止的限制了。父母对她进行管教的各种主要手段都失效了，然而他们却依然希望能够继续指导女儿的生活。他们并没有把自己的行使控制的权利看做提供生计的人所应有的权利，即他们有权控制那些他们为其提供生计的人。相反，他们是从更为传统的观念上看待这一问题的，即父母有权控制自己的孩子，这种态度又被多年来进行这种控制的实践所强化。

但是女儿却处在这样一种地位：过去她不甘向某个手执长鞭的人屈服，现在，她却看见这根长鞭断裂了。她的屈从、她在父母的特殊制约下所感受的恼怒——这种特殊制约对于处在较为简拙的文化中的孩子来说，是不可避免的，因而他们也能够欣然接受——是我们这种成分复杂的文明中的又一个特点。如若社区中的所有孩子听到晚钟便上床睡觉，一个孩子是不会因其父母也实施这一规定而抱怨不迭的。但如果隔壁的小姑娘能待到十一点才去睡觉，为什么玛丽八点钟就必须上床？如果她的同学都能抽烟，她为什么不能抽？反过来说（因为这是一个缺乏普遍准则的问题，而不仅仅是各种准则的本质问题），如果其他小姑娘身穿色泽鲜艳、款式入时的衣服，头戴插着鲜花、绣着花边的帽子，她为什么必须穿那种刺眼而又坚硬的亚麻衣服，戴着无边无饰的圆帽子？如果不考虑孩子们对父母所怀有的那种过度
166 热切的忠诚——一种带来其他更为严重困难的忠诚——那么，在一个由多种成分组成的异质文明社会中成长的孩子们，毫无疑义是不会接受其父母的判断的，即使最听话的孩子也不过是以屈求伸，目的是为了有朝一日能够获得彻底自由。

在一个由单一民族组成的原始社会中，父母们所采取的管教措施仅仅是为了使孩子作出小小的让步，并对单一行为模式中出现的微小差异加以纠正而已。但在我们的社会中，家教则是为了建立一套准则而反对其他各种准则；每个家庭都在进行着某种战斗，承担着中庸之士的责任，坚决捍卫着在整个社区中已经丧失殆尽的某种事业，并竭力尝试着能够建立一种远胜于周围邻居的新标准。这大大增强了家规在一个姑娘的人格发展中的重要作用。所以，我们看到失去了经济控制的父母们强迫那些依旧住在家里的女儿接受她所反抗的行为准则。他们常常发现，自己的这种努力往往是徒劳的，其结果使得家庭控制突然失效，而这种失效却常常发生在女儿遇到了其他重要选择、正需要有一个稳定的家庭环境的时刻。

大约在这一时刻，性开始在姑娘的生活中发挥作用；也就在这种时刻，她遇到了互为冲突的选择。如果她选择了同代人那种较为自由的生活准则的话，那么，她同父母便产生了冲突。如果不是那些清教徒式的自我责备困扰着青年人的良知，如果把她们目前的性尝试问题仅仅看作是一种试验而不是一种反抗的话，那么，这一问题便会被大大简化。在我们尚无完整的社会准则对这种行为进行指导的情况下，要引进一种规模更大、更加危险的实验，是会造成很多困难的。要在人际关系领域取得新的发展，总会伴随着一些人的失败，这些人还不够坚强，不能从容地面对一种尚未成为既定模式的生活情境。荣誉的准则、个人义务的准则、责任限制的准则，这一切只能缓慢地发展起来。而且，在首批试验者中，许多人因为没有绘制清晰的“海图”
167 而葬身于生活的汪洋大海之中。但是，试验者的陷阱中又加入了公众对试验本身的怀疑，认为这种试验荒谬不堪；而且由于这种怀疑，试验者本人不得不采取保密、撒谎的方式，不得不胆战心惊地悄然行事；此时，她们的心理

紧张便达到顶点，频繁的失败便再也无法避免了。

如果姑娘选择了另一条道路，决定秉承父辈的传统，那么她虽赢得了父母的同情和支持，却失去了志同道合的同龄人的友谊。无论她作出哪种抉择，抉择总是伴随着精神痛苦。能够因为偶然的运气而得以幸免的青年人总是寥寥无几，或因有一大群持同样生活准则的人作后盾，从而无论她们是决定反抗父母还是反抗大多数同龄伙伴，都能得到他人的支持；或因她们被其他某种兴趣所深深吸引，而免受这种折磨人的烦恼。但是，除却学生——因为她们的人际关系问题有时被温和地推至将来解决——那些对其他某种兴趣专心致志，而对异性却不予关注的人，经常发现自己不知不觉已经成为无可奈何的老处女了。这种对老姑娘身份的恐惧并没有给原始文明中妇女的生活笼上阴影；这是我们的文明所产生的另一种特有的不良顺应。

在目前的行为问题中，又卷入了由各种不同的婚姻观念所造成的困惑以及由于下述矛盾选择所造成的冲突：是在学业完成后再结婚，还是先结婚并和正在努力奋斗的年轻丈夫共同分担家庭事务？控制生育的知识虽然赋予人类生命以极大的尊严——因为它使人们对生育可以作出选择，而在这一点上，以往人类却一直悲惨地受制于自然——但也带来了更大的困惑。控制生育使那种直线型的“婚姻一家庭一孩子”的生活计划同保持独立的老处女身份之间的问题更加复杂了，因为它使结婚不育成为可能，允许早婚、婚姻事业并举，并使不结婚、不承担家庭责任的性关系能够得以存在。由于大多数姑娘还想结婚，并把自己的职业看成是权宜之计，因此，这些问题不仅影响了她们对男性的态度，而且影响了她们对工作的态度；此外，还使她们对被迫从事的工作失去了持久的兴趣。

此外，在一种新的经济地位以及采取某些必要的性关系准则所固有的 168
困难中，我们还须加上那些亟待解决的伦理和宗教问题。在这方面，家庭也是一个有重大影响的因素；父母们费尽心机施展一切可以施展的感情压力，使孩子加入各种救世军组织。复兴会的催眠、牧师及家长的压力，使孩子们得不到片刻的安宁。要把权威的教诲、社会的实践以及科学的新发现都协调起来，确实困难重重，这一切使已经被折磨得无法忍受的孩子们更为苦恼、更加迷茫。

如果我们承认社会对其青年男女造成了过多的困难，并在短短的几个月的时间内就要求他们作出过多的重要抉择，那么，此时该怎么办？有人提出，行之有效的方法是延迟让孩子们作出抉择的年龄，使她在经济上不能自立，或使她与异性完全脱离接触。在她还不够成熟、不能带着批判的目光来打量她所遭遇的各种问题之前，只给她提供一种纯正的宗教思想。如果以一种不太清晰的方式加以表达，那么，这一思想隐匿在延长青春期的各种方案之后。其具体做法是，提高就业年龄、增加就读时间、不让学生了解任何带有争议的问题（诸如退化论与原教旨主义之间的各种争议）、不让他们掌握性卫生或生育控制的知识。但是，即使这些专门制订并得到法律实施的措施确能达到预期的目的、确能延迟她们进行选择的时间的话，这样一种发展是否有利，也是令人怀疑的。把少年男女作为互为冲突的行为准则的厮杀之地，并在他们这般年幼之际便诱使他们参与这场厮杀，为之提供训练，以此来妨碍他们的发展，这是很不合情理的。这种做法与在文化上使他们过迟作出抉择也许是同样的不合情理的。一个人在 30 岁丧失其基本宗教信仰要比在 15 岁失去这种信仰所蒙受的精神折磨大得多。原因很简单，因为他们接受这种信仰的时间要长得多。让他们对至今深信不疑的各种有关性问题得以新的了解，或把有关性行为的古老传统观念一举打碎，都会给他们带来更大的痛苦，因为这些历时悠久的传统态度还很有力量。此外，从实际情况看，这些方案与现在正在实施的措施也所差无几，因为这些措施仅仅
169 限于地区范围，如一个州立法反对进化论，而另一个州则立法反对控制生育；或一个宗教派别把未婚女子都隔离起来。这些为特殊目的而发起的地区性运动，对青年男女群体是全然不合适的，因为它使这些青年人在与那些被允许对自己的生活进行选择的青年的竞争中处于不利的地位。这种教育方针不仅难以付诸实施，而且是一种倒退，充其量只不过是一种未经证明的假设而已。

相反，我们必须把我们的全部教育努力倾注于训练孩子的选择能力上。教育不应当成为某一种生活方式的特殊辩护士，不应成为只形成一种特别思维方式而拒绝所有外界影响的绝望努力；相反，它应当为所有这一切影响作好准备。不仅学校教育应该如此，家庭教育更应该如此。这种教育必须

极其注意心理及生理卫生；在这方面，我们必须作出比以前更大的努力。对一个即将作出明智选择的孩子而言，身心健康是绝对必需的。而且，在我们力所能及的情况下，绝不应让孩子们在任何方面受到妨碍。更重要的是，这些属于未来的年轻人必须思想解放、视野开阔。家庭必须停止仅为某种个别的伦理理想或宗教信仰辩护，无论是带着微笑还是皱眉蹙额，是爱抚哄骗还是威逼胁迫。应当教会孩子们怎样思考，而不是思考什么。由于传统的错误很难避免，必须教育他们忍受别人，而不能像现在这样，只教他们对别人百般挑剔。必须让他们知道，他们面前延伸着许多条道路，并没有任何一条道路比其他道路更为神圣。走在这许许多多的道路上，都将担起选择的重任。如果他们不被种种偏见所妨碍、不因过早受制于任何一种准则而苦恼，那么，他们一定能对摆在他们前面的机会作出明智的抉择。

任何研究文明的学者都必须认识到，我们对自己异质的、迅速变化的文明付出了昂贵的代价：高比例的犯罪和渎职、青年人的频频冲突、神经官能症患者的不断增多以及传统精神的突然中断（这种中断使艺术发展受到令人痛心的挫折），这类现象到处可见。然而，虽然我们付出了很多代价，我们也获取了许多收益。对这些收益，我们必须认真总结，而不应心灰意冷。在这些得益中，最重要的是我们有选择的可能性，即我们承认有许多可能的生活途径，而其他的文明社会仅仅承认一种生活模式。其他的文明仅为同一
种气质类型的人提供了能使他们得以满足的生活道路，不管他是神秘主义 170
者还是士兵、是商人还是艺术家；一个存在着许多种行为准则的文明社会，对各种气质迥异、天资悬殊、兴趣不同的人都提供了能够使他们满意的选择可能。

今天，我们正处于一个过渡时期。我们有许多准则，然而，我们却依然笃信只有一种准则是正确的。我们向孩子们描绘的是一幅战场的情景：每一群人都全副武装，挥戈上阵，坚信只有自己的事业是正义的；每一群体都频频袭击着下一代。我们终于认识到，人类在自己的历史进程中，在目前，正用许多途径解决生活中所出现的各种问题；如果我们有了这种认识，却不能改变仅仅对一种生活准则加以接受的信仰，那将是不可思议的。当每一群体都不把自己的习俗看成是唯一符合伦理的神谕，当每一群体都欢迎气

质相同的人加入自己的行列之际，我们便会认识到个人选择和普遍容忍的极其重要的意义了；这种意义是一个异质文化所能获取的，同时，也只有一种异质文化才能获取。萨摩亚只知道一种生活方式，并把它原封不动地传授给自己的孩子。那么，掌握着多种生活方式的我们，能否让自己的后代在各种生活方式之间自由地作出自己的选择呢？

附录一　各章注释

第四章

第 32 至 33 页[*]。

在萨摩亚人的亲属关系分类中，性别和年龄是两个最重要的基本原则。亲属关系 171
的术语从不用于称呼，甚至对父母也直呼其名或绰号。同龄的亲属或年轻一两岁到年长五岁或十岁的亲属都被视为说话者的同代人，无论是同性还是异性。因此，女孩子会称呼年龄不相上下的姐妹、姨婶、侄女、表姐妹等人为尤首（*uso*），同理，男孩子也会这一称呼来称呼他的兄弟、叔伯、侄子或表兄弟等等。表明异性兄弟姐妹关系的词有两个：图阿法芬（*tuafafine*）和图阿加纳（*tuagane*），前者用来指代一个男子的同龄的女性亲属，后者则用来指代一个女子的同龄的男性亲属（尤首一词则没有这种区分）。

泰（*Tei*）一词，是另一个用来称呼任一性别的年幼亲属的重要称谓。一个年长的亲戚是否这样来称呼一个孩子，与其说取决于孩子到底比他年轻多少，不如说取决于年长者对年幼者的关照如何。因此，一个女孩会称一位年幼她两岁的表妹为泰，只要她们毗邻而居；但是，年纪同样大小却在较远的村落中长大的另一位表妹，却会被她称作尤首。值得一提的是，对年长者却没有什么称谓。尤首、图阿法芬和图阿加纳这些词表达的都是同辈人的感情，如果需要说明长幼，就必须要用一个限定性的形容词。

塔马（*Tamā*），对父亲的称呼，同样也适用于与年幼者保持着频繁接触的户中的玛
泰，或叔伯或年长的堂兄，他们往往位高权重；同样也适用于一位在感情上被归为父母 172
一辈的年纪大得多的长兄。替娜（*Tinā*）仅在稍稍随意的场合用于称呼母亲、寄宿在本户的姨婶和玛泰的妻子，在非常偶然的场合也用于称呼年长的姐姐。

在指称儿童时，男人和女人的词汇间也存在着差异。妇女会说塔马（*tama*）[通过添加 *tane*（男性）和 *fafine*（女性）的词尾变形而来]，而男性则说阿塔里（*atalii*，儿子）和

---

* 以下所标页码为原书页码，即本书边码。——译者

阿发费(*afafine*,女儿)。如此,一个女人会说,“罗莎是我的塔马”,只有在必要时才会标明她的性别。但是罗莎的父亲则会称罗莎为阿发费。在向一位男人或一位女人提及一个孩子时,也会采取相同的用法。事实上,当人们指具有血缘关系的姐妹或父母时,所有这些称谓都可以通过附加 *moni*(真正的)一词加以进一步的修饰。可以笼统地称本户的长者为马图阿(*matua*),而一位祖父母常常被称为托阿伊纳(*toa'ina*,老男人)或者哦拉马图阿(*olamatua*,老女人),如果必要的话再加一个解释性的从句。他们通过关系从句的使用来描述所有其他亲戚,诸如“我母亲的姐妹的丈夫的姐妹”或“我兄弟的妻子的兄弟”等等。对姻亲关系没有特定的称谓。

第五章

邻里地图

第 43 至 46 页。

为方便起见,我们从每一个村庄的这一头到那一头依序将每一户编了号。房屋并不是沿着海岸线直线排开的,而是以非常不均衡的形式分布的,以致有时会出现两幢房子前后排列。不过,一个线性图表便足以描绘出房屋的坐落在邻里群体形成中的影响了。

村庄 I

卢马村

(姑娘的名字会列在每一户的编号下面。青年女性的名字用大写字母,正处在青春
173 期少女的名字是小写字母,而青春前期女童的名字则为斜体字。)

1	2	3	4	5	6	7	8	9
	Vala		LITA	Maliu	*Lusi*	Fitu	*Lia*	*Fiva*
				Pola		*Ula*		LUNA

10	11	12	13	14	15	16	17	18
				LOTA	PALA		*Tuna*	
					Vi			
					Pele			

19	20	21	22	23	24	25	26	27
		LOSA			TULIPA	MASINA	*Mina*	TINA
							SONA	

28	29	30	31	32	33
TITA	ASO	Selu			
Sina	*Suna*	Tolo			
Elisa					

村庄 II

修法加村

（修法加的第 38 户和卢马村的第 1 户毗邻。这两个村庄在地理位置上互相接续，但在社会关系上却是两个不同单位。）

1	2	3	4	5	6	7	8	9	10
Vina		NAMU		LITA*		*Tulima*			
TOLO		TOLU							
		Lusina							

11	12	13	14	15	16	17	18	19	20
	Tatala			Lilina	Tino	MALA		LOLA*	

21	22	23	24	25	26	27	28	29	30
Pulona	Ipu	Tasi			Tua				*Timu*
									Meta

31	32	33	34	35	36	37	38
LUA	*Simina*						FALA
							Solata

* 表示居住地的变化对其产生了重要影响的那些姑娘，详见第十一章“冲突中的姑娘”。 174

村庄 III

法利沙欧村

（由于一块径直伸入大海的高高的悬崖将法利沙欧村与卢马村分了开来，人们必须凭借一条内陆的小径行走于两个海边的村庄之间。从塔乌岛过来大概有 20 分钟的路程。同卢马村和修法加村的孩子彼此间的关系相比，前两村的孩子们对法利沙欧的孩子怀有更多的敌意和猜疑。这个村庄的前青春期的儿童以 x 表示，没有使用他们的名字。）

1	2	3	4	5	6	7	8	9	10
	x	x	x	Talo	ELA	LETA			
		x	x						
11	12	13	14	15	16	17	18	19	20
x	x		MINA		MOANA	SALA		x	Mata
x								x	x
								LUINA	
21	22	23	24	25	26	27	28	29	
x					x			x	

第六章

第 87 至 88 页。

在否定式中，“知道”这个动词的单数第一人称有两种形式：

Ta ilo（*Ta*	*te*	*lē*	*iloa* 的缩写）
我	音节助词	否定	知道

以及

Ua	*le*	*iloa*	*a'u*
现在式副词	否定	知道	我

尽管从语言学的角度看，这两种表达方式都属于可选的句法形式，但事实上前一个表达与后一个表达相比意义差别很大。从字面上讲，第二句话是，“我不知道”(I do not know)；而第一句话最确切的翻译是俚语短语，“我怎么知道（你问的事）”(Search me)。
175 “我怎么知道”不意味着对所谈之物缺少实际知识或信息，它只表明或缺乏兴趣，或不愿去解释。萨摩亚人对这两者的区别相当了然，这从他们频繁地把两种形式使用在同一

个句子中可见一斑：*Ta ilo ua lē iloa a'u*。“我怎么知道！我不知道。”

第 89 页。

青春期少女对她们所在户成员的性格描述范例（源自口述记录的翻译）

I

他是一个没有头衔的男人。在种植园里辛勤劳作。他长得很高，精瘦精瘦的，皮肤黝黑。他不容易发怒。每天早出晚归地工作着。他是一个警察，为政府工作。他没有任何不开心的事。他看上去非常吸引人。他还没结婚。

II

她是一个年老的妇女，已经到了耄耋之年。她很虚弱，已经没有工作能力，只能待在家里。她的头发是黑色的，人很胖。她的一条腿患有象皮病。她牙齿全脱落了，性格不急不躁，心态平和。她擅长于编织草席、鱼筐和食物盘。

III

她很健壮，而且很能干。她常去岛中腹地。她的工作是除草、制作烤箱、采摘面包果和构树皮。她非常友好，有良好的操守。擅长编织篮子、草席、精美的垫子和食物盘，为塔帕纤维布（树皮布）染色，或把构树皮刮下捣制之后粘贴起来。她个头不高，黑色头发，皮肤黝黑。她长得胖胖的，人很好。当有人经过时，她会非常友善地冲他们打招呼：“*Po'o fea'e te maliu i ai?*”（这是“你去哪里”的最有礼貌的表达方式）

IV 176

她很胖，有一头长发，皮肤黝黑，一只眼睛是瞎的。她品行端正，无论给芋头地锄草，还是编织地垫和精美的垫子都是行家。她很矮，曾生育过，有一个年幼的孩子。她有时待在家里，有时会去岛中腹地。她也是编织篮子的行家里手。

V

他是一个男孩子。皮肤黑黑的，就像他的头发一样。他总是钻过灌木丛，去芋头种植园里工作。他喜欢每一个人。他很擅长编织篮子。周日的时候他会和唱诗班里的青年男子们一起唱歌。他很喜欢陪女孩子们玩。他是从牧师家里被赶出来的。

VI

对自己的描述

我是一个女孩子，长得不高。我有一头长长的头发。我爱我的姐妹们和每一个人。我懂得怎样去编织篮子、鱼筐，怎样加工构树皮。我住在那位牧师家里。

VII

他是一个男人，十分健壮。他通常去腹地，在亲戚的种植园里工作。他会钓鱼，会采集椰子、面包果和烹调用树叶，还会制作烤炉。他长得高大，皮肤黝黑，是一个大胖子，短短的头发。他很擅长编织篮子，还会用棕榈叶编织盖屋顶的草席（那可是女人干的活儿）。他对建造房屋也很在行。他品行良好并且长得讨人喜欢。

VIII

她是一个女人，总觉得自己工作不够努力（可以让她自己满意）。她也很擅长编织篮子和精美的垫子，以及制作树皮布。她还会制作烤炉、清除房屋周围的垃圾，把房屋打扫得井井有条。她爱生火，也喜爱抽烟。她会捕鱼，捕捉章鱼和海蛋（*tu'itu'i*），回家以后生吃它们。她古道热肠，面容和善。她从不生气，也非常喜爱自己的孩子。

IX

她是一个女人。有一个儿子，他的名字叫 XX。她有点懒，高高瘦瘦的，头发很长。
177 编织篮子、制作树皮布和织制精美的垫子，这些事情她无一不通。她的丈夫死了，难得一笑。有的时候她待在家里，有的时候去腹地转转。她总是让所有器物整洁如新。她以香蕉为生，有一张可爱的脸庞。她不会轻易发火，也会搭烤炉。

X

她是 XX 的女儿，是一个和我年龄相仿的姑娘。对于编织篮子、草席、窗帘、精美的垫子和地垫也非常擅长。在学校里她学得很好。她也常常采集树叶和面包果，退潮的时候则去捕鱼、捉螃蟹和海蜇。她生性温良，遇到乞讨的人会把自己的食物省下一部分。对每一个来她家的人，她都会笑脸相迎，并为每一位来访者奉上食物。

XI

对自己的描述

我很擅长于编织草席、精美的垫子、篮子、窗帘以及地垫。我为全家人打水，也为其他人打水。我常常和姐妹们一起采摘香蕉、面包果、树叶，和她们一起搭烤炉。我们（注：指她和她的姐妹们）还经常赶在天黑前去捕鱼。

第十章

第 93 页。

这个年龄的孩子已经表现出不同寻常的语音上的自我意识，在这方面他们的敏感

度和分辨力丝毫不亚于他们的长者。当年传教士将他们的口头语言转为文字时，尚不
存在 *k* 这个音，在萨摩亚语中，其他波利尼西亚语中，*k* 的位置被 *t* 或喉塞音所代替。随
着《圣经》的出版，加之萨摩亚语拼写的标准化，以及和汤加的密切接触，*k* 被引入萨瓦
伊岛（Savai'i）和乌波卢岛（Upolu）的口语中，取代了 *t*，但却没有取代喉塞音。慢慢地，
这个外加音的用法自东向西遍及萨摩亚，控制着学校和出版印刷的传教士与这不甚悦
耳的 *k* 展开了一场顽强但注定失败的战争。如今，只有受过教育或在教堂的人使用 *t* 178
这个音，它也按照惯例仍然保留在所有的拼写中，一般用于演讲和其他正式场合。而从
未上过传教士寄宿学校的马努阿的孩子们则一概使用 *k*。但是，他们已经在教堂和学校
听过 *t* 并且充分意识到其中的差异，如果我无意中使用了口语中的 *k*——这是他们唯一
的习惯发音——他们会立即指出，并且，为了向我这个声称要学习正确说话方式的人示
范规范用法，他们会发出大概是平生第一次的 *t* 音。这种能明确区分所发语音和所听
语音这两个概念的能力，对这样年幼的孩子们来说是不同寻常的，而且对任何没有丰富
的语言知识的人来说也都是不同寻常的。

第十一章

第 113 页。

在六个月中我看到六个女孩出于种种原因离开了牧师的家：塔希，因为她母亲生病，而她又很少见地是她那个自然户中的最长者，因此必须留在家中；图娃，因为她在传教士的年度考试中成绩最差，而她母亲将此归咎于牧师的偏心；路娜，因为她讨厌的继母离开了她的父亲，从而使得她自己的家更具吸引力，加之受一位行为放荡不羁的堂兄的影响，她开始厌恶年轻姑娘群体，对恋爱产生了兴趣；莉塔，因为她在仅获得了牧师的许可而未同家人商量的情况下，到另一个小岛上去待了三周，所以她父亲命令她回家来。回家以后住在另一个村庄尽头的莉塔，其朋友圈子自然完全不同。新群体中的新鲜事和新的兴趣使她丝毫没有感觉到因为变化而带来的焦躁感。莎拉，一个愚蠢而又游手好闲的女孩，已经从这位牧师的家中与人私奔了。

附录二　本研究的方法论

179 要呈现一幅关于萨摩亚青春期姑娘们的单一和统一的画卷，并同时完满地解答这种研究希望解决的那些各式各样的问题是不可能的。对于一位搜集与青春期有关的习惯和仪式的资料的民族学研究者来说，有必要对那些由于受西方宣传和外来示范作用的影响而部分衰亡的风俗作出描述。传统的习俗和态度对于研究今日的萨摩亚青春期姑娘依旧有重要价值，这是因为它们在很大程度上仍然建构了其父母的思维模式，即使她们在姑娘们的文化生活中已不再有任何既定的具体表现。我们不仅要描写现时的环境以及姑娘们对环境的反应，而且偶尔还要插入对其母亲的少女时代的更为刻板的文化环境的描述，但这种双重的必要性在某种程度上影响了研究的整体性。

我们仔细观察了生活在塔乌岛一条海岸边的三个相互毗邻的村庄里的一群女孩。从马努阿群岛的所有七个村庄里，我们围绕出生、青春期和结婚，收集了许多与仪式性习惯有关的资料。

本项研究的方法基于这样的假设，同对数量庞大的个体进行不甚准确的了解，然后以此为基础进行泛泛的研究相比，一项集中而深入的调查更有价值。在范·沃特斯(Van Waters)博士关于《原始民族的青春期少女》的研究中，详细论述了为了对原始文化作出标准化的描述，一位民族学家仅仅通过外部观察进行调查的种种可能性。我们
180 有大量的一般描述，却没有详细的观察和个案分析，而以后者为基础是有可能去解释某种原始文化的。

因此，作者选择了一个只有 600 人的小地方，花了六个月的时间来收集这一社区所有青春期姑娘的私密和详细的情况。因为年龄在 9—20 岁的姑娘只有 68 个，加之该群体的概率误差太大以及年龄层次太小等明显的原因，定量描述在这里是没有什么实际价值的。可能涉及定量描述的唯一一点，是有关群体内部的可变性问题，因为样本内部的可变性越小，研究结果的效度就越大。

此外，我们需要的数据类型也不便于进行定量处理。姑娘对她的继母的反应，对类似养父母这样的亲戚的反应，以及对她的妹妹或兄长的反应——这一切都是不能用定量术语来一概而论的。一如内科医生和精神病医生觉得有必要把不同个案逐一描述，从而去对某个观点进行解释，而不是妄图像物理学中那样把个案作为不可辩驳的例证

一样，同理，那些对更加难以琢磨和更加精神层面的人类行为进行研究的学者，需要做的是解释而不是论证某个论点。我们能够用准确和概括的术语来描述姑娘们的行为所对应的背景构成，但是她的反应是其自身人格的函数，不参照其人格是无法描述其反应的。归纳的基础是对一小群研究对象的细致而翔实的观察。这些结果将通过个案记录来获得解释和描述。

研究结论也同样都会受到观测者个人误差(personal equation)的限制。它们是一个人基于一大堆材料所作的判断，而材料中许多最富有意义的方面，囿于其本质注定只能够为研究者本人所了解。这是不可避免的，而研究者唯一可稍觉安慰的是，这些个人误差都保持绝对恒定，从而使各部分数据具有可比性。关于罗拉对她的叔叔以及索娜对她的表姐的反应的判断，都是严格地在相同的基础上进行的。

另一项可能需要解释的方法方面的设计，就是选用了横剖面的研究方法取代了历时性研究方法。在我重点研究的姑娘中，有 28 个女孩尚未表现出任何青春期的征兆，有 14 个女孩可能会在明年或一年半后步入青春期，还有 25 个姑娘在过去 4 年中陆续度过了青春期，但还没有以成人的身份进入社区生活。同时我还对非常小的女孩子和 181
已婚的年轻妇女也作了粗略的观察。这种截取横剖面即选取处在不同生理发展阶段上的个体样本的方法，以及某些特征在一个群体身上出现得较早、在另一个群体身上则出现得较晚的讨论，自然不如那种对同一群体进行多年观察的历时性研究。这样一种方法通常只在研究的个案数量庞大的前提下方才能够采用。如果同其他从事美国儿童研究学者所收集的个案数量相比，本次调查所包含的个案数量少得可怜，但就人口很少的萨摩亚来说(在美属萨摩亚群岛所属的四个岛上，总共大概只有 8000 人)，因为唯一的选择标准是地理因素，因此样本的数量是适中的。可能引发进一步争议的问题包括：我的那些狂飙激进的结论，需要进一步研究的极少的例外情况，以及样本规模适度与否的进一步论证。当然，采用横剖面的研究方法当时是出于方便的考虑，但当我们从一个适中的样本中小心翼翼地推导出结果时，同在一定年限里观察相同的样本、使用历时性方法获得的结果相比，就要更为恰当。当我们推导出的结论是普遍的而不是个别的时候尤为如此。就心理学理论的目的而言，知道在某一个社会中孩子平均 12 个月就会走路，平均 15 个月就会说话就足够了。而就诊断学家的目的来说，则有必要了解约翰 18 个月才会走路，直到 20 个月时才会说话。因此，就一般理论的目的而言，说明刚刚度过青春期的小姑娘在男孩子面前会感到羞涩和不自信就足够了。但是，如果我们要理解玛拉的过失行为，就有必要知道她喜欢和男孩子而不是女孩子结伴已经有好几年了。

我所使用的独特方法

对文化背景的描述是通过传统的方式获得的，我首先和经过仔细挑选的信息提供者进行面谈，随后将他们的陈述和其他信息提供者的陈述进行比较验证，并采用了大量的例证和实验个案。除了少量次要的资料是借助翻译之力，其他的材料都是通过萨摩
182 亚语直接获得的。所有对个人的调查都是以当地语言进行的，因为这个岛上没有年轻人会说英语。

虽然要准确地评价任何特定的个体行为，都必须对某一文化有整体的了解，但我们只能对涉及与青春期姑娘所面临的问题直接相关的那些文化层面进行细致描述。比如，如果我注意到皮莱断然拒绝带个口信给某位亲戚，那么重要的是要去了解她这样做是出于生性倔犟，还是不喜欢这位亲戚，或是怕黑，再或是害怕在附近游弋并惯于附在人后背上的鬼神？但是，对读者来说，详细列出当地所有鬼神的名称和习性，显然对主要问题的解释没有丝毫的帮助。如此，虽然我忽略了对萨摩亚文化中那些没有直接关联的内容的讨论，但在最初的调查中我并没有忽略这些内容。因为只有如此，才能确知被忽略的内容的确是不相关的。

通过对我研究的三个村庄的社会结构的详细分析，我们关于一般的文化模式的知识获得了有益的补充。我对每一户的分析涉及等级地位、财富、住所、和其他户的接触与关系，以及该户的每一个人的年龄、性别、社会关系、婚姻状况、孩子的数量和先前的住处等等方面。这些资料为对研究对象所在户进行进一步深入和细致的分析提供了基本的描述基础，也检视了个体之间仇视和联合的缘由，以及亲属关系术语的使用情况等等。这样，对每一个孩子的研究都是建立在丰富翔实的背景材料的基础之上的。

此外，我还获得了有关被研究者的详细信息：大概年龄（萨摩亚人的实际年龄从来就无法确定）、出生排序、兄弟姐妹的数量——他们相对被研究者来说是年长或是年幼、父母双方结婚的次数、从夫居或从妻居、在牧师学校或政府学校度过的年数以及获得的成绩、本人是否离开过本村或本岛，以及性经验等等。同时还对孩子们进行了非正规的智力测验，内容包括色彩识别、机械记忆、反义词测试、替换练习、接发球，以及图画描述。所有这些测试使用的都是萨摩亚语；当然，不可能做到标准化，对于每个人也只知其相对年龄；做这些测验主要是为了帮助我给孩子们分组，而并不是为了进行比较。然而，测试的结果确实表明，在同一组内差异性很小。除了测验之外，我还对孩子们作了
183 问卷调查，不过没有采用正式的方式，而是不时通过随机提问完成的。问题涉及她们的

工业知识、社区传统的参与程度，在诸如计时、历法等方面对欧式教育的接受程度，以及她们在死亡、出生和流产等事项方面的经历或见识等等。

但是，这些定量数据呈现的仅是通过对那些个体或群体——或独处或与家人相伴或玩耍时——进行数月观察所获得的基本资料。通过这些观察所能得出的结论大部分是关于孩子们对自己家庭以及彼此的态度，对宗教是否感兴趣，以及他们的性生活的细节。这些信息无法概括成图表或是统计学陈述，因为很自然地，针对不同的个案信息的完整性也存在着差异。在有些情况下，必须进行更广泛的调查，方能理解某个孩子令人不解的行为表现。在所有的个案中，我都力求使调查能够达到理解姑娘们的动机，或理解其家庭和其同龄群体中的伙伴到底在多大程度上影响了其人生态度的程度。

牧师寄宿学校里那些刚刚度过青春期的姑娘，为我的研究提供了一个非严格意义上的控制组。这些姑娘受到严格的看管，根本不可能有任何异性间的交往；她们和其他同龄的姑娘——不管是否有亲属关系——分在一组；同那些仍然留在家中的姑娘相比，她们过着更有秩序和规律的生活。她们和其他同龄的萨摩亚姑娘不同，倒与同龄的欧洲姑娘更为相似，这倒是惊人地符合特定的环境差异对行为方式的影响的预想。然而，因为她们有部分时间生活在家里，环境的改变是不完全的，因此其作为对照组的价值是十分有限的。

附录三　今日萨摩亚文明

185 本项研究的背景是小岛塔乌。在一条与岛中央的山峰蜿蜒相接的海岸线上，聚集了三座小村，紧挨着的是卢马和修法加，而法利沙欧则和它们相距有半英里远。岛的另一端是一座孤零零的村庄菲提乌塔，它与另外三个村庄被一条漫长而曲折的小路隔开。其他三个村子里的许多人从未去过八英里之外的菲提乌塔。十二英里的海域外是欧福和欧里塞加两个岛，它们和塔乌共同组成了马努阿群岛，这是萨摩亚群岛中最原始的部分。马努阿人常常划着一种细长带桨的独木舟在这三个小岛间来来往往，同图图伊拉这个建有海军基地的最大的岛的居民相比，马努阿人认为自己是一个整体。这三个小岛的总人口约2000余人，群岛的七个村庄的居民来往频繁，通婚和过继现象屡见不鲜。

当地人仍然生活在以珊瑚石做地板的蜂窝状的房子里，房子没有墙壁，只有手工编制的容易腐烂的草帘，遇到不好的天气就放下来；这种房子的屋顶是用甘蔗秆扎制的，每次暴风雨袭来时都要绑棕榈枝加固。在日常生活中，他们已经用棉布衣服代替了制作不便的树皮衣服，后者仅用于当地的风俗仪式活动中。但是，当地的男人仅仅用一块他们称作“拉瓦拉瓦”的宽大的棉质腰围巧妙地挽个扣缠在腰间就足够了。他们从膝关节到后腰部分都有文身，这样打扮使文身能够在拉瓦拉瓦的上下都露出一些。马努阿
186 群岛禁止文身已有两代之久，所以只有部分人不辞辛劳地到其他岛上寻找文身师作了文身。女性穿着长一点的拉瓦拉瓦和及膝的棉质短裙。无论男人还是女人都打着赤脚，帽子只有去教堂时才戴，也只有这时，男人才会穿上白色衬衫和外套，这是当地妇女仿照弄到的棕榈海滨衫精心裁制的。女性身上的文身要比男性少，仅仅是在胳膊、手和腿上文上一些点状的和十字形的图案。她们脖子上戴着花环，头发上插着花，脚踝上缠着花，以使已经褪色的布衣能够显得鲜亮些；而在盛大的节日里，那些图案精美的树皮布，边上镶着红色鹦鹉羽毛的精美草垫，以及用羽毛和长翎装饰的头饰，无不令人回想起前基督教时期那些更为生动美丽的打扮。

缝纫机已经普及了多年，但是当地人仍然依赖一些手艺灵巧的水手为他们干些缝缝补补的活儿。剪刀也已经成了家里必备的工具，但萨摩亚妇女仍然尽可能地用牙齿或竹片代替剪刀。在传教士办的寄宿学校中，一些妇女学会了用钩针编织和刺绣，并且尤为喜欢用此技能装饰滚圆的硬枕头，它们正迅速替代原先用竹子做的小小的头枕。

白色棉质的床单已经取代了密实的编织席子或树皮。而使用棉质的蚊帐肯定也使当地人的房子比过去只能用树皮帐篷来抵挡昆虫的时候舒适了很多。在夜晚时，萨摩亚人用结实的细绳将帐子横挂在房中，边缘用石头压住，以使散养的狗、猪和鸡能够在房子里任意走动而不至于打扰熟睡的人。

玛瑙水具和椰子壳是萨摩亚人用来汲取泉水和海水的工具，他们喝水则使用瓷杯、玻璃杯和椰子壳。很多家庭都有一个铁锅用来煮沸液体，他们觉得这比过去把烧热的石头投入装着待加热液体的木容器中的方法方便了许多。煤油灯和灯笼已经得到了广泛的使用；人们只有在极偶尔买不起煤油的情况下，才会重新使用老方法，点燃石栗子和椰子油灯。烟草在当地还是昂贵的奢侈品，虽然萨摩亚人已经学会了种植烟草，但他们更偏爱舶来的烟草品种。

欧洲物品的流入对于当地人的户外生活则没有带来多少变化。当地人现在用铁刀
切割干椰子仁，用铁锛子取代了原来的石锛子。但是，他们仍然用一种叫辛纳特的植物 187
来捆绑屋椽，将独木舟的各部分缝合在一起。当地人已经放弃建造大独木舟。现在他们只建造小的用于捕鱼的独木舟，以及为了把物品拖过礁石而设计的有龙骨的船。当地人只有短途旅行时才用独木舟和小划艇，而长途旅行时则等待过往的海军舰船。政府购买当地人的干椰子仁，而萨摩亚人则用由此得来的钱款购置布料、线、煤油、肥皂、火柴、刀子、皮带和烟草，以及用来支付税款（因为当地人的年龄无法确定，政府对超过一定身高的男性征收税款）。

虽然萨摩亚人使用了上述更为复杂文明的物质产品，但他们并没有形成依赖。几乎可以肯定地说，当地的传统工艺——除了制造和使用石器工具以外——都完好地保留了下来。所有的妇女都会制作树皮布和编织精美的垫子。女人仍然躺在树皮布上分娩，接生者用竹片切断脐带，用特制的白色树皮布来包裹新生儿。如果弄不到肥皂，他们就用同样能产生泡沫的当地的野生柑橘来代替。男人们仍然自己编织渔网，制作鱼钩，编织捕鳗网罩。虽然他们在能够弄到火柴时会用此取火，但他们也没有忘掉快速将一根随身携带的棍子变为火犁的技术。

也许最为重要的事实是，他们依然完全依赖自己用削尖的木棍在种植园里种植的那些食物。主要是面包果、香蕉、芋头、甘薯和椰子等不多的几个品种，佐以鱼肉、贝肉、螃蟹，偶尔也会有猪肉和鸡肉。食物装在用棕榈叶现编的篮子里送到村上。他们将一个木“马”的末端用贝壳或铁器削尖，然后用来磨去椰子皮；面包果和芋头被置于矮木桩上，用椰壳进行分割，而外皮则用一片椰壳磨去。他们用竹刀剥去青香蕉的皮。把足够一个15—20个人的大家庭2—3天吃的食物，放在垒成圆形的石灶上一起煮出来。首

先将这些石块烧得滚热，然后把灰耙出去；将食物放在石头上，再在这炉灶上盖上绿叶，将食物彻底烘熟。烹制完毕后，食物被储存在篮子中，悬挂在主屋里。吃饭时，食物被放在棕榈叶制成的盘子里，并用新鲜的绿色香蕉叶加以点缀。手指就是他们的刀叉，而在吃完饭后，会礼节性地用一个木制的洗指盆来轮流洗手。

188 除了少数几件箱柜和碗橱外，当地的住户中还没有其他家具。生活的全部内容都是在地上完成的。在屋子里站着说话仍然是一种不可原谅的失礼行为，来访者必须学会毫无怨言地盘腿坐上几个小时。

萨摩亚人信奉基督教几乎有一百年之久了。除了少数人信奉天主教和摩门教之外，美属萨摩亚岛的本地人几乎都是伦敦传道会的信徒，后者因其起源地而被萨摩亚人称为“塔西提岛的教堂”。公理会传教士已经非常成功地将英国新教教派的严苛教义和更为严苛的道德规范进行了修改，使之能与这群南太平洋岛民的形态殊异的态度相适应。在传教士的寄宿学校中，他们已经将许多男孩子培养成当地的牧师或其他岛屿的传教士，而许多女孩子则培养成了牧师的妻子。牧师的房屋则成了村庄的宗教和教育中心。在牧师的学校里，孩子们学会了读写他们自己的语言（这是早期的传教士们使用我们的文字体系记录下来的），做简单的算术和唱赞美诗。传教士曾因为教当地人学英语而引发抗议，而他们使当地人放弃他们简单的原始生存状态的努力也遭到抵制，因为当地人并不认为他们的生活方式有任何不妥。因此，尽管教堂里的长老擅长布道，而且大多数都熟知《圣经》（已经被翻译成萨摩亚语），尽管他们记录账目、从事繁杂的商务活动，但他们都不说英语，或只说一点英语。在塔乌岛上，会说英语的人从来不超过半打。

海军部门对当地事务采取友善的不干涉政策，效果非常好。他们建了药房，并开设了一家医院，培养当地的护士。这些护士回到村里，用她们手边的简单药物，如蓖麻油、碘酒、弱蛋白银以及酒精擦棉等，取得了令人惊讶的治疗效果。通过定期施用洒尔佛散，使雅司病（Yaws）的主要症状迅速消失。当地人也渐渐习惯去药房取药，而不再把有刺激性的树叶糊在红肿发炎的眼睛上，这种做法往往会使眼疾恶化并导致失明。

大多数村庄里都建立了蓄水池，可以为中央水源处提供清洁的供水，人们在那里可以洗涤物品，也可以洗澡。每个村庄都会将椰肉干储藏在椰棚里，等待政府的船只来收购。一些公共性质的劳动，比如在椰棚里搬上搬下、为运送椰子的公用船只效力、修筑
189 村子间的道路、修理排水系统等，都是通过对全村征收钱款来支付的，这完全符合当地的集体劳动模式。政府通过指定区域总督和片区酋长，以及每个村庄推举“村长”的方式进行管理。这些行政长官的管理平和而卓有成效，这与其在当地社会组织中的重要地位很相称。每个村庄有两名警察，他们既是街头公告员，也是政府视察时的通讯员和

为护士在村庄间搬运仪器设备的运输员。另外，片区也有法官。大法庭的主持人是一名美国法官和一名本地法官。刑法典是一些随意选取的政府法规的组合，对当地习俗表现出十足的宽容。如果法典中没有某条法律的规定时，则会将加利福尼亚州的法律拿来自由地解释和修改，为当地的法院裁决提供法律基础。这些法院已经接手解决了有关重要财产归属权和房地产权的争执；而帕果帕果的"法院"承接的主要诉讼事由和当地的头人会福努几百年前所处理的没什么两样。

现在许多村庄里都有了学校。在那里，孩子们盘膝坐在村子里的一个大屋子里，向那些语言知识比他们广博不到哪里去的孩子学一些不规范的英语。他们还学习多声部合唱，并且尤为精于此道，同时还一起玩板球和其他一些游戏。学校还负责向他们逐步灌输基础卫生知识，并在打破年龄群体、性别群体和狭小的生活圈子之间的隔阂方面发挥了作用。那些边区学校里的最有出息的学生被挑选出来并培养成为护士、教师和当地的海军兵团菲塔菲塔（*Fita fita*）的后备成员，这里的海军行政部门里的军警、海军看护兵和翻译就是由菲塔菲塔的成员组成的。萨摩亚人对社会等级的敏感，使他们尤其具备同有着官阶差别的政府部门合作的能力；他们把用肩章上的杠和星代表的军衔顺利纳入了自己的等级体系之中，不会产生任何混淆。当总督和官员们来访时，当地的只懂本地语的议事酋长依序给各人倒上卡瓦酒，首先是总督，其次是主人中地位最高的酋长，然后是海军司令，最后是其他高级酋长，不会有半点差错。

在对萨摩亚人生活的全部描述中，有一点肯定会深深地打动读者，那就是我们今天
所见到的萨摩亚文明所具有的极端可塑性。这种可塑性是旧有的原始文化和形形色色 190
的欧洲思想、信仰和机械发明相混合的结果。这些外来文化的成分被如此彻底与和谐地同化，很难说是应该归功于萨摩亚文化中的守护神，还是归功于运气。许多南太平洋文化在接触白人文化后，导致了当地人生活的彻底退化、当地技术与传统的丧失，以及历史的断裂。萨摩亚则不是这样。同那些在美国出生、父母却有着欧洲背景的孩子们相比，成长中的萨摩亚孩子所面临的困窘要小得多。父母和孩子之间的代沟是有限的，也没有带来什么痛苦，一般的过渡期通常会有的种种不利方面几乎都不存在。新的文化所带来的新的体验抵消了家长的束缚所造成的压力。不过实质上孩子们仍然是在一个具有相同的理想和抱负的同质性社区中长大的。我们所描述的萨摩亚青春期女孩所表现出的平静祥和并不能完全归结为转型期的原因。青春期可以毫无痛苦地和平过渡毕竟也是不争的事实，倘若没有外界的诱因和努力去促使生存环境的改变，萨摩亚人的文化可能会一成不变地保持两百年。

但是应该公平地指出的是，在受到白人文化影响之前，萨摩亚文化是缺乏可塑性

的，对个人越轨行为的处置也不那么仁慈。萨摩亚的土著文化对那些有性过失的姑娘的处罚要比现在严厉得多。读者们一定不要误将我们描述的一切与土著文化或典型的原始文化混为一谈。今日萨摩亚文化的形成纯粹是一种偶然，是一种复杂的外来文化对另一种简单的、极端开放的本土文化产生积极推动的结果。

从前，每一户的户主控制着在其屋檐下生活的每个人的生死大权。美国法律系统的引入和传教士的教育使这些权力非法化并遭到废除。人们仍然受益于财产公有，受益于享有所有家族土地的权利；但他们已无需再容忍他们深恶痛绝的专制，容忍暴力和死亡的威胁。从前，一个姑娘失去贞节会被重责狠打，并被剃光头发以示羞辱和惩罚。传教士不赞成责打和剃光头，但又找不到同样有效的替代性处罚措施来威慑人们去循规蹈矩。那些性行为不为家族所容忍的姑娘们，处境已经比她们的祖母好得多。海军
191 已经明令禁止，教堂也已经废除了破处（defloration）仪式，原先这是贵族姑娘们结婚时必不可少的一项内容；这意味着废除了对于贞操的极端盲目的推崇。如果当初这些残酷而原始的统治方式是被一个严厉制裁性过错者的宗教制度或一个起诉并惩罚她的法律制度所取代的话，那么这种新的混合文化势必会像旧文化一样，遭遇各式各样的激烈冲突。

这种宽松还体现在年轻人能够轻易改变住所方面。先前，为了避免被打死，可能有必要逃得很远。现在，暴打已被废止，但孩子们依然不断地跑到远处。旧有的继承制度使那些没有获得最高头衔的男孩子产生了强烈的不满；现在，两种新的职业为那些志向远大的男孩子提供了出路，这就是当牧师或者成为菲塔菲塔的成员。虽然萨摩亚的禁忌制度从未像波利尼西亚群岛的其他地方那么严厉，但毫无疑问也逼迫人们循规蹈矩地生活，强调明显的等级差异。原先那种根据表现和施舍财产的慷慨程度来决定社会声望的制度，已经因为外来影响所产生的些微经济变化而受到了小小的打击。现在赚钱比以前容易多了，可以贩卖椰肉干、受雇于政府部门或制作手工艺品卖给来主岛上旅行的游客。许多高级酋长都觉得不再有必要去苦心保留自己原来的封地，而许多新贵却有机会获得原先没有发财门路时所得不到的声望。那些狭隘的地域观念，连同由之引发的世仇、战争、嫉妒和冲突（常常因村庄间的联姻而生），已经因大为便利的交通和村庄之间在宗教和教育事务上的交流和合作的不断增进而土崩瓦解。

优良工具的推广使得工匠师傅不再像原先那样飞扬跋扈。一个贫穷但有志气的男人会发现，当造房这种需要专业技能的苦力活不再需要用石器工具来完成时，找一个寄宿的地方要比原来容易得多。而对于妇女们来说，手里有点货币，再从商人那里买点布料，就不必再大费周折地完全用手工去编制草垫和制作树皮布，以便用做交换单位和拿

来缝制衣服了。另一方面，学校的引入，吸引了一大批原先在家庭效力的小孩子，特别是那些原先要照顾幼童的女孩子，如此，成年妇女便不得不更多地操心日常家务。

从前，青春期要比现在更有压力。妇女在经期有禁忌规定，不能参与制作卡瓦酒仪 192
式，也不能做某些食物。进入奥拉鲁玛的姑娘们总是（不是偶然地）要通过宴会向人昭示。未婚的女孩和寡妇起码要有一段时间睡在陶泊的屋子里。而陶泊本人过去的日子更难过。今天她的工作只是捣烂卡瓦根，但是在她母亲的年代，根是要用嘴嚼碎的，这项无休止的工作一直要弄得她下巴酸痛不已。从前，如果在婚礼上她被揭露失去了贞操，她将面临被暴打至死的危险。青春期的男孩要面对文身这样一个痛苦而又耗人的程序，此外还要承受诸多的仪式和禁忌。如今，只有不到一半的年轻男性还在文身；而且文身是在比较大的年龄时进行的，和青春期已经没有什么关联；同时文身的仪式已经取消了，它仅仅成了付给文身艺术家酬金这样简单的事了。

在赋予更大的个人自由方面，对血仇和个人暴力的禁令起的作用一如酵母一般。随着先前以此方式惩罚的许多犯罪已不再为新的权威机构视为犯罪，诸如一个男人娶了另一个等级比自己高的男人离异的妻子、一个恶棍在外面散布流言飞语败坏其村子的名声、一个恶意诽谤者指名道姓地咒骂他人的先人，以及一个调皮的男孩子拿掉插在穿了孔的椰子上的麦秆，从而使来访者蒙受难言之辱，都不再会受到惩罚。而萨摩亚人很少会犯我们的法典中所罗列的那些罪过。对偷窃的人，政府会像原来的村庄一样对他们进行罚款。但是他们几乎不会和中央权力机构发生任何冲突。他们早已习惯了过去的种种禁忌规定，所以也就不会觉得相同理由下的那些隔离禁令有难以接受之处；他们对于亲朋的强索恶习也已习以为常，所以也就不会因为政府的少量征税而怨声载道。甚至连家长也一改原先对早熟孩子的苛刻态度，因为原本在家中是罪过的事情到学校则成了优势。

新的影响力已经帮助肃清了旧文化中的糟粕。自相残杀；战争；血亲复仇；玛泰具有生杀大权；用烧掉一个人的房子、砍倒他的树、宰杀他的猪、驱逐他的家人来惩罚他的做法；残酷的破处仪式；弃种葬礼所经过的庄园而任其荒芜；乘坐小独木舟进行长途航行导致人员大量死亡；疾病蔓延带来的痛苦——所有这一切都已经消失了。而且到目
前为止，还没有出现类似的悲惨事件。 193

经济动荡、贫穷、工资制度、劳动者与土地和工具的分离、现代战争、职业病、闲暇的缺失、令人厌恶的官僚政府——所有这一切还没有侵入这个没有什么资源值得掠夺的岛屿。而文明所带来的其他一些更微妙的恶果，如神经官能症、哲学方面的困扰、因不断高涨的人格意识和越来越特化的性感受而引发的个人悲剧、宗教和其他意识形态的

冲突等等，也还没有降临到当地人身上。萨摩亚人只从我们的文化中吸取了可以让他们的生活更加舒适、他们的文化可塑性更强的部分，他们只接受了关于上帝的仁慈的概念，而摒弃了原罪学说。

附录四　心理缺陷和精神疾病

没有受过心理疾病诊断方面的任何训练，也没有任何仪器能够准确地诊断心理缺陷，我只能记录下一个业余爱好者的一系列观察，它们或许会引发那些关心研究原始人的病理学可能性的专家们的兴趣。在拥有两千多人口的马努阿群岛上，我发现了一个可以被归类为白痴的个案；一个弱智儿；一个14岁的男孩智商既低又有精神病；一个30岁的男人出现了一种非常典型的自大幻觉；还有一个性倒错者，他乳房发育异常，有着女性的举止和神态，偏好女性的活动，因而整体上更接近于女性。那个白痴家里共有七个孩子；他有一个刚刚会走路一年多的弟弟，他的妈妈表示两个孩子相差两岁。这个孩子的腿萎缩干瘪，挺着一个大大的肚子，一颗硕大的头颅深陷在两肩之中。他既不能行走也不能说话，不断地流着口水，而且还大小便失禁。那个弱智的女孩住在另一个岛上，所以我没有机会长时间地观察她。我看到她的时候，她刚过了青春期一两年，而且怀有身孕。她可以行走并完成五六岁孩子能做的简单的工作。她对自己的病情似知非知，当我向她提及时，她不是吃吃地傻笑就是茫然地发呆。当我看到那个14岁的男孩时，他的精神已经彻底错乱了，从外部表现看是紧张性早发型痴呆。他多数时候都对别人强加于他的态度无动于衷，但有时会表现出暴力倾向，变得不受控制。亲戚们强调他本来只是愚蠢，只是最近才变得精神失常了。我只能信他们的话，因为我对这个孩子的观察才仅持续几天。在这三例有明确的心理缺陷的个案中，任何一个孩子都没有能够体现这些毛病的家族史。在我重点研究的女孩中，只有第十一章提到过的萨拉，智商明显低于常人，接近弱智。

195 196

我们已经交代，那个患有典型的自大妄想狂的男人，年龄在30岁左右。因为憔悴和瘦弱，他看上去要老得多。他总认为自己是图菲乐，也就是另一个岛的高级酋长和整个群岛的总督。当地人都在密谋反对他，夺取他的地位并取而代之。他曾是图菲乐家族的成员之一，不过关系远了点，这使得他的幻想离现实太远，因为他从来没有继承图菲乐头衔的可能。他说，当地人拒绝向他提供食物，嘲弄他，不理睬他的要求，是为了尽可能地除之而后快，而有些白人就非常聪明，承认他的地位。（当地人会告诉游客用酋长的语言对他说话，因为只有在这种时机里，他才会同意跳舞，他的舞蹈是那种常规舞蹈的充满激情的变体。）他没有暴力倾向，相反有些乖僻和畏缩，偶尔情况下能够工作，但是肯定不能做重体力劳动，也无法承担任何复杂的任务。他的亲戚和邻居对他都很有耐心，态度也很温和。

从信息提供者那里，我得到了关于图图依拉岛四个个案的描述，听起来似乎都是处在狂郁性精神病的狂躁阶段。这四个人都曾极具暴力破坏倾向，有时甚至无法控制，但是后来又恢复了常态。一个去世已经10年的老妇人，据说在生前患有强迫症，对于别人的任何指令都唯命是从。在塔乌岛上有一个患有癫痫的小男孩，他的家里其余七个孩子都很正常。当我抵达马努阿岛不久，这个男孩在癫痫发作时从树上跌落下来，头骨破裂而死。还有一个十岁左右的小姑娘，直到五六岁时都还很正常，却因为过量服用撒尔佛散导致腰部以下瘫痪。

只有两个人，一个是大约30岁左右的已婚女人，另一个是我们在第十章中提到过的19岁的姑娘，表现出了明显的精神衰弱症状。那个已婚的女人一直没有生育，常常喋喋不休地向别人解释她之所以不育是因为需要做手术。在过去的两年里，萨摩亚医
197 院里出现了一位杰出的外科医生，是他使当地人大大提高了对手术的认同。在图图依拉的海军基地附近，我碰到了几个中年妇女，她们都因为已经动了的或将要动的手术而烦躁不安。因为人们的特别推崇而导致的现代外科手术的流行是否是造成精神衰弱症患者数量增加的原因尚不得而知。

我仅仅遇见过一例歇斯底里症，那是一个十四五岁的女孩，她的右面部痉挛很严重。我只是在旅途中与她偶然相遇，不过几分钟的时间，不可能去做什么调查。我既没有看过也没有听过任何因歇斯底里症引起的失明或失聪，再或麻痹或瘫痪的病例。

我没见过呆小症的病例。有一些孩子从出生起就是盲人。失明现象非常普遍，这是因为土著医生常常使用极端粗暴的方法治疗"萨摩亚结膜炎"。

对来访者来说，在萨摩亚村庄里比较显见的病症主要是眼疾、象皮病、脓肿和其他各种外伤，但是衰竭的特征几乎没有见过。

有一个10岁的女孩患有白化病，虽然没有有案可稽的家族史，但她的双亲中有一方来自另一个岛屿，现已去世，所以尚不能肯定。

附录五　分析所依据的材料

本项研究涉及 68 位年龄在八九岁到十九或二十岁间的姑娘——所有被调查者均 199
来自萨摩亚马努阿群岛中塔乌岛西海岸的三个小村庄：法利沙欧、卢马和修法加。

由于除了少数几例，一般不可能获得她们的准确的出生日期，所以年龄基本上都是估猜的数字。这个数字是根据少数已知的年龄和被调查者的亲属所证实的和其他人的相对年龄推论而来的。为了描述和分析的需要，我将她们大致分为三组：一组是尚没有表现出青春期乳房发育特征的 28 个孩子，年龄从八九岁到十二三岁左右；第二组是再有一年或一年半就会进入青春期的 14 个孩子，年龄从十二三岁到十四五岁；最后一组是已经度过青春期、但是社区还没有认可她们已经长大成人的 25 个姑娘，年龄从十四五岁到十九或二十岁。我对后两组和年龄较小的前一组中的 11 个孩子研究得较为仔细，她们组成了一个 50 人的被研究群体。我对年龄最小的那组中剩下的 14 个孩子作了粗浅的个体研究。在游戏、群体生活、兄弟姐妹规避行为的发展、对异性的态度，以及兴趣和行为的差异方面，她们形成了一个较大的对照组，用以对照接近青春期的实验组。她们也为对儿童的家庭教育和行为约束的研究提供了丰富的资料。两份表格简明扼要地罗列了重点研究对象的主要统计材料，包括出生的次序，兄弟姐妹的数量，父母
的去世、离婚或再婚情况，孩子的住所，其所生活的户的类型，以及该姑娘是否是该户头 200
人的女儿。第二份表格只涉及那 25 个已经度过青春期的姑娘，给出了月经初潮的时间、月经的频率、痛经的次数和位置、是否手淫、同性恋和异性恋的体验，以及非常关键的，是否居住在牧师户中的事实。表中加入了对这些概要性分析所作的简评，借以说明这 50 位姑娘在家庭组织、出生次序以及同父母的关系方面具有相当宽泛的代表性。这一群体无疑能够被视为我们所发现的今日萨摩亚文明中的各种个人和社会环境的代表。

青春期少女群体的月经初潮分布

过去六个月内	6
过去一年内	3
过去两年内	5
过去三年内	7
过去四年内	3
过去五年内	1
总计	25

201 给每一位女孩填写的情况记录表

户号　　女孩的号码　　姓名　　年龄　　（怎样评估）

玛泰　　等级　　父亲　　等级　　父亲的居所

母亲　　母亲的居所　　父母一方以前是否结过婚？

所在户的经济情况　　父母、监护人所属的教会

月经？　　何时开始的？　　疼痛　　规律性　　身体发育的评估

在政府学校里的年级？　　在教会学校？　　有无英语知识？

外出经历（塔乌岛以外）　　身体缺陷

出生次序？

最好的朋友排序？

测验成绩

- 颜色的命名
- 数字机械记忆
- 数字符号替换
- 反义词
- 看图释义
- 球和球场

宗教态度

对村庄里各人的判断

- 最漂亮的女孩
- 最英俊的男孩
- 最睿智的男人
- 最聪明的女人
- 最坏的男孩
- 最坏的女孩
- 最好的男孩
- 最好的女孩

人格

对本户的态度

对同龄人的态度

表 1　本表显示了发育的时间、周期、月经的疼痛情况、手淫情况、同性恋经历、异性恋经历，以及是否居住在牧师户中

编号	姓名	发育已有多长时间	月经周期	疼痛*	月经	同性恋经历	异性恋经历	是否住在牧师户中
1	Luna	3 年	每月一次	腹部	有	有	有	否
2	Masina	3 年	每月一次	腹部	有	有	有	否
3	Losa	2 年	每月一次	腹部、背部	否	有	否	是
4	Sona	3 年	半月一次	腹部、背部	有	有	否	是
5	Loto	2 个月	每月一次	背部	有	有	否	是
6	Pala	6 个月	每月一次	从不	有	有	否	否
7	Aso	18 个月	半月一次	背部	有	否	否	否
8	Tolo	3 个月	半月一次	极端	有	否	否	否
9	Lotu	3 年	每月一次	极端	有	有	有	否
10	Tulipa	2 个月	每月一次	腹部、背部	有	有	否	是
14	Lita	2 年	每月一次	背部	有	有	否	否
16	Namu	3 年	每月一次	背部	有	有	有	否
17	Ana	2 年	每三个月一次	背部	有	有	否	是
18	Lua	3 个月	每月一次	背部	否	否	否	否
19	Tolu	4 年	半月一次	背部	有	有	有	否
21	Mala	2 个月	每月一次	背部	有	否	否	否
22	Fala	1 年	每月一次	背部	有	有	有	否
23	Lola	1 年	半月一次	腹部	有	有	有	否
23a	Tulipa	3 年	每月一次	背部	有	有	有	否
24	Leta	2 个月	每月一次	从不	有	有	有	是
25	Ela	2 年	每月一次	极端	有	有	有	是
27	Mina	5 年	每月一次	极端	有	否	否	是

28	Moana	4 年	每月两次	腹部、背部	有	否	有	否
29	Luina	4 年	每月一次	极端	否	否	否	是
30	Sala	3 年	半月一次	极端	有	否	有	否

* “腹部”指的是只有那里疼；“背部”指的是只有那里疼；“极端”指的是这些姑娘很疼以至于不能工作。

表 2　家庭结构

编号	姓名	1	2	3	4	5	6	7	8	9	10	11	12	13	14	15	16	17	18	19	20	21
青春期前																						
1	Tuna	1	3																		x	x
2	Vala					1—	3—		x			x				x						
3	Pele	3	4																		x	
4	Timu							x	x											x		
5	Suna							x					x							x		
6	Pola		3	2	1										x						x	
7	Tua	1	4	1												x						
8	Sina	1	1	2	3																x	x
9	Fiva	1		1	3														x			
10	Ula	1	1	1	2															x		x
11	Siva	1	4						x										x			
青春期中																						
1	Tasi	1		4									x								x	x
2	Fitu	1		2	2										x							x
3	Mata	1	1		3								x								x	x
4	Vi	3	3	1	1														x			

5	Ipu	2	1						x			x								x		
6	Selu	3																				
7	Pula	2		1	1								x									x
8	Meta	3		1	1															x		
10	Maliu		2	2	2										x						x	
11	Fiatia					3—	2—					x	x			1/2	1/2	x				
12	Lama	3							x									x				
13	Tino	1		2	1								x				x		x			
14	Vina	1	2	2	1																x	x
15	Talo			2	4															x		
已度过青春期																						
1	Luna	2	5		1									x		x		x			x	
2	Masina	3		2	2				x										x			
3	Losa			2	1										x						x	x
4	Sona	2						x					x						x			
5	Loto	4	1					x	x										x			
6	Pala	3	3		1																x	
7	Iso	1	3		1				x								x					
8	Tolo	1	2						x										x			
9	Lotu			3	5																x	x
10	Tulipa	5	3																			
14	Lita	4		2	1														x			
16	Namu			4	2									x							x	x
17	Ana						3—					x							x			

18	Lua			7	1																	
19	Tolu								x								x		x			
21	Mala	3	1					x	x										x			
22	Fala	1	3	3	1						x	x				x						
23	Lola	1	2		2			x								x			x			
23a	Tulipa	2	2										x					x		x		
24	Leta	1	4													x						
25	Ela	2	1	1					x								x					
27	Mina		1					x				x		x			x					
28	Moana	1	4	1		1x	1x				x										x	x
29	Luina						1					x	x									
30	Sala	3	1					x									x					

家庭结构表的代码意义 205

序号	代表的主题
1	哥哥的数量
2	姐姐的数量
3	弟弟的数量
4	妹妹的数量
5	异父或异母兄弟，加号为年长，减号为年幼
6	异父或异母姐妹，加号为年长，减号为年幼
7	母亲去世
8	父亲去世
9	母亲第二次婚姻的孩子
10	父亲第二次婚姻的孩子
11	母亲再婚
12	父亲再婚
13	与双亲同住并且婚后从夫居
14	与双亲同住并且婚后从妻居
15	仅仅与母亲同住
16	仅仅与父亲同住
17	父母离异
18	与父亲一方的亲属同住
19	与母亲一方的亲属同住
20	父亲是本户的玛泰
21	居住在一个生物性的家庭之中，即由父母、孩子以及两位以下的亲戚组成的户

表格中的 x 表示存在此特征。例如第 7 列里的 x 就意味着母亲去世了。

对家庭结构表的分析

68 名姑娘中：

7 位还是儿童

15 位是年纪最小的孩子

5 位是年纪最大的孩子

5 位在同一户中有异父或异母的兄弟或姐妹

5 位母亲已去世

14 位父亲已去世

3 位是母亲二婚生下的孩子

2 位是父亲二婚生下的孩子

7 位的母亲再婚了

5 位的父亲再婚了

4 位与双亲同住并从夫居

8 位与双亲同住并从妻居

9 位仅和母亲同住

206 1 位仅和父亲同住

7 位的父母离异

12 位和父亲的亲属同住(父母都除外)

6 位和母亲的亲属同住(父母都除外)

15 位,或 30%的姑娘的父亲是本户的头人

12 位属于血亲家庭(也就是说,当我在岛上的时候,这样的家庭是由父母双亲、孩子和两位以上亲戚组成的)

我所使用的智力测验

因为无法将任何智力测验标准化,因此我的研究结果是不具备定量价值的。但是因为我在测验的诊断性应用方面颇有经验,我发现它们对形成有关姑娘们智力的初步评估很有用处。另外,当地人很长时间以来已经习惯传教机构每年组织的考试,当他们得知一项考试正在进行时,他们不会去干扰测试者和受试对象。这样一来,我就有可能和孩子们单独相处,而不至遭到她们父母的反对。此外,测验的新奇,尤其是色彩辨认以及图片讲解测验,将她们的注意力从我想要向她们提问的其他问题上转移开了。这些测验的结果显示这群 10 到 20 岁的姑娘成绩的差别要比预想的小得多。在没有标准化的情况下,要作出更为详细的结论是不可能的。不过,我将对那些姑娘们对特定测验所给出的特别回答作些评论,因为我相信这些评论对评价对原始民族进行的智力测验,以及考量这些测验的可能性不无益处。

使用的测验:

颜色的命名。100 个半英寸大小的正方形,有红的、黄的、黑的和蓝的。

数字机械记忆。我用的是普通的斯坦福—比奈引导语。

207 数字符号替换。72 个 1 英寸的图形,有正方形、圆形、十字形、三角形以及菱形等。

反义词。23 个单词。刺激性词语(stimulus words):胖的、白的、长的、老的、智慧

的、美丽的、迟的、晚上、近的、热的、赢、厚的、甜的、疲劳的、慢的、富有的、快乐的、黑暗、向上、内陆、内部、生病的。

看图释义。三张从电影《莫娜》(*Moana*)中复制下来的图片，分别是：(a)两个孩子通过烟熏驱赶的方式，抓到一只躲藏在岩石中的椰子蟹；(b)一支出海的独木舟，紧追在像独木舟形状一样的狐鲣(bonito)之后，以及渔民的位置；(c)一个萨摩亚姑娘坐在原木上，正吃着一条一个男孩子给她的小活鱼，她头上戴着花环，脚长长地伸向前面。

球和球场。标准型号的圆圈。

在整个测验中，所有的指令都完全使用萨摩亚语。很多孩子虽然都已习惯使用石板、铅笔和纸张，但却不习惯这种有明确规定的任务，必须要鼓励他们去尝试。球和球场测验是所有测验中最不令人满意的一项，孩子们在半数以上的情况下沿着随意画出的第一条线，在圆圈里完成了一个复杂的图案。当这个图案很巧合地恰好是最劣或最优答案时，孩子们往往会在自我点评时承认主要是出于美学的考虑，而非是为了解决问题。那些最聪明的孩子会将美学的考虑让位于问题的解决，但是那些不太聪明的孩子同我们文化中的孩子相比，却更容易将兴趣转移到图案本身上。我仅发现有两例能背下超过六位数的数字，她们是两个女孩，各成功地背下了七位数。萨摩亚文明对任何一种机械记忆都不太重视。在数字-符号测验中，他们无法理解测验的主旨，几乎没有人在做完这项测试后学会二者的组合。看图释义测验是最容易因为文化因素影响而遭到破坏的一项内容；几乎所有的孩子都采用了高度程式化的评论风格，从头到尾都是平衡对称的句子："漂亮的是男孩子和漂亮的是女孩子。漂亮的是男孩子的花环和漂亮的是女孩子的花冠"，如此等等。在那两张突出人物的图画中，人物的关系问题不确定便无法开始讨论。反义词测验对她们来说是最容易的，因为他们对词语有着强烈的兴趣，这 208
种兴趣促使她们将大部分抽象能力用在了姓名的双关解释上。

用于调查每一位姑娘经历的清单

为了使这次调查能够标准化，我为每一位姑娘制作了一份调查问卷。这些问题并不是一次性提出的，我会时不时地在记录纸上添加一两条。这些不同的问题可大致分为以下方面。

农活的熟练度。除草，为烹饪挑选树叶，采摘香蕉、芋头、面包果，为制作椰肉干切割椰子。

烹饪。剥香蕉皮，轧碎椰子，准备面包果，拌帕鲁沙米[1]，卷帕鲁沙米，制作塔福罗[2]，制作香蕉芋，制作箭根状的布丁。

捕鱼。白天在礁滩上捕鱼，晚上打着火在礁滩上捕鱼，采集海蜇（罗拉），抓礁滩上的小鱼，借助作为“诱鱼棒”的章鱼触角捕捉大螃蟹。

编织。各种球、玩具风车、盛装食品礼物的篮子、运输用的篮子、编织成的窗席和地板席、钓鱼篮、食品碟、盖屋顶的茅席、盖屋顶的帽状草席、草制的扇子、露兜树编的屋顶席、床用草席（知道的样式数量和完成的草席数量）、精细的席子、草裙、用甘蔗编制的屋顶。

树皮布的制作。采集纸桑树棒，将树皮撕下，连续敲打树皮，用一块模板，按不同的样子徒手绘制。

布料加工。洗涤、熨烫、熨烫浆硬的衣物、缝制、用机器缝纫、刺绣。

运动。攀爬棕榈树、游泳、在布满礁石的泳洞里游泳[3]、玩板球。

209 制作卡瓦酒。连续敲打卡瓦根，使卡瓦分布均匀，制作卡瓦酒，摇动芙蓉属植物皮制成的滤网里的卡瓦。

对外来事物的熟练度。写信、报时、看日历、灌钢笔水。

跳舞。

背诵家谱。

礼貌用语知识的表征。给出如下关键词：手臂、腿、食物、房子、跳舞、妻子、疾病、谈话、坐。经过某个人面前的时候，使用表示欢迎的礼貌用语。

生与死的经历。亲眼目睹出生、流产、性交、死亡和死后剖腹产。

婚姻的选择。等级、居所、结婚年龄、孩子的数量。

关于社会组织知识的索引。死后剖腹产的原因，对酋长的床的适当处置，对兄弟姐妹禁忌的规定，刻在椰子上的塔谱译惩戒条例，[4]对卡瓦酒杯的适当处置，卢马村、修

---

① 帕鲁沙米(*palusami*)，一种用轧碎的椰子制成的布丁，有着红色热石的滋味并以海水所混合，包裹在辛辣的茎已被烧焦的芋头叶中，再包裹上一片香蕉叶，最后是一张面包果树的叶子。

② 塔福罗(*Tafolo*)，一种由磨碎的椰子酱和面包果制成的布丁。

③ 在布满礁石的泳洞里游泳比在静水中游泳对技能的要求更高，它包括潜水以及适应每次巨浪来时水线的大幅度改变。

④ 塔谱译(*Tapui*)，是萨摩亚人用来保护他们的财产不被小偷侵扰的象形文字符号。“塔谱译”将自动带给违规者具有魔法的惩罚。对于偷窃那些受椰子塔谱译保护的财产的偷盗者的处罚是沸煮。

法加村和法利沙欧村的玛拿亚(*Manaia*)、菲提乌塔村的陶泊这些头衔以及他们现在要承担的义务,法拉乌拉(*Fale Ula*)①、乌姆萨(*Umu Sa*)②以及姆阿奥拉陶拉阿拉阿(*Mua o le taule'ale'a*)③的意思,什么东西作为一次婚姻交换的彩礼比较合适,谁是卢马、修法加、法利沙欧和菲提乌塔村地位最高的酋长,以及议事酋长的仪式性补贴拉佛④是什么。

① 图依·马努阿(Tui Manu'a)的议事房屋的正式名称。

② 向一个建成了一幢新房的木匠献上的神圣炉灶和精美草席,以及相伴的仪式。

③ 本村的年轻男子对来访姑娘的礼貌性称谓。

④ 议事酋长的礼节性补助,通常是一块树皮布,偶尔也会是一块精致的草席。

索引和词汇

（条目后页码为原书页码，即本书边码）

N

O

P

Q

R

S

W

Y

译 后 记

我们常常会感叹“岁月易逝，光阴如梭”，但其中的真义并不是每一次感叹之际都会真切体会的。不过，年初应商务印书馆之邀，重新修订米德的《萨摩亚人的成年》的中译本，这样一种感受却着着实实地浮现在心头。是呀，从1986年完成米德的这本著作的翻译到现在，已经整整20年过去了。我已经从当年南开大学社会学系的一位研究生，成了南京大学社会学系的一位教授；而我的好友、本书的另一位译者李姚军，在南开大学英语系研究生毕业后入复旦大学任教，不久便负笈英伦留学，现在已成了英国伯明翰大学社会学系的教授。我想，米德著作的翻译在我们后来的学术生涯中，多多少少都起到了某种推动作用。

第一次读到玛格丽特·米德的名字还是在1984年刚刚到南开大学攻读硕士学位的时候。在一本薄薄的美国版的公共外语教材上，载了一篇文章，题目是“玛格丽特·米德论青年”。如果不是由于专业的原因，我会把这篇文章忘得一干二净；但随着对社会学和社会心理学领域的日渐了解，有一天我终于得知那篇文章选自一本1970年代风靡美国的小册子，书名是《文化与承诺》，副标题是“一项有关代沟问题的研究”，而它的作者玛格丽特·米德更是一位在美国家喻户晓的人物，一位和居里夫人、珍妮·古多尔、西蒙·德·波伏娃齐名的杰出女性。

敬佩之余，几次打算找几本米德的著作好好读一读。但找了一两年，除了找到了我的兼职导师费孝通教授1947年根据米德的《枕戈待旦》（*And Keep Your Powder Dry*）改写的《美国人的性格》一书外，米德著作的中译本一本也没见到。渴望了解，但又没有现成的书好读，这就是当年我在北京图书馆一气将其所藏的米德著作全部复印下来带回南开大学时的心理，也是我和李姚军、宋践等同窗好友试着翻译米德著作时的心理。在这点冲动的推动下，我和李姚军翻译了《萨摩亚人的成年》、宋践和其他同学翻译了《三个原始部落的性别与气质》（这两本著作都先由浙江人民出版社于1987年出版发行，翌年由台湾远流图书公司出版了繁体字本），接着我还和周怡教授合作翻译了米德的《文化与承诺》（河北人民出版社1988年版）。这几本译著在上个世纪80年代末期席卷中国大陆的“文化热”中多多少少起到了推波助澜的作用。

同20年前的那个版本相比，这次新版的《萨摩亚人的成年》最大的不同是根据哈珀-柯林斯出版公司2001年的最新版本，我们约请刘婧小姐补译了5万余字的致谢、序言和附录，其中包括米德女儿玛丽·凯瑟琳·贝特森专为2001年的新版撰写的“新世纪献言”。这为读者了解《萨摩亚人的成年》的出版动机、社会影响及学术争议提供了更为广阔的背景知识。本书的第一、二、三、四、五、六、七、八章由周晓虹翻译；第九、十、十一、十二、十三、十四章由李姚军翻译；米德的“致谢”、玛丽·凯瑟琳·贝特森的“新世纪献言”、玛丽·比弗的“常备书经典版导言”、弗朗兹·博厄斯1928年写成的“序言”、米德的1973年版的“序言”以及全部五个附录，则由中国传媒大学播音系2002级学生刘婧小姐翻译。应该说明的是，在新版的校对过程中，南京大学大学外语部副教授仝亚莉小姐给予了诚挚而热情的帮助，并校对了近3万字的附录部分；我的研究生张戍凡小姐则帮助编制了十分繁复的“索引和词汇”。本次出版，受李姚军教授委托，笔者重新校对了全书，并作了少许修改。错译和失妥之处，敬祈读者予以指正。

周晓虹

2006年9月10日

图书在版编目(CIP)数据

萨摩亚人的成年：为西方文明所作的原始人类的青年心理研究/(美)米德著；周晓虹等译.—北京：商务印书馆，2008(2025.11 重印)
(汉译人类学名著丛书)
ISBN 978-7-100-05656-4

Ⅰ.萨… Ⅱ.①米…②周… Ⅲ.萨摩亚人—文化人类学—研究 Ⅳ.C912.4

中国版本图书馆 CIP 数据核字(2007)第 162226 号

权利保留，侵权必究。

汉译人类学名著丛书

萨摩亚人的成年

——为西方文明所作的原始人类的青年心理研究

〔美〕玛格丽特·米德 著

周晓虹 李姚军 刘婧 译

商务印书馆出版

(北京王府井大街 36 号 邮政编码 100710)

商务印书馆发行

中煤(北京)印务有限公司印刷

ISBN 978-7-100-05656-4

2008 年 11 月第 1 版 开本 710×1000 1/16

2025 年 11 月北京第 5 次印刷 印张 14

定价：68.00 元